発展途上国の
資源政治学
政府はなぜ資源を無駄にするのか

ウィリアム・アッシャー——［著］

佐藤 仁——［訳］

東京大学出版会

Why Governments Waste Natural Resources:
Policy Failures in Developing Countries
William Ascher
© 1999 The Johns Hopkins University Press
All rights reserved. Published by arrangement with the Johns Hopkins
University Press, Baltimore, Maryland. No part of this book may be
reproduced or transmitted in any form or by any means, electronic or
mechanical, including photocopying, or by any information storage and
retrieval system, without permission in writing from University of Tokyo
Press and The Johns Hopkins University Press.
Japanese translation rights arranged with The Johns Hopkins University Press
through Japan UNI Agency, Inc., Tokyo.

Translation by Jin Sato
University of Tokyo Press, 2006
ISBN 4-13-030203-5

発展途上国の資源政治学・目　次

日本語版への序文　1
序　文　3

1章　政策が導く資源破壊 —————————————————5

1.1 本書の焦点と考察する範囲……………………………………… 5
1.2 天然資源をめぐる議論の争点…………………………………… 7
1.3 不可解な問題……………………………………………………… 18
1.4 資源政策の失敗を説明する理論………………………………… 21
1.5 本書の概要………………………………………………………… 33

2章　資源政策失敗のメカニズム —————————————35

2.1 望ましい資源政策とは何か……………………………………… 35
2.2 政策の失敗の類型………………………………………………… 41
2.3 資源操作戦略は，どのように政策失敗を生み出すのか……… 49
2.4 「失敗」は手段である…………………………………………… 59

3章　予算外開発計画と資源乱用 —————————————61
　　　——インドネシアの石油と木材

3.1 石油産業…………………………………………………………… 62
3.2 林業部門…………………………………………………………… 74
3.3 資源開発を通じた政府内の不一致の克服……………………… 83

4章　資源乱用による開発事業 ——————————————89

4.1 資源に立脚した開発事業の類型と歪み………………………… 89
4.2 資源乱用に依存した開発戦略…………………………………… 98
4.3 資源乱用から開発資金を調達した事例………………………… 100
　コラム①　ホンデュラス政府の森林管理の失敗……………………… 110
　コラム②　石油を利用したアマゾン支配（ペルー）………………… 118
4.4 資源浪費に見合わない開発事業………………………………… 133

5章　資源乱用による利益分配 ———— 137

- 5.1　資源開発を通じて経済利益が提供されるメカニズム …………… 137
- 5.2　資源乱用による利益分配の事例 ……………………………… 141
- 5.3　分配目的に利用される資源 ……………………………………… 180

6章　資源乱用による財源調達 ———— 187

- 6.1　資源開発を通じた課税メカニズム ……………………………… 188
- 6.2　資源乱用による財源調達の事例 ………………………………… 194
- コラム　海外への資本回避の戦略（ベネズエラ） ………………… 207
- 6.3　巧みに配分される負担 …………………………………………… 227

7章　結論と提言 ———— 233

- 7.1　一般的な教訓 ……………………………………………………… 233
- 7.2　事例ごとの分析 …………………………………………………… 236
- 7.3　トレードオフの評価 ……………………………………………… 240
- 7.4　政策を失敗させる動機 …………………………………………… 243
- 7.5　天然資源政策を失敗させる制度的原因 ………………………… 250
- 7.6　改善に向けた提言 ………………………………………………… 256

訳者あとがき　269

参考文献　281

索　　引　295

日本語版への序文

　発展途上国の資源政策に関する書物には翻訳すべきものが数多い．その中で，本書が日本語訳されたことは大変名誉なことである．訳出の労をとってくれた東京大学の佐藤仁氏と学生諸君に感謝したい．この翻訳を契機に，多くの日本の人々が天然資源を持続的に用いる方法についての対話に参加してくれることを願っている．とりわけ，日本の環境活動家や研究者，官僚の方々が，持続可能な開発に向けた資源利用のあり方をどう考えているのか，聞かせてほしい．

　日本の人々，政府，そしてNGOが発展途上国における天然資源をめぐる政策やマネジメントの健全性に深い関心をもつべき理由はある．理由の一つは，日本が発展途上国の天然資源採掘に大きく依存する国であり，日本の繁栄は，これらの資源の供給や価格の安定に左右される部分があるからである．例えば，ナイジェリアやベネズエラといった石油輸出国が，ガソリンやディーゼル油の国内価格を不当に安くして石油の無駄使いを引き起こしたとしよう．それは当該国の経済発展の機会を自ら台無しにするだけでなく，他の国々にも被害を及ぼす．石油輸出国では歳入が減少し，輸入国の方には最終的な埋蔵量の減少と価格の上昇という害が及ぶ．景気のサイクルに応じて原料価格が乱高下すると，資源輸出国と輸入国の双方で健全な投資戦略を立てることが難しくなる．もう一つの理由は，日本企業の多くが途上国で行われている鉱山開発と伐採において大きな役割を果たしていることである．海外で活動するこうした企業の経営者も，天然資源政策を左右している当該国の政治問題に精通しておくことは有用であろう．

　同じように重要なことであるが，資源に基盤をおく成長モデルが失敗して経済的な望みが断ち切られてしまうと，政治的混乱が誘発され，国際社会は不安定になる．今日のベネズエラを急進的なポピュリストの政権が統治するようになったのは，それまでの政府が石油の富を持続可能な成長に転換できなかったからである．今の政権は，聞くところによれば，隣国のコロンビアにおけるゲリラ活動を支援しているだけでなく，キューバのカストロ政権を支持している．日本により近い地域でいえば，インドネシア外島（ジャワ，マドゥラ，バリを

除く島々）で見られる紛争のほとんどは，資源が逼迫した地域から移住してきた人々が引き起こしているものである．

　かつて行われた間違った資源管理が，天然資源をめぐる直接的な紛争を引き起こしている場合もある．これらの紛争は，直接の当事者ではない国々にも大きな影響を与えることが多い．物議を醸している自衛隊のイラク派遣についても，元を辿れば天然資源問題に行き着く．イラン・イラク戦争やイラクによるクウェート侵攻，湾岸戦争，そしてアメリカによるイラク統治の背景には，いずれも石油資源を支配したいという動機が重要な役割を果たしていた．

　本書によって，総合的な開発戦略というものに対する理解が深まり，これまで以上の注目が集まることが私の願いである．また，本書が，しかるべき場面で日本の政策立案者が発展途上国の官僚や活動家との政策対話において積極的な役割を果たす助けになれば幸いである．これまで，日本の政府開発援助を誘導してきたのは各々の国が追求している総合的な開発戦略ではなく，個々の具体的な開発事業の技術的な効果や妥当性の側面に限られてきた．しかし，開発の専門家，とりわけ世界銀行内部の専門家の研究によれば，個別の案件やプロジェクトがどれだけ優れたものであったとしても，マクロ経済の諸条件がバランスを欠いているときにはうまくいかない．多くの発展途上国では，天然資源やそこから生み出される収益の悪用・乱用がすでに存在するアンバランスをさらに悪化させている．

　最後に，発展途上国による天然資源の乱用から得られる教訓は，先進諸国でも見られるパターンを理解するうえで有用である．米国，日本，そして多くの西ヨーロッパ諸国は，土地政策や農業政策を歪めた結果，国内経済に打撃を与えてきただけでなく，低所得国の農産品の輸出機会を奪ってきた．加えて，特定の国がどのようにして天然資源を乱用してきたのかが理解されると，資本や労働を含む，それ以外の財産の乱用についても洞察を得ることができる．これは先進国，途上国の別を問わない．

　大きな財源を生み出す資源があると，それを支配しようとする争いが生じるために，資源乱用の危険性が高まる．本書で示した資源政策失敗の分析が，政策の誤りに関する一般的な理解に資するものであることを願っている．

ウィリアム・アッシャー

序　文

　執筆の準備に要した非常に長い期間，本書には出版物のタイトルにはらしくない次のような仮題がついていた．『政府はなぜ天然資源をめちゃくちゃにするのか——単なる煩悩や権力，愚鈍さや無知のためではない』．書物の正式な表題としては明らかに不適切なこのタイトルは，私の主要な関心を反映したものだった．天然資源管理に関係する多くの専門分野が，過去数十年の間に長足の進歩を遂げたのに対して，これらの知識の進歩を取り込んでいるはずの政策が失敗してしまうことが多いのはなぜかという政治分析は立ち遅れたままだった．資源経済学，生態学，資源工学といった諸分野は，成熟し，繁栄した．これらの分野の専門家は，多大な労力を払って自らの専門技術を発展途上国の役人に売り込もうとしてきたが，役人たちのシニカルで，自己中心的で，でたらめとも思えるような反応を前にしてフラストレーションとともに退散するのが落ちであった．政府の役人が有益な技術的助言を受け入れないのは，彼らが助言にうんざりしているからか，あるいは，あまりに無能だからという，一見もっともらしい説明がこれまで使われてきた．

　天然資源問題に応用される政治学は，残念なことに，こうした認識をさらに強化してきた．もちろん，集合的行為の理論を共有財の管理に応用した啓発的な研究や，特定の文脈に即した形で行われる規制の政治経済学的分析など，特筆すべき例外はある．だが，政治学者にとって深く切り込んだように見せ，厳格さを装うための最も簡便な方法は，政治指導者の振る舞いを，自己中心的に権力を追い求め，私腹を肥やそうとする存在として「モデル化」してしまうことである．実は，こうしたモデルの前提こそ，天然資源政策失敗の分析の発展を阻んできた．というのも，政治的支持を得るための迎合や単純な腐敗の結果として資源破壊がもたらされるという説明は，あまりに安易だからである．政府の政策や行動がどうであれ，そこから得をする人々は必ず出てくる．不適切な政策を政治権力や金銭目的の贈賄に動機づけられたものとして簡単に片づけてしまうことはできる．だが，政府の指導者は私利私欲のためにしか動いていないという前提に立ってしまうと，これらの指導者と手を組んで持続可能な開

発に取り組んだり，何らかの公共の善に向けて働きかける余地がほとんどなくなってしまい，改革の見通しは袋小路に入ってしまう．

　この問題をうまく乗り越えるためのちょっとした工夫がある．それは，政府の高官を，開発事業に込められた諸目的を胸に抱きながら，そうかといって自己中心的な政治的動機づけに無頓着なほどナイーブでもない存在として捉えることである．ひとくくりにされ，型にはまった事実のレベルで定式化するのではなく，個別の事象に深く入り込んでいくこと，つまり，出来事や政策，行動や言明から開発事業に刷り込まれた目的，あるいは政治的な目的を読み取る事例研究のアプローチをとるのである．それらの事例から，ある程度の広い結論を引き出すためには，事例の数は多くなくてはならない．ただし，事例の数は統計分析に耐えることを目的にそろえるのではない．特異な事例とそうでない共通のパターンとを区別するために必要なのである．

　多くの事例を検討するということは，本書のような総合的研究では到達できなかった深いレベルで事例を考察してきた研究者らに，かなりの部分を負わなくてはならないということである．本書を読み進めれば，個々の事例に関する私の解釈が，一部の研究者の堅実な業績に強く依存していることが明らかになるだろう．

　また，これだけの数の国を調べるのに要した労力から察することができると思うが，本書は，長期間にわたる調査助手の方々の仕事に負うところが大きい．事実，本書を支えくれている仕事の始まりは，あまりに昔に遡るので，かつて私の助手を務めてくれた人々は，いまではそれぞれの分野で立派なキャリアを築いている．かつてデューク大学国際開発政策プログラムの中堅キャリアフェローだった方々の執筆したレポートは，本書の事例研究において重要な役割を果たした．本書の草稿を文字通り「端から端まで」読んで，一貫性のなさや，堅苦しい表現を改めてくれた忠実な友人たちにも深く感謝している．事実や解釈に関して，残念ながら残っているすべての間違いの責任は私にある．

ウィリアム・アッシャー

1章 政策が導く資源破壊

1.1 本書の焦点と考察する範囲

　本書は，天然資源の無駄使いに政府が果たしている役割と，それに対して私たちに何ができるかを論じたものである．無駄の多い資源開発は，先進国と発展途上国の双方で生じている問題である．アメリカ合衆国を含む多くの富める国々は，これまで資源を無駄にしてきたし，現在も無駄にし続けている．過放牧によって牧草地は劣化し，土壌は汚染され，森林は消失してきた．その分の見返りが十分に社会に還元されたかといえば，決してそうではない．しかし，本書では焦点を発展途上国に絞った．それは，発展途上国の方が天然資源への経済的依存度が高いことが多く，また，資源を無駄にする経済的余裕もないはずだからである．アフリカであろうと，アジアやラテンアメリカであろうと，発展途上国は資源に大きく依存しながら経済を成長させ，低所得層の生活を支え，環境保全を試みている．発展途上国における資源政策の失敗[訳注1]は計りしれない影響を及ぼすだけでなく，大きな利害にからむので，政府が天然資源を食いつぶす過程を容易に見てとれるのである．

　本書で扱う資源の範囲は，過去10年来，私が研究の対象としてきた資源，すなわち森林，石油，鉱物，土地，水である．それを表にまとめると次頁のようになる．

　調査対象になった国々は，決して無作為に選ばれたわけではない．このリストは，研究対象に選んだそれぞれの国において非常に重要な資源を扱いたいという私の決意の反映であるが，たまたま調達できた研究資金のおかげで吟味が可能になった国々でもある．これらの事例から抽出されるパターンが他のすべての発展途上国に当てはまると主張するつもりは毛頭ない．実際，仮に無作為

[訳注1] policy failure の訳．筆者の定義によれば，さまざまな投入に見合うだけの社会の厚生に結びつかないような政策は，「失敗」に分類される．

農業，灌漑，林業，土地	石油，鉱山
ブラジル（アマゾンの森林）	チリ（銅）
カメルーン（土地，森林，公園）	インド（銅）
コスタリカ（土地と木材）	インドネシア（石油）
ガーナ（ココア）	メキシコ（石油）
ホンデュラス（木材）	ナイジェリア（石油）
インドネシア（木材）	ペルー（石油）
メキシコ（灌漑）	ベネズエラ（石油）
マレーシアのサバ州（木材）	
マレーシアのサラワク州（木材）	

抽出によって考察対象が選ばれていたとしても，そうした主張を試みることは賢明ではない．とはいえ，本書で扱う多様な国々と資源部門に見出される共通のパターンは，他の事例を考察するときにも重要な参照点として活かすことができるはずである．

ここで扱う国々に見られる天然資源の浪費や劣化は，元を辿れば，ほとんど共通して政府の資源政策の失敗に行き着く．政府の失敗がもたらす資源の消失は，資源を使い切ることで達成される社会的便益をはるかに上回っている．森林が消失し，石油や鉱物が浪費され，土地が浸食され，水生態系が劣化し，野生動物が稀少化するとき，私たちはその背景に潜んでいる政策の失敗を常に垣間見ることができる．政策が失敗するのは，なぜだろうか．

私たちがよく耳にするのは「不適切な政策は単に欲望や無知によってもたらされる」というやりきれない答えである．政府が資源を浪費するときに，それを批判する者はたいてい官僚や政治家の自己中心的態度，短期的な視野，腐敗／汚職，能力不足，訓練不足などを前提としている．科学者たちも，自然の神秘に対する私たちの一般的な無知を嘆きながら，先のような見方を強めている．エドワード・ウィルソンは次のように言う．

> 世界各地で残された森林の減少を食い止める最良の政策が何であるか，すべての政府が困惑している．合意形成の基礎になる倫理的なガイドラインはほとんど定められておらず，それらのガイドラインの中に生態学の知識に十分裏づけられているものはない．たとえ十分な科学的知見があったとしても，森林の長期的な評価にはほとんど寄与しないであろう．持続可能な収穫量をめぐる経済学は，まだ初歩的な技法でしかないし，自然が人々の心に与えてくれる便益ともなると，ほとんど完全に未知の領域である（Wilson 1998, 42）．

経済発展と生態システムのもつ非経済的な価値とのバランスをどのようにとるか，という倫理の問題は確かに厄介である．とはいえ，実際に資源の管理を任されている人々は，森林や他の生態系にとって，より良い政策が見つからずに途方にくれているわけではない．確かに，持続可能な収穫量に関する「初歩的な技法」では，将来の収量を犠牲にしない程度にいま収穫してよい資源の量を正確に測れないかもしれない．しかし，持続可能な収穫量の推計が定かではなくても，控え目に見積もることで，多くの資源政策や採掘に明らかに持続性がないことを示すことはできる．本書で扱う事例研究で繰り返し例証される最も本質的な点は，多くの天然資源政策が外部の観察者にとってだけでなく，それを策定する官僚自身にとっても明らかな間違いとして認識されているという事実である．それらの政策は，官僚や政治家の政治的な誤ちに起因するかどうかは分からないとしても，社会の厚生に寄与しない天然資源利用をもたらすという意味で決定的な「失敗」なのである．

この考えを推し進めると，政策の失敗は政治によって決まることになる．この見方では，資源利用が政治家の手にゆだねられている限り，まともな資源利用はあきらめなくてはならない．確かに政治状況が政治家を動かしていることを認めるとしても，政治が常に悪い政策を導くとは限らない．むしろ真の課題は，政府の指導者たちが適切な天然資源政策と保全政策を進んで受け入れるような条件をいかにして整えるか，である．

政府による資源の乱用は，欲望と政治と愚かさの組み合わせによるものだと言われることが多い．しかし，政府による誤った資源政策を説明する要因は，実は一般に考えられているよりもずっと微妙で，希望の余地を見出せるものでもある．「政府はなぜ資源を無駄使いするのか」という問いに対する答えの核心に迫るにつれ，私たちは政策や制度を改革するのに役立つ多くの糸口を見つけることができるからである．

1.2 天然資源をめぐる議論の争点

一部の読者は，なぜ今さら天然資源に注目しなくてはならないのか，と奇異に思うかもしれない．私たちは，まさに「ハイテクの時代」「情報の時代」「脱産業化社会」のただ中にいるはずだからである．そして，物質的な財の生産よ

りは，サービスの提供の方が重要であり，一層高い効率性と機材の小型化によって，原材料物質の需要は低下すると考えられているからである．

現実には，その逆が正しい．技術が支配しつつある世界で，天然資源のもつ重要性は低下していくという数多くの予測にもかかわらず，われわれの産業上の基盤，そして農業基盤は依然として原材料に根強く依存している．銘記しておくべきことは，人口の増加と所得向上によって，工業製品，食糧，住宅，エネルギーなどの需要は引き続き急上昇しているという点である．これらの需要を満たすには，より多くの原料が必要になる．天然資源に対する需要の増加は，原料の必要性を低下させるような新しい技術開発の速度をゆうに上回っている．資源の投入量を節約してくれる小型化の技術や，古いものをより軽量にし，より豊富に存在する資源で代替できるような技術も存在はしてきたが，原材料投入の総量と総価格から見れば，その影響は微々たるものであった．

例えば，産業用木材の需要は，1987年の17億m^3が2000年には20億m^3，そして2025年には31億m^3まで増加することが予想されている．農場や農家世帯に必要な生活用木材，つまり，薪や建築材，生け垣の柱などの需要は，1987年の26億m^3から2000年には31億m^3，そして2025年には40億m^3にまでなると予想される (Sharma *et al.* 1992, 29)．

同様にして，様々な形の省エネルギーへの期待にもかかわらず，世界のエネルギー消費に関する信頼できる予測によれば，2020年までの10年おきに，30～40%の増加が見込まれている．最も運搬が容易な燃料である石油の場合では，次の15年で25～35%も増加するという (Crow 1996)．

食糧に対する需要は，人口増加率よりも速いペースで増大するだろう．というのも，高い所得レベルは，より大きな食糧消費を可能にするからである．食糧供給の増大は，より多くの水を必要とし，灌漑設備の拡大を必須にする．1995年から2010年の穀物生産の予測増加量の半分は，灌漑設備の増大によって賄われる (Mannion 1997, 255)．「緑の革命」と一般に呼ばれるような農業生産を高めるために，もう一つ欠くことのできない原材料は肥料であるが，それも未だに天然埋蔵物に依存しているのが現状である．国連食糧農業機関 (FAO) の推計によれば，窒素肥料の需要は10年ごとに20%の割合で増加を続け，炭酸カリウムとリン酸肥料に対する需要ともなると10年ごとに35%の割合で増加する (FAO 1994)．

表 1.1 途上国の輸出品に占める一次産品の割合　　　　　（別途標記以外は 1995 年）

国	農産品と家畜	林産物	海産食品	鉱物，金属と肥料	炭化水素系燃料	一次産品合計
アルジェリア	—	—	—	—	96%	98%
アルゼンチン	52%	—	4%	3%	12	73
バングラデッシュ (1993)	6	—	9	3	—	19
ボリビア	23	6%	—	43	15	87
ブラジル	29	5	—	17	3	55
カメルーン	34	24	—	9	29	97
中央アフリカ共和国	21	3	—	69	—	93
チリ	17	13	6	51	2	89
中国	8	—	2	6	4	20
コロンビア	32	—	2	9	30	75
コスタリカ	64	—	5	2	—	72
エクアドル	33	2	20	2	38	95
エジプト	15	—	—	10	38	63
ガーナ (1992)	27	10	—	53	2	93
ホンデュラス	83	4	6	—	—	93
インド	13	—	4	20	3	39
インドネシア	8	15	4	11	26	63
ケニア (1993)	57	—	2	7	9	75
マレーシア	9	9	—	2	8	28
メキシコ	7	—	—	5	11	23
モロッコ	17	—	16	14	14	63
モザンビーク (1994)	33	2	46	3	10	95
ニカラグア	56	3	20	3	—	82
パキスタン	26	2	2	9	4	41
パラグアイ	81	9	—	—	—	91
ペルー	26	—	4	51	5	87
フィリピン	11	—	3	6	2	22
サウジアラビア (1993)	—	—	—	—	95	97
南アフリカ共和国	8	3	—	25	11	49
スリランカ (1994)	20	2	2	8	—	33
タイ	11	5	8	3	—	28
トリニダード-トバゴ	5	—	—	7	59	70
チュニジア	8	—	—	10	12	32
トルコ	18	—	—	8	2	29
アラブ首長国連邦 (1993)	5	—	—	36	6	48
ウルグアイ	63	2	4	—	—	71
ベネズエラ	2	—	—	8	78	88
ザンビア (1993)	4	—	—	91	—	95
ジンバブエ	49	2	—	25	2	78

出典：国際貿易委員会 (GATT) (1997) *International Trade Statistics : Exports for Country*, ジュネーブ．横線は 2% 未満を示す．

世界がこれからも天然の原材料に依存しつづけることは，経済成長を持続させる上でのリスクになるが，天然資源を効果的に管理できる発展途上国にとっては，この上ない機会となる．確かに，ノルウェー，カナダ，アメリカといった一部の先進諸国も原材料輸出をしているが，国内生産や輸出による重要な外貨獲得を天然資源に依存しているのは発展途上国である．表 1.1 は，輸出収入に占める原材料の割合を示したもので，本書の事例で扱う国々に加えて，他の国々の数字も収録している．

この表を一目見るだけで，発展途上国が天然資源に依存した輸出への依存から「卒業した」という幻想は振り払われるだろう．中国，インド，インドネシア，ブラジル，メキシコなどの巨大な人口を抱える国々では天然資源に基礎をおく輸出収入の割合は相対的に低いが，その理由は先進諸国の産業が人口の多い国々で労働集約的かつ輸出志向型工業を促進してきたからである．中国やインドなどの国々では，すでに天然資源依存型の輸出ができないところまで資源を使い切っている．いずれにせよ，依然として大小多くの国々が，その生産と輸出の大部分を天然資源に依存している．それは農産物への依存を遙かに上回っている．

1.2.1　天然資源の豊かさは発展の阻害要因か

天然資源への依存は発展途上国を貧しいままにし，「もっと儲かる」経済活動への格上げの見込みさえもたせない，という不満をよく聞く．また，原材料輸出は，経済的な不安定をもたらすともいわれる．しかし，これらの懸念は決定的な論点を外している．天然資源は潜在的な富である．資源がなければ，途上国は今よりもさらに貧しい状態におかれていた．アメリカを含む発展した国々の多くは，再生可能な天然資源を活用することで繁栄してきた．もし資源が再生不可能なものであれば，資源産業以外の経済部門が持続的に成長できるように，採掘の頻度や方法を最も高い収益をもたらすレベルまで落すことが鍵となろう．

チリの事例が典型的である．1980 年代，チリは外貨の獲得と政府財源を銅の生産に頼っていた．銅は，1976 年にはチリの総輸出の 50% 以上，1980 年代を通じては 40% 以上を占めていた．国の銅会社から中央政府に支払われる額は 1991 年の段階でも歳入の 5 分の 1 を占めていた．銅の恵みが比較的健全な

経済政策と組み合わさって，経済の多様化と力強い成長を後押ししたのだった．経済の多様化は，銅以外の天然資源に負う部分もある．具体的には，国内外での好調な売上からもわかるように，チリ経済が生産を得意としてきた果実，木材，ブドウ酒などである．また，手工業部門やサービス業部門にも経済の多様化が浸透した．しかしながら，チリ政府は，経済を天然資源以外の部門に強制的に移していくことをあえて避けてきた．経済活動の選択は，市場が示す利潤率というシグナルにおおむね任されていたのである．確かに，歴史的に見るとチリの銅（その前は，チリ硝石だった）は，国際価格が上下動するたびに国を好況と不況の荒波にさらしてきた．とはいえ，例えば天然資源にほとんど恵まれていないパラグアイや，もともと埋蔵されていた金と銀をすでに枯渇させていたボリビアよりも，チリの経済状態の方がずっとましであったことには疑いの余地がない．さらに言えば，過去20年の間にチリは，原材料の輸出価格の乱高下がもたらす衝撃を緩和する術を学んできた．銅価格が高いときには余剰歳入が安定化のための基金として貯蓄され，銅価格が低いときに歳入減少分を補うようになっている．結果として，チリは輸出からの収益と資源の両方をうまく管理してきた．輸出収益全体の約40％を占める銅という富に，背を向けるべきであるなどと議論する人は今のチリにはいない．

　天然資源の輸出が盛んになると，それ以外の経済部門に害が及ぶ心配がある．輸出部門のにわか景気は，一般的に地元通貨の価値を上げ，他の経済部門からの輸出を困難にする．価格の上昇で市場が見つかりにくくなるからである．加えて，輸出収入の急増はインフレや輸入品への需要を増大させ，自国の生産物が他国のそれに取って代わることになる．ただし，問題は輸出部門のにわか景気それ自体にあるのではない．マネジメントとマクロ経済政策の失敗が問題なのである．政府は，その気になれば，「ポストにわか景気」の熱がさめやらない経済部門を支援し，そこで生まれる利潤の一部を使って可処分所得の起伏を均等にならすことができる．

　天然資源管理をめぐる争点は，経済的側面を遙かに超えて，環境保護の観点からも重要になる．特に問題になるのは，再生可能資源である．天然資源と地球環境の脆弱さとの間をつなぐ決定的な連鎖が次々と発見されてきた．再生可能資源は，原材料としての性質と，生態システムの一部としての性質というふたつの顔をもっている．樹木は，潜在的な材木以上の価値をもつ．炭素を蓄積

し，鳥類に巣を提供し，土壌を支えている．このように考えると，天然資源は開発せずにそのままにしておいた方がよい場合もある．

1.2.2 資源開発の誤りの幅

　政府の政策によって劣悪な資源利用が繰り返されている．これが私の議論の大前提である．この前提を裏づけるために，政策というものが劣悪な資源開発を促し，ときには，それを強要する事実を示さなくてはならない．また，お粗末な政策が生み出す被害は無視できないほど大きいことも示さなければならない．資源開発がどのようにして間違うのかを定めるためには，まず資源開発問題の類型を整理しておく必要がある．これは骨の折れる作業であるが，本書の2章で，ある程度まで掘り下げて考えてみた．この場では，さしあたり簡単な類型化をしておくことで，天然資源政策の失敗にどのような広がりがあるのかを理解してもらえるだろう．

　問題は，資源の開発・育成，採掘・採取，加工処理，あるいは採掘された資源の売上を用いるときのどの段階でも起こりうる．資源開発・育成の段階，つまり，資源の備蓄や入手可能性の増加に関する段階では，財源が不十分だったり，かえって過剰であったり，という問題が生じる．例えば，4章で詳しく見るペルー政府のアマゾン開発のように，意味のない油田や鉱山の開発に大量の資金が無駄に注がれてしまうことがある．

　他方，メキシコやベネズエラで顕著だったように，いくつかの国営石油会社は，資本があまりに不足していたために石油の世界価格が著しく高いときですら生産と売上を増やすことができなかった．こうした問題に加えて，不適切な資源が開発されてしまうこともある．例えば，森林として最も適している土地が放牧地に転換され，土地に適さない樹種による植林が行われてしまうケースがある．資源開発が無駄で非効率的になることもある．メキシコにおける灌漑システムは効率が悪かったし，スリランカでの巨大なマハウェリダム開発計画では設計の構造的な欠陥のために，まったく不十分なレベルの灌漑用水と電力しか供給できなかった．

　資源採掘・採取の段階では，例えば価格が低すぎるときに資源を取り出したり，売ったりして資源の価値を台無しにしてしまうこともある．あるいは性急な石油採掘で地中に多く残してしまったり，粗雑な伐採方式のために，本来

は伐採対象でない樹木にも害が及ぶなど，資源の取り出し方に無駄が多いこともある．これらは，天賦の資源から最大限の経済価値を引き出すうえでの問題であると同時に，生態系を保つという保全問題そのものでもある．

資源加工の段階では，例えば精錬所が旧式なためにアルミニウムの精錬に多量のエネルギーが費やされるといった「費用超過に由来する効率の悪さ」と，質の悪い製材所での製材などに代表される「資源それ自体の無駄使い」という両方の問題がある．資源の加工は，比較優位(訳注2)がない場合や，効率の悪い設備しかないような国々で行われるべきではない．

最後に，資源から生み出された収益の用い方について言えば，資源を採掘・採取する者が天然資源を効率的な投資に転換し，そこから社会に相応しい消費を生み出せないときに問題が生じる．石油からの収益を，効率の悪い製鉄工場や，本来不必要な軍のヘリコプター編隊を作るという全く不経済な用途に無駄使いされた例は驚くほど多い．森林からの富が，非効率的で持続性のない木材加工産業に投資されてしまう例も，同じようによく見られる．

1.2.3 政策はどのように間違った資源採掘をもたらすか

政策の失敗は様々なタイプの天然資源に驚くほど共通して見られる．手始めに森林から見ると，ほとんどの政府は公有地にある樹木の値段を過小評価してきた．政府は「自ら資源の所有者として可能な限り大きなレントの分け前を獲得できるような行政手段を工夫すべきである」(Gillis 1988a, 85) という専門家の助言など全く無視している．政府が木材伐採にしかるべき料金を課さない結果として向こう見ずな過剰伐採が加速され，そこから利益を得る人々が出てきている．大規模な商業伐採業者はその典型である．政策さえ間違わなければ避けることのできた森林破壊が，こうしてもたらされている．この場合「森林破壊を避けることができた」というのは，政府の役人たちが伐採の甘い汁を吸っている人々に荷担するのを仮に許容するとしても，それは自然資源を壊さない方法で達成できたという意味である．

森林減少という問題に直面して，多くの政府はいわゆる植林事業を手がけて

(訳注2) リカードの比較生産費の原理に基づく概念．各国は外国に比べて相対的に生産費が低い財の生産に特化して輸出をし，相対的に高い財は輸入をするのが有利である，とする．

きた．植林事業は，植林のための補助金が不当に高く設定されれば森林減少を促すこともある．インドネシアでは，「造林基金」と呼ばれたものが実際の造林にはほとんど寄与しないままに，賄賂として森林部門の外で問題の多い投資に流用された．造林基金は無駄の多い伐採形態をむしろ奨励してしまったのである (Gillis 1988a, 61-62)．

途上国によく見られる明らかに不適切な森林政策のもう一つは，製材前の丸太の輸出禁止政策である．これは国内消費者向けの木材価格を低く抑えるための極端な手段でもある．この政策を合理化する口実として「製材業や合板工場など伐採事業の"川下"に位置する産業が刺激されて国の経済全体が潤う」と主張されることが多い．だが，木工産業への木材供給が国内産に限定されると，効率の悪さと丸太の供給不足という2つの側面で林産業は脆弱になる．

石油部門でも，多くの政府は自らの国営企業に適正な油田使用料を課さないまま，資源へのアクセスを許してしまっている．石油の生産と輸出の両方を任されている国営企業は，資本不足と石油の売上を不適切な投資で手放してしまうという二重の問題を抱えていた．オーティが8つの石油輸出国を調べたところ，いずれの国でも資源依存型の工業化を上手く成し遂げられていないことが分かった (Auty 1990)．国営石油会社は，自らの従業員に法外な額の賃金，給与，ボーナスを払い，贅沢な施設を用意して，石油がもたらす富の多くを自ら吸収してしまっている．石油会社にしてみれば，増税努力をせずに石油の売上を搾取しようとする政府から収益を守るために，将来への投資を削ってまで慌てて消費するよう駆り立てられているのである．また，国営企業は将来に対する不安を理由に，故意に生産性の低い投資をするなどして資本を隠したがるので，国際価格が高くて条件が良いときであっても生産力を伸ばせない．

ガソリン，ディーゼル油，灯油などの石油製品の国内価格が低く抑えられていることも，産油国の経済成長を制約してきた．安値が促す石油製品の過剰消費は，外貨を稼ぐために輸出できたはずの石油を無駄にしている．さらに悪いことに，エネルギー部門への補助金が，効率の悪いエネルギー浪費型の産業を奨励し，燃料を節約したり古い車両を更新するインセンティブを低くしているために，大気汚染の悪化につながっている．

鉱物部門でも同じように不適切な投資が広く見られるが，それは企業と政府の間の争いを反映したものであって，健全な経済戦略や雇用戦略の結果を反映

しているわけではない．政府系の鉱山開発事業はたいてい甚だしく非効率的で，ときには生産性の低い鉱床をわざわざ掘り出したりしている．

　鉱物資源の精錬にも無駄が多い．無駄の多くは，政府の役人が地域開発を奨励し，所得を移転させ，重工業の権威を保護・優先させようとしてきたため生じる．鉄鉱石とアルミニウム開発事業はともにエネルギーが安価な時代にはじめられて，エネルギーの値段が上がった今でも高い補助金の下で延命されてきた．ブラジルの巨大な複合企業である国営鉱山開発会社は，他の国営企業からもらった燃料石油に対する 30％の補助金と，経済的な後発地域における事業に支出された特別の補助金があったからこそ，どうにか「収益性」を保つことができたのである．

　農地や放牧地を資源として見ると，過剰な利用と土壌浸食を防ぐための努力不足が深刻な問題であることはすぐにわかる (Blaikie 1985)．共有地や私有地の所有権が不明確であると，豊かな人も貧しい人も資源の過剰開発に駆り立てられる．政府が公共地での放牧料を過小に設定しているところでは，牛の過放牧で丘や渓谷は丸裸にされる．

　過小評価の悪影響は水資源にも及ぶ．メキシコや中央アジアでは，灌漑用水が事実上使い放題であったために地下水，河川，湖が大規模に枯渇した．かつて中央アジア諸国にとって欠くことのできなかったアラル海の水は，綿畑や政府の農業事業のために 1960 年に比較してその 4 分の 3 が失われた．それでもそうした事業がどうにか成り立ったのは，政府が水の使用料を課さなかったからである．また，大型ダムに財源が浪費されるのは，料金の過小設定や収益率をほとんど考えずに投資決定がなされたためである．水の利用者は，大きな灌漑システムの建設費や運営費を払わなくてよいと知ると必要以上に多くの水を使いたがるものである．実際には，規模の小さい池，井戸，水槽の方がダムや運河よりも効率性が高いのにもかかわらず，政府は小さい灌漑よりも「大規模」で金のかかる方を好む (Ascher & Healy 1990)．これでは安く水を手にいれることができる一部の農民は確かに得をするが，経済全体としては損失である．

　これらの事例は何を示しているのだろうか．ここで筆者は以下の 2 点を指摘したい．第一に，政府は，天然資源政策を適切に行う際に沿うべき基本原則にしばしば違反している．第二に，不適切な資源開発の結果，全体として社会にのしかかる負担や被害が，特定の人々やグループにもたらされる便益を上回っ

ている事例は枚挙にいとまがない．しかも，間違った資源開発から得られる便益がなくなっても，政府は，それを埋め合わせるくらいの財政的能力を持ち合わせていることが多い．

1.2.4 資源政策の失敗の影響の大きさ

発展途上国にとって天然資源がいまだに重要であるとしても，そして，政策の誤りがお粗末な資源利用を促しているとしても，それだけでは資源政策の誤りが重大な害を及ぼしている証明にはならない．森林や沼地，土壌が破壊され，石油や鉱物，水や野生動物，魚がむやみに乱獲されているのは周知の通りであるが，資源が荒廃しているからといって，ただちに政策のせいにはできない．資源へのアクセスに欲望を剥き出しにする民間アクター，土地を誤った用途に転換する人々，資源開発・採掘直後の価格暴落，特定の資源を取り出したために生じた予期せぬ地域生態系の崩壊といった不運など，他の要因も考えられるからである．政府の役人や自然保護運動家を含む多くの人々は，焼畑移動耕作や過剰な狩猟，魚の乱獲，破壊的な鉱山採掘，過放牧などを取り上げて地元住民を非難してきた．これらの行為を止めようとしても，政府にはその能力がなかったり，法的な根拠がないこともある．こうした諸要因を考えれば，政策の失敗がなくても，天然資源が無駄にされることがあることになる．

だが，資源政策の失敗が政府と社会に何百万米ドルもの負担を強いているという証拠はいくらでも見つけることができる．マーク・コスモは世界資源研究所（World Resources Institute）の調査事業で，安価なエネルギーを用いて工業化する戦略が真っ盛りだった1980年代中ごろのエネルギー価格のつけ方に関する研究を行った（Kosmo 1987, 34）．コスモによれば，とても正当化できないようなエネルギーへの補助金は，チリ政府に毎年150億米ドル以上，メキシコ政府には50億米ドル，ナイジェリア政府に40億米ドル，エジプト政府に30億米ドル，そしてベネズエラ政府には20億米ドル近くの損失を与えていた．これらの国の政府が，エネルギー供給に費やした損失を取り戻すことができていれば，高額の税金やインフレを誘発するような支出[訳注3]で歳入を埋め合わ

（訳注3） 物価水準の持続的上昇（インフレーション）は，政策的な貨幣供給量の増大を一因とする．ここでは，財政政策の一つとしての政府による経常支出が，結果としてインフレの誘発を伴うことを意味する．

せなくても済んだはずである．さらに，安いエネルギー価格はより多くのエネルギー消費を促すので，石油の輸出国は通常よりも早いペースで備蓄を使い果たしてしまう．今日のナイジェリアやメキシコは，石油の純輸入国になりつつあるが，国内のガソリンやディーゼル油の価格を市場に任せていれば，そのようなことは起こらなかったはずである．

石油に恵まれた国々では，国営企業が石油部門をすべて牛耳っている．これらの企業は，中央政府に隷属している組織なので，そうした企業のすることはすべて政府の政策であると考えてよい．したがって，政府は，しばしば非効率的で汚職にまみれ，過度にお金のかかる事業工程と多すぎる従業員を抱え，儲からない投資に売上を無駄使いする悪名高い国営石油企業のすることに最終的な責任をもっているのである．

林業部門では，森林地を伝統的な手法で細々と利用してきた人々から取り上げることと，伐採企業が切り出す木材の安すぎる価格とが組み合わさって，大規模な森林減少と劣化につながった．安い伐採権料のためか，不法伐採を防げない政府の失策によるものか，いずれにしても木材の価格が低いことが適切なレベルを遥かに上回る伐採を促している．加えて，多くの政府は木材加工産業を強化するために丸太の輸出を禁止するという見当違いの政策を採用してきたが，これが多くの木材会社に効率の悪い製材所や工場による製材を強いる結果になっている．

東南アジアと西アフリカの国々では，21世紀まで引き伸ばすことのできた木材生産ブームが，すでに終了しているか，終わりつつある．例えばタイでは，あまりに急激な森林減少を目の当たりにした政府が1989年に木材伐採の完全禁止に踏み切った．1980年代の始めごろから1990年代の初頭までの間に，タイは14%近くの森林を失った．カンボジアとラオスは11%，そしてフィリピンは9%の森を失っている（World Resources Institute 1996, 217）．森林減少の経済的なインパクトは，これらの数字が示すもの以上である．というのも，通常は最も価値のある樹木が最初に切られ，その他の森林が残されるのだが，残された森林が潜在的にもつ経済価値や生態系を維持する能力は，先に切られてしまった樹木に比べて遥かに低いからである．木材加工産業に多くの投資がなされてきたインドネシアのスマトラでは，すでに木材の深刻な不足が生じている．東南アジアや西アフリカを後にした伐採会社の多くは，現在では中央アフリカ

に移動しつつあり，その地域での過剰伐採と野生動物の生息地域が破壊されるリスクは急激に高まっている．

灌漑システムの劣化も，主に政策の失敗に起因している．ダムや運河といった大規模な灌漑システムの造りすぎと，それらのシステムが供給する水や電気の値段が安すぎることが劣化の原因になっている．メキシコ，スリランカ，そして中央アジア諸国などでは大掛かりな灌漑システムの機能不全によって，農業生産が落ち，政府の財政赤字の大きな要因になっている．

一般的に，農業生産の低下は政府が直接引き起こすというよりは，農民自身が引き起こしている．だが，農民が土壌の質を無視したり，棚田作りを怠ったりするのは，自分の重労働と投資の果実を摘み取れるという保証を政府がきちんと与えていないからである．不適切な作物や家畜を選んだり，肥料や殺虫剤，水などを使いすぎたりするのは，生産性の低い農業事業に愚かにも補助金を出す政府の政策のためである．そして，農民が農地を放棄するのは，補助金があるにもかかわらず事業が崩壊したからか，農業活動に対して重税がかけられているからなのである．

1.3 不可解な問題

発展途上国で広く見られる天然資源の乱用には，多くの不可解な謎がある．第一の謎は，多くの国々の繁栄と成長が資源開発を適切に行えるかどうかにかかっているにもかかわらず，政府がそのことにあまりに無頓着なのはなぜか，という謎である．この無頓着さは，国家がより高いレベルの繁栄にいたる主要な機会を危くしている．

二番目に不可解な点は，なぜ政府が，自ら稼ぎ出した財源を無駄にして国庫の富を流出させるような資源政策を採用するのか，ということである．我先にと金を貪る政府の傾向は，ずいぶんと議論されてきた．政府の役人を理解するには，「役人とは，経済全体から取り出すことのできる歳入の最大化を最優先している人々である」と仮定するのが一番よいと主張する理論もある．しかし，政府は公共地を取り扱う上で，資源経済学の第一原理を無視しつづけてきた．資源の利用者が「安い」資源を過剰搾取しないように，資源を搾取しようとする者に対しては，資源の価値に十分見合った代金をもれなく請求すべきである，

というのが第一原理である．多くの政府は，誰かが公共地から資源を取り出すとき，その価値の半分さえも回収しようとしていない．

　三番目に不可解な点は，資源開発に携わる政府組織の構造と業務が，なぜこうも複雑にできているのか，という点である．例えば，ペルーの国営鉱山会社であるセントロミンは，ミネロペルーという半官半民の鉱山企業を部分所有していた．ところがミネロペルーの方も，セントロミンのある部分を所有していたのである（Gallegos 1985, 43-44）．ペルーの国営鉱山開発部門の組織図は，統合された構造というよりは迷路パズルのようなもので，収益の会計はほとんど恣意的に行われていた．このような国営企業の複雑さは，経営を不透明にし，説明責任を大いに損なっている．そして中央政府の役人たちは，大きな財源として自らが依存しているはずの国営組織を管理しきれずに，コントロールを失っている．このように，ほとんど必要のなさそうな，そして明らかに資金のかさむ複雑さは，一体何の役に立っているのだろうか．

　以上の点に深く関連した四番目の不可解な点は，天然資源部門における国営企業に，なぜそれほどの自主性が許されてきたのか，という点である．「自主性」が不透明な体質や説明責任の欠如によって間接的に保たれてきた面はあろうが，公式には上位に位置するはずの政府機関から独立を保っているのは不思議である．例えば，メキシコ，ナイジェリア，ベネズエラなどでは，国営石油会社は「政府の中にある政府」であると見られてきた．チリやザンビアでも，政府系銅会社は同じように称されてきた．政府がその気になれば企業の利潤追求行為を潰して支配を回復できたはずであったにもかかわらず，多くの場合，これらの国営企業は政府から自律した形で操業を続けてきた．

　この点に関連する五番目の謎は，政府が国営企業に対して甚だしく不十分な資金供給しかしてこなかったという点である．一見すると，政府というものは国営資源産業に対して，国際価格の突然の上昇に備えて増産の準備をさせることに一心であるに違いないと思われるかもしれない．価格の上下動が頻繁な石油や鉱物部門では，こう考えるのはもっともなことである．ところが，国営企業の多くは石油や鉱山部門の外で収益を無駄使いし，自らの部門での効果的な操業に必要な投資予算，特に輸出価格が高値のときに増産するための投資予算を食い潰してしまっている．

　六番目に不可解な点は，資源開発に強く関連する自然科学や社会科学の知見

が政府によって無視される傾向にあるのはなぜか，という点である．「知は力なり」とするならば，政府がそこまで頻繁に科学知識を無視するとは驚きである．例えば，インドネシアの木材伐採規則では，インドネシアの最も重要な樹種は択伐による間引きをしない方が，むしろよく再生するという知見が無視されている．同じようにして，何年もの間，土壌学者や人文生態学者は，焼畑移動耕作というのは，一度耕作した土地が次の耕作の順番までに地力を回復するのに十分な範囲の土地を与えられる限り持続可能である，と指摘してきた．これから示すように，この知識はブラジル，インドネシア，マレーシアなどの政府によって無視され，そのために焼畑を行う小規模農民の生活は大きな犠牲を強いられてきた．

　これらの謎をどのように解き明かすことができるだろうか．最も上っ面な説明は，天然資源を直接取り扱う人々を悪者にすることである．つまり，伐採企業が木を切りすぎること，森に暮らす人々が持続性のない農業のために森を燃やすこと，農民が水を無駄使いしていること，漁夫が乱獲すること，鉱山や油田で働く国営企業の従業員たちが，怠け者もしくは無能であること，などを問題にする．しかし，資源の直接の利用者を罰しようとする政策は非生産的になることが多い．無責任な地域住民から森林を守るという名目で，政府は膨大な広さの森林地帯を没収してきた．漁場は立ち入りを禁止され，地域住民がタンパク源として野生動物に依存している地域においてすら狩猟が禁止される．多くの発展途上国で，これらの「保護」政策によって被害を受けるのは森林や河川の資源に依存し，地中から鉱物をかき集めてどうにか暮らしを成り立たせている最も貧しい人々なのである．

　詳細な分析をしてみると，資源採取を行う者は政策の欠陥のために非持続的な開発を奨励されたり，そうせざるをえない状況に追いこまれることすらあることが分かってくる．従来型の発想では，天然資源に対する不適切な政策と歪められた資源利用形態は，国と民間の両方の資源を監督している政府や役人の貪欲さ，無能さに由来するとされてきた．しかし，天然資源部門における失敗を理解するには，天然資源部門を超えた所にある目的に向けられた政府の戦略を吟味しなくてはならない．

　インドネシアの国営航空機産業は，商業伐採経営で集められた森林省の造林基金から資金調達されているという事実を考えてみてほしい．実際の植林には

決して用いられない．これらの伐採業者からの資金は，業者が政府に払わなくてはならない森林事業権料が極端に安いからこそ調達できている．安すぎる森林事業権料こそ，後に見るようにインドネシアにおける過剰な森林伐採の主要な原因になってきた．しかし，航空宇宙産業の資金調達法に根本的な問題性を見出す森林の専門家などいるだろうか．

1.4 資源政策の失敗を説明する理論

議論を明確にするために，天然資源政策の欠陥を説明してくれる一般理論をここに列挙してみる．いずれもシンプルな命題として提示し，そこに対応する定義と解説をつけてみた．

1.4.1 動機に関する理論

理論 1 政府の高官や国営企業の幹部は，それぞれ異なる次のような経済目的をもっている．
- 自分たちが好む特定の開発事業を推進する．
- 状況に応じて広い範囲の人々，もしくは特定の個人や家族に対して経済的な便益を分配する．
- 中央国庫の財政状況のレベルを総合的に向上させる．

解説　「政府には種々の目的がある」と言いたいのではないことに注意してほしい．政府は一つのアクターではないからである．政府は多くの人々や組織から構成されていて，それぞれの構成員の目的はしばしば対立している．ここで示す理論は，資源開発に伴う多くの行為が，政府内の役人同士の対立に起因するという重要な前提に立脚している．

理論 2　政府高官や国営企業の幹部はそれぞれ異なる次のような政治目的をもっている．
- 財源の用い方についてより大きな支配力を獲得すること．そのために，一部の人が牛耳っている特定の省庁や国営企業の立場を強めたり，権力を強化すること．
- 上の目的を達成するにあたっての政治的コストをできるだけ減らすこと．

・経済的,政治的目的の達成のために,他の民間アクターや政府系のアクターの協力を取りつけること.

解説 財源を握るということは,役人が自らの利益のためにそれを独り占めにすること以上の大きな意味をもっている.だから,仮に政府の高官が私腹を肥やすことに関心がなくても,政府や国の財源の用途を方向づけるべく必死に画策する可能性はある.

理論3 同じ政府に属する役人でも,それぞれ異なる目的や優先順位をもっていると考えてよい.

解説 政府は一枚岩的な組織ではない.一つの政党だけが支配する政府であっても,そこには様々な展望と価値観をもつ役人や政治家たちがいる.加えて,政府内における縦割的な分業の仕方(例えば,運輸省は道路建設を管轄し,教育関係省庁は学校や教師を管轄する)は,さもなければ同じ考え方をしていたであろう役人の優先順位をそれぞれ異なるものに仕立てていく.運輸大臣ならば,交通の問題を最も優先しなくてはならない.だが,このように内部構造が細かく分かれている政府がある一方で,省庁間での協力や妥協の余地が多く残された政府もある.

1.4.2 資源に関する理論

理論4 天然資源開発に関係する財源は,天然資源それ自体の富を遥かに上回り,以下のようなものを含む.

・国庫.これは資源開発への補助金として注ぎ込まれることが多い.
・資源採取を請け負う人や組織の資金.これらの資金は政府による課税で徴収されるか,あるいは生産物が低い価格で政府に買い取られ,その後に公定価格を上限に消費者や下請け業者に流されることが多い.
・消費者の資金.これは国営企業の生産する資源に高値をつけることを通じて,政府がもっていくことが多い.
・対外債務.国営の資源関連事業者による借り入れであることが多い.
・外国の政府や国際機関,国際NGOなどからの贈与.これは資源の育成や保全に用いられることが多い.

解説 天然資源の富はそれ自体として重要であるが,資源開発はそれ以外に

も多くの財源を利用して営まれる．例えば，コスタリカでは天然資源の軽視に加えて，1980年代に森林地帯を再植林する企業の税金を優遇するという見当違いの事業を実施した．5章で見るように，植林にインセンティブをつけるこの事業は大失敗であった．実際に達成された植林はごくわずかだったにもかかわらず，この事業で中央政府の国庫財源を使い果たしてしまった結果，この制度を利用した企業だけが潤ったのである．

1.4.3 迂回の論理

理論 5 政策の目的や優先順位が政治の最高レベル（例えば，閣議や立法府）で決められていない政府がある．政府の役人や国営企業の職員は，直接的な手段で目的を達成しようとすると他の役人の妨害を受けることを承知しているので，あえて間接的な手段に訴えることが多い．端的に言えば，政府内部が統一されていないからこそ，他の役人の抵抗を丸め込もうとする動きが引き起こされる．

理論 6 政府の高官が，他の役人が反対するような目的を追求したいとき，彼らは通常とは別の財源を模索しようとする．

理論 7 天然資源開発の操作によって，投資や所得移転のための目立たない資金調達が可能になる．

解説 天然資源の開発は，人口密集地からは遠く離れた場所で実施されるのが普通である．そして，よそ者にとっては資源開発の経済性に関する情報を十分に入手することは非常に困難である．例えば，木材伐採の正確な進度は，伐採企業の外にいる人にはほとんど分からない．不法伐採の監視は，政府がよほどの対策を講じない限り難しい．鉱業，漁業の生産高や経済価値を現場の外から判定することは同様に困難である．チリでは，鉱業政策に携わっていた役人の多くが，国営の銅会社による不法な銅山開発を認識していなかった．一連の不正操作がうまくいくためには，抵抗するであろう他のアクターがある程度，そのことに無知でなくてはならない．天然資源開発に典型的に伴う情報の空洞は，このように非常に魅力的なのである．

理論8 天然資源の開発過程は，とりわけ不正操作に都合がよい．資源開発過程を歪めるのには政治的なコストがほとんど伴わないからである．
・操作がもたらす利益再分配の影響は実際のそれよりも小さく見えやすい．
・資源開発の過程が歪むことで負け組（losers）になるのは，たいてい貧困層であって，彼らは自らが被っている損害に対して補償金を引き出そうとしたり，仕返しをするだけの政治的手段をもち合わせていない．
・将来世代も負け組であり，彼らは現在の貧困層よりも発言力が弱い．
・一部の天然資源操作は，実際はそうではないのに，開発や環境保全に寄与しているかのように見える．

解説 天然資源の操作は，他の経済活動を歪める場合に比べて，政治的コストが低いのが普通である．政治的コストが低くなる第一の理由は，天然資源の開発には勝者も敗者もない，という間違った仮定が流布しているからである．この仮定は，天然資源の富が人的な損失やコストなしに，地球から無尽蔵に湧き出しているというイメージからきている．だから，資源搾取による利益が特定の集団の手に落ちることについては，他の経済的な富の移転に伴う再分配のような露骨なイメージがないのである．だが，天然資源の操作に伴う利益分配を他の分配とは別ものと考えるのは幻想にすぎない．資源の富が一部の集団の便益になれば，それは他の集団の機会が奪われたことと同じである．

　政治的コストが低い第二の理由は，劣悪な資源開発の被害を被る人々が多くの場合に経済的に困窮した人々であって，巧妙な操作に対して抗議するような発言力をほとんどもたないことである．天然資源の開発が行われる現場は，地理的にも経済的にも辺境にあることが多く，そうした地域は少数民族など社会の周縁に位置してきた人々の逃げ場所になっていた．加えて，これらの地域の所有権や用益権は曖昧なため，法律の上では国の支配下に移ってしまっている場合も多い．そうなると，資源乱用に対して抗議をしても，抗議をする人々の政治的な立場や法的な根拠は弱くなってしまう．同様に，現在の政治アクターが将来世代の利益を守ろうとしない限り，政府の役人にとっては資源を枯渇させ，将来の機会を無駄にした方が，現在世代から利得を引き出すよりも政治的リスクが低くなる．

　政治的コストが低くなる最後の理由は，天然資源の操作が，実際に引き起こす被害の大きさとは裏腹に，経済や環境だけでなく，社会のために有用なもの

として容易に受け入れられてしまうからである．例えば，植林事業は悲惨な結果をもたらすことが多いにもかかわらず，たいていは堂々と実施され，それに反対を表明する政治家は滅多にいない．同様に，国内で行われる効率の悪い資源加工も，国の経済発展に大きく寄与するものとして上手く演出される．加工は生産物が輸出される前に「付加価値」をつけるから，というのが理由である．しかし，加工された財が原材料よりも高値で売れるというだけでは，加工が儲かることにはならない．粗悪な資源政策は「環境にやさしい政策」や「付加価値を与える政策」として飾りたてられ，政府の信用を増すことに寄与しながら，裏に秘められた目的の追求を可能にする．不法な，あるいは過剰な資源搾取は，普通は密かに行われるのだが，不適切な資源開発と加工では「適切さ」の意味が履き違えられて，むしろ誇らしげに行われる．

理論9 上記の理由で，政府の役人は天然資源の開発過程を不適切な形で操作し，通常ならば他の役人から邪魔をされそうな目的や，政治的な危険を冒さなければ達成できないような目的に資金を供給しようとする．

理論10 政府の役人が誰かに便益を分配する際に，それを得られない人々に対して十分な説明責任を果たそうとしないとき，彼らは人目を引きにくい分配方法を捜し求める．役人たちは同時に，政府の外にいる協力者に対して，目的達成の手助けをしてくれた返礼に目立たない形での所得移転の方法を捜し求める．

解説 自己利益追求のための所得再分配は，一部の役人の目的になることが多いが，所得の移転で損害を被るグループからは抵抗される危険がある．そこで，よこしまな天然資源開発を通じて密かに利益再分配を図れば，他の役人や損をするグループが力を合わせて抵抗してこない見込みが増す．

協力者たちに報酬を与えるタイプの再分配は，「利権漁りの行為」(レントシーキング)(訳注4)と呼ばれるやり取りに立脚していることが多い．政府の役人が競争を規制したり，

（訳注4）本書で言う「レント」とは，資源開発のための費用をその総収益から差し引いてなお残る利潤のこと．利潤の大部分が人の労働ではなく自然によって与えられている天然資源の開発においてはこのレントが極めて大きいゆえに，その獲得をめざして多様なインセンティブ，すなわち利権漁り（レントシーキング）が誘発される．詳しくは「訳者あとがき」を参照のこと．

単純に財産を分与して民間部門のアクターにレントの獲得機会を提供するのである．そうした利権にあやかるため，あるいはそのような利権構造を維持するために，民間のアクターは受益者を選定する力をもつ役人や政治家に対して政治的支援や金銭を提供し，協力の手を差し伸べるのである．

理論11 資源開発戦略の及ぼす影響を偽って申告したり，不必要に複雑化するのは，透明性を低め，説明責任から逃れるための策略である．

解説 透明性を低くし，目立たないようにする手段は数多い．少なくとも他人より一歩先に位置できるような戦略があればよいのである．政府の役人は，不適切な資源政策を正当化するために，見掛け倒しの便益を引き合いに出すことが多い．例えば，地元の人々や伝統的な森林利用者から木材の伐採権をもぎ取ろうとするとき，政府はその陰謀を「自然保護」の衣に包んだ巧みな弁舌で演出するかもしれない．相当数の役人が，没収された伐採権をすぐにも企業などに分配するつもりであってもである．あるいは，国家安全保障の名目で無駄な備蓄を増やすだけの非生産的な鉱物資源開発が弁護されることもある．このように，資源開発にかかわる資金供給や操業の仕組みをあえて複雑にすることで透明性を低くすれば，巧妙な操作を反対勢力から見えにくくすることができる．

理論12 上記のような様々な政策上の目的に役立つ資金の流れを方向づけることができるという一般的な利点があるために，政府の役人は，お互いに，もしくは事業者との間で資源開発の支配権を争うのである．

解説 個々の役人やその集合体である部局がもつ一般的な権力は，天然資源の富の配分や資源開発に伴う資金の流れをどの程度まで支配しているのかに依存している．換言すれば，個々の政策がもつ目的とは全く別に，支配権の獲得それ自体をめぐって，それぞれの機関は互いに争うのである．

注意してほしいのだが，役人が資源の富を自分たちで独り占めにしようとしていると言っているのではない．役人たちにしてみれば，自分たちや家族，友人を潤すよりも，資源を右や左へ配分する力をもつことの方がずっと魅力的に映る．したがって，政府の様々な部局が他の部局から資源開発の支配権をもぎ取ろうとするのは，それぞれの立場や影響力を競いあう官僚政治の一側面なの

である．

　こうした競合は，中央の予算配分過程に直接かかわる省庁や政策実施機関（例えば，森林省や運輸省），地方の出先機関や事業体（地域開発機関や国営石油会社など）とをそれぞれ対立関係におくことが多い．決定的な問題は，政府が支配する天然資源の富が国庫に流れるのかどうかである．予算を担当する財務省などの機関も天然資源の支配に向けて努力しているとはいえ，天然資源開発に対する政府の政策や国の統制は，予算をつかさどる機関の管轄範囲を超えている．よって，財務省や企画担当部局，予算担当部局が反対するような形の資金移動をしたいと考える役人や部局があった場合，天然資源開発を操作するという方法は，もう一つの財源ルートを提供してくれる．

　政府の予算担当者から見ると，投資と配分のための意思決定は中央政府という最も上位レベルの，最も中央に位置する場所で行うのがよい．「経済的に最も生産的で社会的に価値のある投資の仕方を国のレベルで定められるのは中央での予算編成だけ」と彼らは主張する．他省庁の役人や，地方部局，国営事業体の職員などは所属組織の活動にしか関心がないので視野が狭いというのである．この主張に対して，個々の部門や地方部局の役人は，中央の財政担当省庁こそ政治的で，社会全体の厚生よりは党派的な打算のもとに意思決定をしていると反論する．中央集権的な財政の支配に批判をよせる人々は，これに加えて，中央政府は現実世界からかけ離れていて，個々の現場がおかれている固有な状況に疎いことを問題視する．

　理論13　政府や国営企業の資源関連部局の職員は，自分たちがつかさどる資金の流れや資源開発を横取りしようとする他の部局をかわすために，本来あるべき正しい政策を犠牲にしてしまうことがある．

　解説　この論点は，政府内の抗争が一連の保守的な諸政策を喚起し，その代償として不適切な資源利用が行われることを明確に示している．例えば，国営石油会社や鉱山会社は，財務省が会社の投資資金を奪おうとしていることを知ったら，すばやく外国に資産を買って，役所の手の届かないところに資金を動かしてしまうだろう．

　理論14　上に掲げたすべての目的を視野に入れた上で，天然資源開発を操作

する能力を向上させるため，政府の役人は民間や村落コミュニティの所有者から資源の所有権や利用権を取り上げてしまう．

　解説　資源の支配権を握ることは，ただ単に前の所有者や利用者から政府の金庫に富を再分配することを意味するだけではない．それは天然資源開発を通じて，富を巧みに操作する機会をもたらすことにもなる．

1.4.4　これらの動きから生じる間違った戦略

　理論15　下記にあげる諸目的を追求するために，政府の役人は不適切な天然資源開発を戦略的に促したり，自らそれに従事することがある．
  a. 批判されるような開発事業に資金を供給する．
  b. 特定のグループや地域，もしくは個人に経済的な便益を提供する．
  c. 天然資源から生じるレントを国庫に回収する．
  d. 利権漁り（レントシーキング）の機会を創出して民間アクターの協力を取りつけ，本来の政策目的とは別の目的を追求する．
  e. 他の政府機関や国営企業を犠牲にして，資源開発に伴う資金の流れを牛耳り，その決定権を握る．
  f. 資源を見えにくい形で巧妙に操作して説明責任を免れるようにする．

　解説　これらの6つの戦略は，政府が種々の目的を追求する上で，なぜ適切な天然資源開発を犠牲にするのかを説明するときの核心である．天然資源に対する負の影響が当初の予想の範囲を超えるものだったとしても，あるいはそれが意図せざるものだったとしても，戦略そのものは故意に行われている場合が多い．例えば，政府の役人の中には，特定のグループに対して意図的に公共地の使用料を安くして，そのグループに便宜を図ろうとする人がいるかもしれない．別の理由で資源政策が失敗することもあるが，その場合でも上にあげた6つの戦略の少なくとも一つが促進されれば，間違った政策が永続化してしまう可能性がある．例えば，公共地にある資源の料金は，はじめは適切なレベルに設定されるかもしれないが，政府が適切な水準に料金を調整しないと，インフレの影響によって料金は相対的に安くなる．この場合も，不適切な政策は受動的な形で永続化することになるが，それも戦略の一部として重要なのである．

　6つの戦略は事業計画に組み込まれた（programatic）戦略（a〜c）と政治上（political）の戦略（d〜f）とに分けて考えるのが有益である．政府の役人は，

天然資源開発の巧妙な操作によって，自らが好むような開発や分配，そして歳入増加に役立つ計画を推進させることができるだけでなく，政治的な影響力を増すこともできるのだ．

1.4.5 資源操作の解釈に複雑な理論は必要なのか？

上に掲げた理論は，政府内部の政治状況と財政面での巧みな計略を関係づけ，次に，この財政面での計略とさまざまな戦略を可能にしてくれる資源政策とを関係づけ，さらに，種々の資源政策と資源開発の担い手による劣悪な資源利用とを結びつけようとするものである．このモデルは次の3つの観点から不必要に複雑であると考える人がいるかもしれない．

第一に，不適切な天然資源政策の説明として「政治的えこひいき（patronage）」こそ重要であると主張する人々がいる．彼らによれば，木材や石油，鉱物，土壌，そして水などの過剰搾取を許すような政府の行動は，政治的に影響力の強い支持者に便宜を図る直接的な方法だという（Blaikie 1985；Broad 1995；Hecht 1984；Hecht 1992；Ross 1996；Sanderson 1986；Teichman 1988；Utting 1993）．また，別の論者は，影響力の強いグループに政府が資源レントを与えてしまうことこそ政府の弱さの兆候であると論じる．つまり，政権を維持するために，まっとうな資源開発を犠牲にして誰かの機嫌をとらなくてはならないような政府は弱いという議論である（Broad 1995）．さらに，天然資源から生じる経済的な便益を割り振る能力こそ，役人の権力維持の手段であると見る人もいる．いずれの原因分析が資源レントの利用を政治的えこひいきの産物として見ているかはともかく，こうした解釈はなぜ政府がこの種の取引に喜んで従事したり，あるいは，関与せざるをえなくなるのか，という問いを追求したものである．政府が天然資源を無償で切り売りする動機の一つに政治的えこひいきがあることについては争うつもりはない．利権漁り（レントシーキング）を目的とする戦略は，この動機を当然含んでいるからである．私がむしろ主張したいのは，「えこひいき」を通じて政治的な支援を取りつけることは，民間の開発業者に特権的な資源乱用を許すさまざまな理由の一つにすぎないという点である．また，政治的えこひいきをするためかどうかはともかく，民間企業の乱開発以外にも資源を台無しにする結果につながっている仕掛けは数多くある．

ここで最も重要なのは，政府の役人がなぜ天然資源のレントと引き換えに特

権を受け取る人々の支持や協力を取りつけようとするのかを探求することである．政治的な支持を得たり，協力を取りつけたりすること自体は政治家や役人たちの最終目的ではない．したがって，われわれの問うべきことは「政府が政治的な有力者を潤すために，天然資源を犠牲にするかどうかを決める条件は何か」ではない．むしろ，権力に居座りたいという自明のニーズに加えて，「どのような動機が資源の便益と引き換えに受益者の協力を取りつける方向へと政府の役人を駆り立てるのか」と問う方が有用である．資源を巧妙に操ることを促す動機は数多くあるので，政治的な便宜供与や，その結果としての協力は「目的」としてではなく，何か別の目的に役立つ「手段」として見るべきなのである．

　第二に，ここで提示した理論は，単に無知や無能によるものとして片づけられるものに対して過度に手の込んだ説明ではないかという疑念がある．先進国と途上国の両方で役人たちがよく口にするのは「貧しい国々は天然資源を効果的に管理するための情報，専門技術，そして行政能力が欠如している」という常套句である．発展途上国では政策策定者でさえ知識が不足しているので，「必要なのは教育である」と資源の専門家は仮定することが多い．だが，問題点をあげるだけでは，根本的な説明にはならない．無知や能力の低さは，かなりの部分，政策の結果なのである．マイケル・ダブ（Dove 1983）が示したように，「無知」というのは，正しい情報と理論が受け入れられたときに生じる批判に対して，それをかわすことができるよう一部の役人があらかじめ組み込んでおいた策略であり，意図的な政策の結果であるかもしれない．何百万ドル，いや何億ドルという利権が絡む重要な天然資源について，トップクラスの政府の役人が特定の政策がもつ意味を理解するうえで十分な注意と専門技術を投じないはずはない．

　同様に，途上国では資源利用に関する規制をしっかり実施する行政能力が非常に弱いという点も言い古されてきた．この指摘から暗黙に導かれる提言は，今や多くの国際機関や二国間援助のプロジェクトの一部になっている「制度能力の強化（institutional strengthening）」である．しかし，行政能力が低いのは，そうした省庁（行政組織）にわずかな予算しか与えず，出来の悪い職員しか配置しないという意思決定が理由である場合も多い．ときには，標的になる一部の省庁に面倒な官僚的仕事を押しつけて，身動きをとれなくしてしまうという

こともある．古典的な例は，ほとんど世界中で見られる森林関連省庁に対する過小な予算配分である．国が貧しく，森林に関する規制を徹底する能力がないために，頻発する不法伐採を防ぐことができないと政府は公に嘆くが，にもかかわらず林野部局への予算は相対的に低く抑えられている．要するに，無知，無能，あるいは行政能力の低さといったものの多くは，避けられない所与の条件ではなく，政策の失敗なのである．

第三に，天然資源政策失敗の「よりシンプルな」説明は，背景が変化したことで，それまでは適切だった政策がもはや古臭くなってしまった，というものである．すでに指摘したように，「よい政策」が環境の変化によって的外れなものになることは確かにある．ひとたび特定の政策をめぐって意思決定の作業手順，権限・義務内容，官僚的な力関係が形成されると，その政策を変更することは難しい．そして，自身と所属組織の利益を追求しようとする政策策定者たちには，現状を変えようとするインセンティブがない．例えば特定の人口密度に対しては最適な土地利用政策も，それより高い人口密度ではあまり機能しないかもしれない．そこで私たちはもはや最適ではない政策が即座に変更されないのはどうしてか，と問わなくてはならない．根本的な問いは残ったままになる．すなわち政府のリーダーたちが最適ではない政策を維持したがる動機，あるいは状況の変化に対して硬直的な制度を温存したがる動機は何であろうか．

結局，適切な天然資源開発が行われないのは，資源開発を手段にして何か別の目的が追求されているから，という大雑把な説明だけが可能性として残る．政府の役人は，他の多くのことを成し遂げるために，あえて天然資源の開発，採取・掘削，そして加工を歪めているのである．

1.4.6 不健全な資源政策と「政策の失敗」

政策の失敗とは，その国に現在と将来暮らす人々の利益になっていないような政策のことである．特定の政治的指導者を権力の地位に据えておくことに，われわれの関心はない．われわれの関心は，そうした一部の指導者の政治的失敗よりも，社会全体にとっての福利の損失の方にある．もちろん，一見「失敗」に見える政策の多くは，それを実行する役人たちにとっては政治的な成功を意味する．この役人たちにとっては政治的成功であるからこそ間違った政策が採用されるのだ．適切な資源開発を犠牲にして巧みに立ち振る舞うことで政

治的な立場を強化する一部の役人の狡猾さは称賛に値するものかもしれないが，こうした巧みさが失敗を作り出している．

　政策の失敗や不合理な資源政策を定義する上で，より一層複雑な問題がある．国民に最も益するような形の資源開発をしない理由として，十分正当化できる他の目標がある場合に，それをどう考えるかである．例えば，経済援助に値し，それなしでは困窮してしまうような貧しい人々に十分な所得をもたらす唯一の方法が，生産性の低い鉱山でもたらされる労賃だった場合，それでも資源利用の適切性の観点から鉱山を閉鎖するべきだろうか．これは，インドが直面した著しく無駄の多い銅山で事業を継続するべきかどうかという問題である．新しい産業に資金供与することが真の国益になるときに，そして，大統領にとって，頑固な立法府の抵抗を克服して事業を進める唯一の方法が向こう見ずな資源開発からの資金流用である場合に，どうすべきだろうか．インドネシアのスハルト前大統領から見れば，航空機産業の振興は称賛すべき国家目標であり，森林事業権料を巧みに操ることでそれが可能になるなら，十分にやりがいのあるものであった．こうした行為は，政策の失敗なのだろうか．

　このパラドックスを解きほぐす鍵は，原理上，いずれの目的も資源開発の過程を歪めないまま追求できることを理解することである．生産的な過程を，分配上の目的でなされる操作が生み出す非効率性から絶縁することは可能であるし，また絶縁するべきであると指摘したのはジョン・スチュアート・ミル (Mill 1848) である．特定の分配を達成したいのならば，生産過程を操作するのではなく，政府支出を変えればよい．ミルが示唆していた生産過程の一部には，天然資源の開発も確かに含まれていた．彼の金言は，分配上の目的を超えたところ，つまり，本章で見たような他のすべての目的についても当てはまると考えてよい．

　要するに，仮に政治的指導者が社会的に望ましい目的を達成するために，不合理な天然資源政策を実施しなくてはならないとするならば，間違っているのは制度の構造の方なのである．制度の構造を直せば，資源を歪めることなく目的を追求することができるようになる．例えば，インドで鉱山労働者の家族を養うことが社会的に見て正しいからといって赤字銅山の操業を続けながら，その一方で年金を与えて労働者を退職させる決定をインドの国会ができないのであれば，それはインドの統治上の失敗であって，特定の役人のせいにできる問

題ではない．

1.5 本書の概要

　多くの発展途上国では天然資源開発のあり方はいまだに重要な課題であり，こうした国々で起こった大きな損害の責任は，政府の政策の失敗にある．本章では，このことを示そうとしてきた．また，資源政策の失敗を貪欲さや無知に由来するものとして簡単に片づけるのではなく，なぜ政府の役人や政治家は天然資源開発の過程を歪めてまで経済的，政治的な目的を追求するのか，を説明する理論を示した．

　この分析をより深め，実現可能な改革を模索するために，まずは天然資源政策の失敗の体系的な評価を行う．2章は，資源政策の失敗を説明する12の大まかな類型を同定し，これらの政策の失敗がこの章で示した6つの戦略をどのように促進するかを描き出す．3章では，インドネシアにおける石油と木材開発の事例を綿密に検討する．インドネシアの事例では，特定の開発事業を推進するために極端なまでに天然資源が操作されたので，資源政策をめぐる活発な動きが非常に明瞭な形で浮き彫りになっている．4章は，開発計画に対する資金供給が目的で行われる資源搾取の操作のメカニズムを概観する．そして，開発計画が政府の行動を決定する上で特に際立っているような具体的事例について詳しく述べる．5章と6章では，経済便益を付与する戦略のメカニズム分析と，国庫収入を確保する戦略の例証となるような事例をそれぞれ並行する形で分析する．これら3つの章では，政策の失敗の例が数多く浮き彫りになるが，いくつかの事例には改革のための教訓が含まれている．利権漁り（レントシーキング）の機会を創出する戦略，天然資源が生み出す財源の流れを支配しようとする戦略，そして説明責任を逃れる戦略の3つは多くの事例で共通して見られる．そして最後の7章では事例から導かれる類型を要約し，政策の失敗を説明する理論の有効性を再考する．そして，天然資源政策の失敗を減らすために，制度やプロセスの変化に向けた提言を行う．

2章 資源政策失敗のメカニズム

2.1 望ましい資源政策とは何か

　1章を通じて，私は適切な天然資源利用のあり方について言及し，社会的に不適切な資源利用は「政策の失敗」であると主張してきた．理性と十分な情報をもち合わせる人々であれば，社会にとって最も望ましい資源開発のあり方について共通の認識をもつことができる，というのがこの主張の前提である．まず「どのような資源利用が最適なものと言えるか」についての観念がなくては，最適な政策を定義できないし，失敗と区別することもできない．そこで本章では，最適な天然資源開発の形態や速度を規定する枠組みから議論をしたい．「よい政策」が明示できれば，悪い政策の基本類型を見極める際に役に立つからである．資源政策が失敗する形態の多様性には目を見張るものがある．

　一つの例外を除いて，私は「最適な資源利用」というものを「分配上の公正」よりも「効率」の観点から定義したい．なぜなら，最適な分配をめぐる方法論について技術的な合意を得ることはできないし，分配の良し悪しは価値観で決まる問題だからである．例えば，木材伐採収益の分配のされ方が最適であるかどうか，二人の資源経済学者の間で常に意見が一致するとは限らない．重要なのは，最適な資源利用を定義するときに，分配の議論は原則として除外すべきであるという点である．分配の望ましさはそれがいかなる定義によるものであれ，原則として生産過程の外で追求されるべきである．

　上述した「一つの例外」とは，「資源の使い方が将来世代の社会全体の福利を低下させるものであってはならない」ということである．「持続可能な開発」の教義は，現在世代の人々への恣意的な分配を回避すべきことを強く要求している．私には，最適な所得分配のあり方を特定したり，そこから特定の資源利用の適切さを評価したりするつもりはない．ただ，まだ生まれていない人々や選挙権をもたない人々を含めた社会にとって，生活水準が下がらないことこそ

が望ましいという考えは進んでもちたいと思う[1].

2.1.1 効率を定義する

社会的厚生の最適化をどう考えればよいのか．分配の問題を別とすれば，社会的厚生全体の最大化は資源開発が動学的効率性[訳注1]の条件下で行われる場合に達成される．ティエッテンバーグは動学的効率性を「nの期間にわたって考えられるすべての資源配分の方法で享受できる純便益の現在価値を最大化しているのであれば，n個の時間単位を通じての資源配分は動学的に効率的である」と定義する（Tietenberg 1992, 30）．

この原則を理解する上で2点確認しておく必要がある．第一に，「資源」とは，天然資源だけではなく財源，労働力，その他の資源を含んでいるという点である．すなわち，資金，労働力，土地などを他の事業に投入した場合と比較した上で，天然資源の開発や採取につぎ込むかどうかを判断するのに知恵を絞らなくてはならないのと同じように，特定の時期に特定の天然資源を開発し，採取するかどうかを決めることにも知恵を絞ることが重要になる．

第二に，異なる時期に生じてくる便益や費用の価値を調整して統一的に測る上で，純便益の現在価値という考え方は決定的に重要である．一般的に，早い時期にもたらされる便益は遅い時期に得られる便益よりも価値が高い．人はそれほど辛抱強くない上に，早い時期に得られる便益を，将来のより大きな価値に投資するために貯めこんでおこうとするものだからである．

2.1.2 「限界」(marginalist) の原則

経済理論によれば，効率的な資源開発とは，どの時点をとっても，限界点（マージナル）で，つまり最後に（追加的に）取り出される一単位の資源が生み出す社会的便益の増分が，それに費やされる社会的費用と等しいときである（ここでは，利潤の大きい資源が利潤の低いものよりも先に開発されると仮定されている）．この原則は，開発する価値のある資源ならば，どの単位をとっても，特定のタイムテーブルに基づいて特定の時点に開発されるべきである，という考え方に立脚している．開発のタイミングは，資源開発にかかる費用に左右され，採

（訳注1）世代重複モデルなど，時間経過を考慮に入れた上で効率的（パレート最適）であること．

取／売却されるまで変化しつづける資源価値によって決定される．資源価値，つまり資源から得られる純収入が上昇するのは，商品の市場価格が時間の経過とともに上昇したからかもしれないし，採掘／採取がより効率的になって費用が低下したから起こるのかもしれない．あるいは，資源が再生可能なものであるとすれば，一定期間に採れる資源量それ自体が物理的に成長したからかもしれない．最適なタイミングは，特定の資源を手つかずのまま残した場合の価値，つまり，残された資源から波及的に生じるプラスの便益がどれくらいであるかにも依存する．例えば，森林には土壌浸食を予防し，動物に生息域を提供する便益がある．つまり，「限界(マージナル)」という見方は，資源開発の範囲とタイミングを教えてくれるのである．

環境保護論者なら，過剰開発（over-exploitation）を非難するだけでなく過小開発（under-exploitation）も非難すべきであることに注意してほしい．「過小開発」とは，すべての便益と費用を考量した際，社会にもたらされる潜在的な便益を満足できないような資源開発・採取のことである．資源開発を低いレベルに抑えることが社会全体の利益を反映するのは，例えば，手つかずの資源ストックが環境や生態系を維持する機能を果たしている場合や，開発を進めるにはあまりに大きな経済的費用と環境への負担がかかる場合である．こうした場合には，開発を低い水準に抑えることが最適になる．

どの時点をとっても，最後に取り出される一単位の資源からもたらされる便益が，それを取り出すための費用と等しくなるときまで開発を続けなくてはならないのはなぜだろうか．費用とは，資源開発に伴う直接的に目に見える費用だけを言うのではない．その資源を開発し，採取することで失われる機会も費用に含まれる．この機会費用(訳注2)には，資本，労働力，そして土地を他の用途に用いた場合に生み出していたであろう経済的な便益も含まれる．また，資源を採取せず，手つかずのままにしておくことで生じたはずの環境上の便益もそこに含まれる．要するに「限界の原則」とは，資源開発を行うべきタイミングは，開発に伴う純便益が，その資源を他の用途に用いた場合よりも大きい場合のみであることを示しているにすぎない．そして，各々の資源を開発するの

（訳注2）ある生産要素がいくつかの選択的用途をもつ場合，その要素がある特定の生産目的のために利用されたならば得られたであろうより高い収益を犠牲にしたとき，その犠牲にした収益のことを意味する．

は，単位当たりの純便益が最大となる場合のみであるべきなのだ．過小開発とは，取り出す価値のある資源を放置しておくことを意味する．逆に，過剰な開発は，開発される資源一単位からもたらされる便益よりも，追加的な資源の開発や採取に伴う費用，あるいは，その資源を他の用途に用いていた場合の機会費用の方が大きいから無駄なのである．

2.1.3 効率的な資源開発の条件

本章にとっての決定的な問いは，どのような政策なら動学的効率を達成する天然資源開発を促すことができるのか，である．この答えを考えるためには次の5つの条件がある．

1. 完全情報と，完全競争，そして所有権制度が保障されている下では，自由市場に任せておけば，個々人の私的な利害と社会的な利害を一致させるような原料価格と生産物価格が決まってくる．これはもちろん，「神の見えざる手」と呼ばれるアダム・スミスの古典的命題である．資源開発の担い手が必要とする原料投入物の市場価格は，生産のために必要な労働，資金，原材料にかかる直接的な社会的費用を反映する．例えば，自由な競争市場における肥料の価格には，原料としての硝酸塩，もしくはリン酸塩の費用，肥料工場建設のための投資，労賃とその他の工場運営費用，そして工場のオーナーや製品の配給者にもたらされる正常利潤のすべてが含まれているはずである．同様に，資源開発の担い手に市場に基づく生産物価格を決めさせると，開発の担い手は直接費用を反映した価格（この価格には生産者の標準的な競争的利潤が含まれる）で買い手が欲しがる量だけの資源を取り出す．換言すれば，競争市場での生産物価格は，買い手が支払ってもよい（価格に見合っている）と判断する価格になるような分量だけの資源量生産を促すのである．

この原理には，2つの明らかな制約が伴う．第一に，（完全）競争，完全情報，保障された所有権という条件がいつも成り立つとは限らない．第二に，社会的な費用や便益は，資源開発の担い手に直接生じる費用や便益を超えたところで発生するかもしれない．したがって，市場の機能を適切に働かせるためには以下の2つの追加的な原則を導入する必要がある．

2. 自由な競争，十分な情報，安定した所有権を保障することで生じる追加的な純便益が，同時に生み出される社会的費用を上回る限りにおいて，政府はその3つを保障す

るような政策を打ち出さなくてはならない．これは，市場それ自体が自由競争，完全情報，そして所有権の保障をしないときには「市場の失敗」の一つが生じてしまうことを認めたうえでの原則である．

競争があれば，原料投入物の供給者は値上げをしにくくなる．投入物の値上げは需要を抑える．そうなれば社会的に最適な水準より低いレベルでしか資源開発がなされなくなる．競争は同時に生産物価格の値上げを抑止する働きもする．生産物の価格が上がれば，生産と販売の量は減少する[2]．

効率的に資源を開発するには，開発の担い手がどうすれば自分たちの利益を最大化できるのかを予め知っていることが必要になる．もちろん，将来の価格は不確実で，他の投資をしていたならばどれほどの費用と利益を生み出していたかを知ることは難しい．また，情報取得に費用がかかることも事実である．将来の不確実性を低下させることに過度に躍起になると，追加情報がもたらしてくれる便益以上の費用がかかってしまう．他方で，情報取得の費用が法外に高いわけではないのに不確実性を低減できないとすれば，どのような資源を，どのような速度で，どのような費用を支払って開発すればいいのか分からなくなってしまう．このように，情報の不足は市場の失敗をもたらす．こうしたときに資源開発の担い手がよりよい選択を行えるように，正確な情報を提供する義務が政府の側に生じる．

さらに，所有権が保障されていないならば，開発の担い手は，自分たちが手にできるかどうかわからないという理由で，将来の便益を十分に考慮しないだろう．そのために多くの人は，所有権の保護を最も基本的な政府の責務であると考える．

最後に，特別な事例として政府の政策が不安定で予測できないときに生じる情報不足の問題を取り上げる必要がある．政策の予測がつかないと，資源開発事業が成功するかどうかの見通しがつかない．投入物の費用と生産物価格は，今の段階では魅力的かもしれないが，政策の変更によって将来の状況が全く異なったものになっては困るからである．

3. 政府は，民間の開発会社が間接的に社会に負わせている費用を彼ら自身が負担するよう促すと同時に，民間会社が社会に便益をもたらしている場合には報酬を与えるような政策を打たなくてはならない．これは，行為を行った者以外にも行為の影響が及んでしまう「スピル・オーバー効果」の原理である．政府は，開発の担い

手がスピル・オーバー効果の一部である環境破壊を考慮に入れるように手を打たなければならない．例えば，政府は汚染補償費用を開発会社に課すことで，それまで誰も直接的には支払っていなかった外部費用を，汚染者である会社にだけ負担させるようにすることができる(3)．開発会社に生じる負担の総計に，こうした環境への被害が含まれていないと，会社は収益があることを理由に過剰な資源開発を続けてしまう．

　これとは逆に，政府から開発会社への資金移転や補助金の供与は正の外部性を生み出すことがある．正の効果とは，例えば植林活動によって景観がよくなるといった具合に，再生可能資源の備蓄を増大させるような活動から生じる．資源開発が農産物や鉱物，石油などの輸出を通じて外貨収入につながる場合のように，経済的便益をもたらす資源の採掘や採取も正の外部性を生み出すことがある．正の外部性をもたらす資源開発を促す誘因が欠如している場合，資源開発の担い手は社会的な便益をもたらすぎりぎりの水準まで開発・採取を進めようしないので，資源開発は最適水準を下回るレベルに止まる．

4. 政府は，国営資源開発業者に自らの資源管理の質と開発事業の及ぼす被害について確実に責任をもたせなければならない． 国営企業による資源開発では特殊な形の「外部性」が生じる．国営企業の事業者は，事業がもつ財政的，政治的，専門的，あるいは制度的便益の査定を行うとき，事業の生み出す社会的なインパクトは無視するかもしれない．つまり，国営の資源事業者も民間企業と同じように，社会に及ぼす被害を内部化しない可能性がある．事業主の説明責任が問われないと，彼らは社会の利益にはならないことでも自分たちの利益になると考えて，それを追い求めることができるようになる(4)．

5. 政府は，行政指導によって国営資源開発業者が適切な速度と方法で資源開発を行えるよう保障しなくてはならない． 国営資源開発業者は，市場の力に敏感であるかもしれないが，他方で政府の高官の直接命令によって資源開発を行うことも多い．国営企業は費用や価格からも影響を受けるが，それ以上に政府の命令によって不適切な資源開発に追い込まれることもある．政府は，短期的に歳入を生み出そうとして，性急なペースで国営企業に資源採掘をさせ，環境破壊を最小限にするための十分な予算措置を施さないことも多い．

2.2 政策の失敗の類型

　上の5つの原則を突き詰めていくと，資源政策が失敗するときの12通りの類型が浮き彫りになってくる．これらの類型にはさまざまなバリエーションがある．政府の役人が柔軟に資源開発を操ることを可能にしている条件を捉える上で，この類型のさまざまなバリエーションを理解することが重要である．それにしても，さまざまな形の失敗の多くが，経済的健全性の確保に必要な資源開発の価格づけや所有権設定といった単純な原則の違反から生じているのは驚くべきことである．

　1. 政府は，資源開発の担い手が負担すべき費用を過小に見積もったり，それを許容することがある． 過小評価という発想は，天然資源が必要以上に開発されてしまう理由を考えるときの最も明確なヒントを与えてくれる．というのも，投入物価格が安すぎると，責任ある資源管理を逸脱し，それを超えた量の乱開発を行う欲求が高まるからである．ここでまず事例を明確にするため，投入物費用の過小評価というものを注意深く定義することからはじめなくてはならない．最適 純(ネット)費用という概念からはじめよう．費用が最適であるためには，そこに次のものが反映されていなくてはならない．

・市場価格に基づく直接費用．
・外部に及ぶ害などの間接費用（負の外部性）．
・インセンティブを提供する費用に見合った正の外部性が存在する場合には，資源開発を促進するためにその分を費用から引く．

　ここで重要なのは「純(ネット)」という概念である．好ましいのは，最大の便益を最小の費用（最適純費用）で得ることである．よって，投入物にかかる諸費用が，この最適純費用よりも低いときには過小評価の状態になる．

　政府が投入物の価格を過小に見積もるのは，投入物の提供にかかる諸費用を十分に計算していないことによる．確かにエネルギーのように生産と価格づけの仕組みが非常に複雑な投入物の場合には，生産にかかる隠れた費用がいくらになるのか，決めることが難しい．その一方で，最も明白な投入物である天然資源それ自体を，政府がタダで与えてしまう事例が数多いという事実には目を見張るものがある．政府が作った灌漑システムは，農民に無料で水を届けていることが多い．同様に，不法伐採を防止できないのは，木材伐採に事業権料が

課されていないからであることが多い．

　ほとんどの国営資源開発企業，特に石油と鉱山開発セクターはさらに極端な状況におかれている．彼らは政府の作り出した組織であり，最終的には配当と税金を払うからという理由で資源の開発に何の料金も払っていないのが普通である．ここで鍵となる問いは，こうした企業が政府に対して料金を払うかどうかではない．むしろ，企業の側に資源を過剰開発し，無駄の多い操業を行うインセンティブがあるのかどうか，という点である．原料価格が過小に定められている限り，国営資源会社の経営陣は原料をタダ同然と見なし，企業の利潤につながる限り過剰に浪費するインセンティブをもつのである．

　投入物価格が相場より低く設定されるもう一つの理由は，政府が負の外部性に適切な料金を課していないからである．これは，上述の「過剰浪費のインセンティブ」と同様に一般的に有害である．政府は，負の外部性を資源開発企業のコストとして扱い，開発による害や資源の消耗分を社会に補償させるよう企業に仕向けなくてはならない．例えば，公共地から切り出される木材の分の料金しか徴収されず，伐採の過程で傷つけられる他の木々の費用は払わなくてよいとなれば，伐採会社は最適な水準以上の木材を切り出すであろう．価格の過小評価をもたらす上記の2つの要因は，行政執行力の弱さに由来していることに注意しなくてはならない．政府は，本来課されるべき費用を課さないことで，企業に課されるはずの費用を削減してしまっている．

　投入物価格の過小評価は，政府が何か有益な作用をもたらそうとして資源開発に過剰な補助金を出すときにも生じる．つまり，資源開発の担い手が，開発や採掘の目的で，補助金を受け取るときである．資源開発によって便益を受けるのは社会全体であると政府は主張するであろう．例えば，ラテン・アメリカの国々の政府は，自らの推進する農場経営が輸出による外貨獲得から自国消費者の栄養状態の向上まで，さまざまな社会的有用財を提供していると主張してきた．しかし，多くの農園は明らかに不適切な場所に造園されており，補助金にありつくために造られただけであることは明白である．森林再生のための補助金も同様である．例えばコスタリカでは，不適切な樹種がすでに自然林に覆われているような地域に植林された例があった．もちろん，木を植える行為それ自体は称賛に値するが，投入される補助金の方が本来の社会的便益を遥かに上回るようであれば，植林計画も逆効果になる．

2. 政府は，資源を用いた生産物価格の過小評価を許容したり，そう促すことがある．原料ではなく生産物に目を向けると，一層複雑なパターンが見られる．第一に，板材，ゴム，ガソリン，食料品といった生産物の安すぎる価格は，政府が生産物に設定した上限価格(訳注3)によって恣意的に決まることがある．これは消費者の購買力を強めるためによく使われる手段である．第二に，生産物の販売方法の規制が，本来より低い価格を促す場合もある．例えば，製品の輸出を禁止すると需要が減り，国際市場価格よりも低いところで価格が均衡する．これは，原木材輸出を禁止した帰結として広く見られる．第三に，資源開発の担い手に対して国営機関や政府に生産物の一部，もしくは全部を売るように政府が要求するとき，その価格は自由市場での実勢価格よりも低く抑えられていることが多い．最後に，政府が負の外部性に対して，生産物に課税するなどの方法で課金しないと，それが資源生産物価格の過小評価につながる．

生産物価格の過小評価は，資源開発の担い手が民間であるか国営であるか，あるいは，過小評価の負担を誰が負うかによって異なる種類の歪みを生み出す．資源開発の担い手が利潤追求型の民間企業であれば，政府による生産物価格の上限設定は，開発業者を生産活動から追い出し，資源は過小開発になるであろう．これは，食料に上限価格を設定したときに頻繁に見られる．この政策によって多くの国の農民は食糧生産から離れていってしまった（Pinstrup-Andersen 1988; Timmer 1991; Bautista & Valdez 1993）．

しかしながら，もし政府が負の外部性に対して料金をかけ損なっているゆえに生産物価格が低いのであれば，開発の担い手は害を撒き散らしながら社会的に最適なレベルを超えて販売しても利潤を得ることができる．この帰結が過剰開発であり，歯止めのかからない環境破壊である．消費者が本来の価格を負担していない肉の安い国では，牧草地は侵食され，家畜の排泄物は川を汚染する．それは牧草地の回復や水質汚染による健康被害を補償するための費用が負担されていないからである．

政府は，国営資源会社の生産物に対して価格に上限を設けることが多い．国営石油会社が設定するガソリン価格がその例である．もし国営企業が利潤最大

(訳注3) 市場価格に対して上限をつけて価格を一定の範囲に制限する政策．価格支持政策（上限価格・下限価格）の一つ．価格に上限を設けることで需給バランスを意図的に崩し，人工的に需要超過状態を作り出すことになる．

化のために生産量の抑制ができない場合，あるいは抑制しようとしない場合，安い石油に対する需要が増加し，過剰開発になるであろう．ガソリンやディーゼル油，灯油，その他の燃料の価格が低いと，過剰生産が起こり，製油事業が赤字になるのはこのためである．

　3. **政府は，開発事業者の支払うべき費用を高くしすぎたり，高くなることを許容したりすることがある．**　過剰に高くつけられる価格も，最適純費用との関係で定義される．政府は，自らが唯一の供給者であるような投入物について，高すぎる価格をつけることが多い．例えば，政府は肥料の販売を独占することが多いし，すべての樹木の所有を主張することさえある．あるいは，土地そのものの所有を主張することで，そこにある資源の利用に対して高すぎる価格を設定することもある．

　政府はまた，負の外部性を減らし，その発生を防ぐときに生じる費用を過大に見積もることもある．例えば，森林の利用者からは，実際の伐採・採集が及ぼす害以上の「植林費用」を徴収するかもしれない．最も極端な料金のかけ方は，資源開発を一切禁止してしまうことである（ここでの「費用」とは，ルールに違反して捕まったときの罰金ということになる）．

　逆に，政府が十分なインセンティブを用意しないために資源開発の担い手が負担するコストが高くなり，本来あるべき開発が抑えられてしまう場合もある．森林利用者にとっては作業の負担があるものの，社会全体にはよい影響を及ぼすような植林の場合，報奨金が伴わなくては，費用が高すぎるので民間にとっては魅力がない．

　資源開発費用が適正価格よりも高いと，開発の担い手は資源から得られる単位当たり利潤が単純に減るので，資源の開発と採取はともに控え目なレベルに抑制される．ところで，過小開発には，環境保護論者が称賛する控えめな採取・掘削だけでなく，不十分な資源育成も含まれる．最終的に伐採できるような木を植えさせるための十分なインセンティブがなくては，植林をする人はほとんどいない．

　4. **政府は，資源を用いた生産物の価格を高くしすぎたり，高くなることを許容したりすることがある．**　繰り返しになるが，資源生産物の高すぎる価格設定は，投入物の費用を歪めること以上に複雑である．資源開発を民間が行うのであれば，政府は自らそれを買い取ることで高い価格をつけることもできるだろう．例え

ば，政府機関は，小売業者の収入を補塡するために，農産物やゴムのような林産物を市場価格より高い値段で購入することがある．そうなると資源開発業者は，過剰に資源開発を行う可能性が高まる．ブラジルでゴムの木から樹液が過剰採取されたのは，このためである．

他方で，政府は資源生産物に高い価格をつけて，それを民間の買い手に支払わせるということも行う．この政策がどれほどのインパクトをもつかは，生産物への需要が価格の変化に対してどれほど敏感であるか（需要の価格弾力性）に依存している．食料や不可欠な工業製品のように，価格が上昇しても需要がさほど低下しないのであれば，開発事業者の収入が増加するので，資源は過剰開発される．需要が価格に非常に敏感であるとき，高すぎる価格設定は長期的に需要を低下させ，最適なレベルに満たない程度の資源開発しか行われないことになる．

最後に，政府は，民間の資源開発業者が生み出す負の外部性に対して消費税（汚染税とも呼ばれる）をかけすぎることがある．税のかけすぎは，社会的に望ましい資源生産物の需要を押さえ込んでしまう効果がある．開発事業者にとっては儲けが少なくなり，生産物に対する需要も，高い価格のために押さえ込まれる．これでは，資源開発は明らかに最適レベルにはならない．

5. 政府は，公正な競争の保障に失敗することがある．資源の支配権が民間の手にあろうが，政府の手にあろうが，国内市場を主な対象とする生産物の高価格設定は，競争に制限がかかっている状態を政府が許容したり，そうした制限を積極的に行っているから生じてくる．これらの制限に守られて，資源開発の担い手は自らの生産物に高い価格をつけることができるようになる．高い価格は，生産者には多くの利潤をもたらすが，需要と生産量を停滞させる．したがって，独占の特権を与えたり，独占の解体に失敗すると，高価格化と過小開発がもたらされる．生産物のほとんどが輸出されている場合，国内の一つないしは少数の生産者を規制したからといって国際価格を左右したり，資源開発の抑制に向けた動きに影響を与えることはない．政府が競争を保障しないと，開発事業者は独占特権にいつまですがりつくことができるのか，不安にとりつかれる．だからこそ，特権の剝奪をおそれて無謀な速度で資源搾取を行うようになるのである．

最後に付け加えたいのは，競争にさらされていない開発事業者は費用に関し

て無頓着になりやすく，非効率な資源開発を行う可能性が高いということである．この点は，民間会社による独占の場合にも当てはまるが，政府による独占の方が強く当てはまる．政府による独占は，同じ環境で事業を行っている民間もしくは他の政府系の競合者とパフォーマンスを比較できないために，価格シグナルに対して鈍感であるケースが多い．

6. **政府は情報の流れを押さえ込んだり，十分な情報提供を怠ることがある．** 政府は，自らが出資し，統制している資源開発に関しては，わざと情報を隠してしまうことが多い．このために，過剰な資源開発や負の外部性が生じても，周囲にそうとは気づかれず，罰せられないままになる．

政府が情報の収集と伝達を怠ったり，一般的な情報の不足がある場合，開発の担い手は，不適切な資源を開発したり，不適切なタイミング，不適切な開発技術を選んでしまったりする．過小開発になるか過剰開発になるかは，間違った情報がもたらすバイアスに左右される．しかし，情報に無知であることが長期的な資源開発計画を台無しにするリスクを伴うと自覚するかぎり，事業者は利益を得られる好機が訪れるやいなや資源開発を急ぐのである．

7. **政府は所有権を奪ったり，無視することがある．** 政府は，しばしば一般の人々や共有資源の利用者がもっている既存の用益権に制約をかけたり，それを否定する．しかし，実際には政府が資源利用を不法と認定しても，もともとの資源利用者は，資源を使う機会をもち続ける．資源から長期的な便益を確実に引き出せる期待が全くもてないとき，資源利用者は機会のあるときに急いで搾取しようとする．その場合，彼らは将来の利用を念頭においた資源ストックの育成に投資するインセンティブをほとんどもたない．

同様に，政府が所有権制度を適正に施行しない場合に，よそ者が資源を取り上げてしまうかもしれない危機感から，人々は資源の性急な採取に走り，長期的な視点から資源ストックを育てることに関心が及ばなくなる．

これは，「オープン・アクセス」資源(訳注4)が抱えるよく知られた問題である．ときには，資源の利用者が，侵入者を威嚇したり攻撃したりすることで排他的なアクセスを確保しようとすることもある．ただし，この行動にもコストが伴

(訳注4) アクセスが規制されておらず，誰でも資源利用ができるような状態の資源．規制の存在しない森林や公海などが例．

うので，資源ストックの育成は不十分になる．暴力的な衝突が生じると長期的な成功の見込みは一層うすくなり，性急な資源搾取と資源育成への無関心はさらに助長される．

8. 政府は，政策の過度の不安定さを都合よく利用することがある．政府は，過去の政策が不適切になったときや状況が変化したとき，または新しい目的ができたときに，それまでの政策を変更する必要性に迫られる．しかし，一部の政府は「改革主義」(reformism) の流れに政治的メリットを見出して，自分たちの都合で政策を変更する．これは，資源開発の担い手の時間的視野を短期化させるという深刻な問題を作り出す．過度に不安定な政策は，将来を一層不確実にし，非効率的で軽率な開発を生起するだけでなく，植林など将来に向けた資源の育成活動を抑制してしまう．政策が不安定であると所有権も脅かされるので，この傾向はさらに強まる．政策変化の起伏があまりに著しいと，資源の育成，採掘，販売によって利潤を上げられる見込みも低下する．

9. 政府は，資源の育成と開発に関して，国営資源開発業者を不適切な方向に動かすことがある．また，開発の担い手のインセンティブを歪めない場合でも，政府が国営企業を過剰開発，もしくは低開発状態に追い込むこともある．政府はまた，国営企業の生産物に高すぎる価格や低すぎる価格をつけてしまうこともある．

10. 政府は，国営資源開発事業に対して不十分な設備投資しか行わないことがある．資源開発に対する資本供給の不足は，それ自体が政策の失敗の一つである．過小な設備投資は，政府が十分な投資予算をつけたがらないこと，国営事業に対する重税，国営企業が必要な投資から資金を遠ざけてしまうことを未然に防げない政府側の不備など，いずれの理由からも起こりうる．設備投資の不足は，資源開発のタイミングという観点から非常に重要である．埋蔵鉱物や森林などは，開発されるのを待っているだけの資源であるかのように思われるかもしれない．しかし，銅や石油のように国際価格の浮沈が激しい資源は，価格が高いときに採掘して販売できるかどうかで社会的便益に大きな差がでる．

一般に，国の資源開発事業の予算が少なければ，その分だけ事業が環境に及ぼす害も少ないという見方がある．しかし，予算に乏しい国営資源開発では，天然資源を十分な効率性と環境配慮に基づいて育成し，開発することができない．無計画な伐採，油田の爆発，鉱山災害などが発生する確率は，国営資源企

業が少ない予算でやり繰りしなくてはいけないときに高まる．

 11. **政府は，資源開発過程の内と外の両方で，国営企業に不適切な投資を促すことがある．** 政府は国営セクターの投資の水準を制御するだけでなく，開発の担い手に不適切な投資を促して，資源開発の売上を無駄使いさせることがある．資源収入の不適切な投資は，セクター内の無駄な拡張か，垂直的多角化（つまり，既存の資源開発に投入物を提供できる活動を追加したり，生産物を用いる活動を増やす）という形をとることが多い．石油生産におけるお粗末なセクター内拡張の例としては，不必要な資源探査や生産拡大がある．無駄な垂直的多角化とは，海外で安く調達できる地震計設備を法外に高価な値段を払って地元で開発するとか，石油生産の「川下」に位置する赤字の石油化学工業を無理に下支えするような活動のことである．

　多角化に向けた投資は資源セクターの枠を超えて，国営企業がほとんど専門性をもたず，経験も少ない領域に及ぶこともある．これは天然資源開発の範囲を超える問題であるように思えるかもしれないが，3つの理由から強く関連すると考えた方がよい．第一に，資源が開発される最も中心的な理由は，天然資源という天賦の財産を社会全体に益するような，他の形の富に変換するためである．よって，資源開発から得られる収入の無駄使いの責任を国営企業の経営者がとらなくてはいけないとするなら，まず，なぜそのようなことが起こってしまうのかを理解することが重要になる．第二に，収益の無駄使いは資源開発過程それ自体をいとも簡単に歪めてしまう．例えば，国営資源開発事業が資源セクターの枠の外での活動で損益を出しているとすれば，経営者らは資源開発のペースを速めてその損失を埋め合わせたいと考えるだろう．第三に，政府の役人や国営資源会社の経営者は，資源開発過程を支配すべく競合する過程で自分の立場を強める戦略の一つとして，資源収益を無分別に使ってしまう．したがって，収入の無駄使いは，お粗末な投資を促す政府セクター内の不適切な制度設計の代価なのである．例えば，ベネズエラの国営石油会社は，収益性の低い海外での投資に多額の資金を「預ける」ことがあるが，これは他の役人から資金を守るために行われる．

 12. **政府は国営資源会社の経営者に対して説明責任を求めないことがある．** 国営企業の経営者らが適切な資源利用を犠牲にして，個人や組織の利益追求を意のままにできる環境におかれている限り，説明責任の欠如は不適切な投資，不適切

な開発速度，効率の悪さの蔓延などを導く非常に大きな問題となる．説明責任の欠如は，監督責任のある政府の役人が明朗な会計を義務づけず，資源経営者に不透明な形で投資や操業を許しているかぎり生じる問題である．

2.3 資源操作戦略は，どのように政策失敗を生み出すのか

ここで，私たちは1章で確認された諸戦略と，上に見た政策失敗とを関連づける準備ができた．私の論点は，これらの諸戦略によって資源政策の失敗を説明できることを示すことにある．なぜなら，失敗は，これらの戦略の手段になっているか，もしくは結果になっていると考えられるからである．

まず，政府の役人が天然資源開発を操作するために頻繁に利用する6つの戦略（1.4.4）を思い出してほしい．

a．批判されるような開発事業に資金を供給する．
b．特定のグループや地域，もしくは個人に経済的な便益を提供する．
c．天然資源から生じるレントを国庫に回収する．
d．利権漁りの機会を創出して民間アクターの協力を取りつけ，本来の政策目的とは別の目的を追求する．
e．他の政府機関や国営企業を犠牲にして，資源開発に伴う資金の流れを牛耳り，その決定権を握る．
f．資源を見えにくい形で巧妙に操作して説明責任を免れるようにする．

2.3.1 開発事業に資金調達をする

まず，最初の戦略について，自らの政府に反対されている開発事業を熱心に進めようとしている政府の役人を考えてみよう．しかも，その開発事業は必ずしも経済的に健全ではないので，その役人を経済的に困らせてしまう可能性をもっているとしよう．にもかかわらず，この役人は政治的，イデオロギー的理由，あるいは長期的ビジョンから，適切な天然資源管理を犠牲にしても，自分の戦略を実施していく決意を固めている．

さらに，その事業は直接的に天然資源開発に結びついていると仮定しよう．例えば，木工産業と結託した伐採，あるいは石油生産と結びついた石油化学産

業を考えてもよい．事業は，エネルギーや水といった天然資源の投入を必要とするエネルギー集約的な産業や，高収量の農業開発に焦点を当てたものかもしれない．この場合，役人が戦略を追求する上で最も直接的なアプローチは，投入物の価格と生産物の価格とを操作して事業の収益率を一層高める方法である．同じ論理で，価格が高くなるように操作することで，さまざまな開発の選択肢から特定の資源利用者を遠ざけることもできる．

投入物や産出物の費用を操作することで，天然資源の生産加工過程のある部分を活性化しようとする役人もいる．投入物の価格を低く抑えてしまうことで，少なくとも短期的には，その投入物を用いる次の生産段階の収益率が高まる．この最も顕著な例は，伐採業者に国内での木材価格を低く抑えるよう強制することで木材加工産業にてこ入れしようとする場合である．これは枯渇の危機に瀕している木材供給に依存した効率の悪い産業の収益性を一時的に高める効果をもつが，しばしば惨憺たる結果をもたらす．

不適切な価格づけは，開発事業に間接的な資金調達を可能にしてくれる．政府の政策のおかげで資源開発者の手元に巨額の余剰が残されたとき，事業者はお礼として余剰のなにがしかを役人の好む開発戦略に自発的に投資することもあろう．事業者に経済的な便宜を与える立場にある役人が，それをあからさまに指示することさえある．価格の操作を通じて特定の開発事業に関心をもつ経済アクターのために便宜を図ったり，あるいは，余剰の投資先を牛耳っている役人の意に沿うような広範囲にわたる開発事業に資金供給をすることも可能になる．

国営セクターによる間違った政策も，同じように開発事業の推進に役立つことがある．過剰な開発は事業範囲を明らかに拡大させるが，それは同時に生産過程の川下に位置する産業を少なくとも短期的に振興させる．例えば，ホンデュラスやリベリアでの国営森林事業における大規模森林開発は，森林セクター全体のパイを拡大した．大規模開発は，値のつく木材の在庫が底をついて，新しい戦略の必要性が叫ばれるまで続いた．

不十分な開発と設備投資の不足は，セクターの外の開発に資金供給をしようとして，国営企業から財源が流出してしまった結果として起こる．例えば，1978年の財政改革後にメキシコの石油会社で見られた深刻な資本不足と生産量の低下は，政府が総合的な産業拡大戦略のために財源を捻出する目的で，石

油会社に過剰な税金をかけたことにも起因していた．需要に対する価格弾力性がほとんどないような生産物の価格を過剰に高く設定することで，国営企業が獲得するはずだった余剰金を開発事業が財源として吸収してしまうこともある．投入物に対する過剰支出は，それらの投入物を提供する産業に対する補助金と同じ機能を果たす．例えば，多くの石油会社は川上産業を振興させるために，高価で，ときには効率の悪い国産の供給業者や土建業者に頼ることを義務づけられている．ペルーの国営石油会社は，ある時期，アマゾンの石油探査をするにあたって陸軍のヘリコプターを使うことを義務づけられていた．これは陸軍軍需品事業に対する歪んだ形の高価な補助金であった．

　国の資源開発を種々の開発事業を進めるために利用する戦略は，仮に政策の失敗がこの戦略の手段でなかったとしても，資源セクターの内と外の両方で不適切な投資をもたらすことになる．国営セクターによる資金浄化を通じて資金提供がなされる事業は，たいていの場合，通常の予算プロセスで執行される事業に対して行われる監査にさらされることがないからである．こうした遠回りの事業推進は，透明性の欠如や監督不行き届き，制裁の欠如につながり，国営セクターの経営者の責任を不問のまま放置することになる．

2.3.2　経済便益提供の戦略

　次に，二番目の戦略について考える．仮に，ある役人が経済的な便益を特定の人々に移転することに専心していたと考えてみよう．そして，その目的を果たすためならば，天然資源を犠牲にしてもよいと考えているとしよう．開発事業を活性化するために天然資源を巧妙に操作するという論理は，経済的な便益の移転にも当てはまる．というのも，経済活動が活性化すれば，従業員や雇用者もその恩恵を受けることになるからである．ただし，すでに述べたように，安く買おうとする人や，高値で売ろうとする人のすべてを富ませるには，直に価格を操作するほうが簡単である．例えば，牧場主であれば，国有地で放牧する権利を法外に安い価格で手に入れて投入物の費用を低く抑えるとか，牛肉の販売価格に底値を設定させる方法で生産物価格を安定させて儲けることができる．反対に，投入物の値段が高い場合には，資源開発プロセスの初期段階にいる人々が便益を受けるし，生産物が廉価である場合には，生産過程の川下産業にいる生産者や消費者が便益を受ける．したがって，安い食料価格は，少なく

とも農業セクターが崩壊して輸入品に頼らなくてはいけなくなるまでの間，都市生活者に便益をもたらすことになる．同様に，安い木材価格（これは丸太輸出の禁止によってもたらされることもある）は，インドネシア，リベリア，そして多くの国々の木材加工業者に富をもたらした．

　もし政府の役人が見え透いた価格操作をしたくなければ，規制を緩めるという，より微妙な策略に訴えることもできる．この工作は，投入物価格を不当に安く設定する場合と非常に近い結果をもたらす．規制を緩やかにすると，取り締まりによる採取量の制限といった負担のかかる監視を受けずに資源開発ができるようになり，開発の担い手には多くの便益がもたらされる．ブラジル，コスタリカ，インドネシア，マレーシア，その他多くの国々では，杜撰な林業規制のため，伐採業者は保護区を侵食し，規格外の幼木を伐採し，その料金を払わずに済ましている．同様に，政策執行がいいかげんで汚染に対する規制がきちんと行われないと，資源搾取と加工を安く行える．農薬や肥料の混ざった排水，あるいは大気を汚す製油に対する汚染補償料金の徴収を政府が怠る場合などが分かりやすい例である．

　政府の役人は，実際には存在しない「負の外部性」を持ち出して，莫大な罰金，没収，投獄のリスクなどの重い罰則を設け，賦課金を過剰に積み上げることによって富の再分配を行うこともできる．極端な場合には，「環境保護」を持ち出すことで，伝統的に資源開発に携わる人々が保有していた資源利用権を剥ぎ取り，政府が目をかけている別の人々にその権利をあてがう機会をつくる．他の利用者に土地を割り当てる伏線として，林地や放牧地を政府管轄地として一旦取り込むというパターンがこの例である．

　情報の無視や隠蔽ができれば，開発の担い手は規則違反を公にしなくてすむので費用の節約になる．同様に，所有権が曖昧であると，一部の役人は一つのグループから別のグループへと便益を動かしやすくなる．スペイン系の人々が移民になってアンデスの高地に流入したのは，コロンビア，ベネズエラ，エクアドルの政府が，それぞれ先住民であるアメリカ・インディアンの慣習的な権利を認めず，移民たちの方に生産的な土地の所有権を与えてしまったからである．

　国が自ら犯す政策の失敗も，再分配政策に関係する．過剰開発や生産物の低価格化は即座に便益を生み出す一方で，将来世代の便益を犠牲にしている．便

益は今の世代に属する資源開発者と安い価格を享受する消費者の間で分配されるのである．

　政府の役人は，政治的に組織化されている国営の資源開発会社に便益を振り向けたいと考えるかもしれない．この動機があると，資源開発に対する不適切な投資がなされて，少なくとも短期的には，新しい事業とその川上と川下に位置する産業に従事する国営企業の人々が潤されることになる．資源収益がセクターを超えて健全性を欠く事業に流れてしまえば，これらの事業に関係する経営者や労働者，その地域に暮らす多くの居住者に便益のおこぼれがくる．国営事業の割高な費用は，賃金・ボーナスの払いすぎ，仰々しい施設，過剰な従業員やコミュニティ・サービス，ひいきの納入業者に対する支払いの水増し，あるいは，周辺の人々に便益を供与するためにわざわざ生産性の低い場所で展開される事業などに当てられる．1970年代初めのチリで見られた銅セクター国有化の例にあるように，多すぎる労働者と高い賃金が組み合わさると，潜在的な収益はすべて労働者がもっていく結果になる．同様に，多くの国営石油企業は過剰な人員を抱え，本部には贅沢な施設を提供し，そこに関わる建設業者に荷担してきた．また，政府当局は，通常提供すべき範囲を超えて，近隣のコミュニティのために映画館やスーパーを建設してきた．しかも，会社にはコミュニティ事業を提供する専門性がないので，料金は高くつく．

　最後に，経済的便益提供の動機づけは，政府アクターの仕事を煙に巻くよう役人に促すことが多い．再分配が政治的に危険だと見たとき，役人はそれを目立たないようにしようとする．ところが，一般の人々や政敵の監視の目が届かないということは，役人自身にとっても見えにくくなってしまうことを意味する．国家の行動が説明責任を欠いているのは，このような利益分配戦略の結果であることが多い．

2.3.3　国庫のための財源確保

　さらに，第三の戦略について考える．ここで，ある政府の役人が，政治的に高くつくあからさまな増税を避けながら，国庫に多くの財源を引き込みたいと考えたとしよう．政府が直接的な形でモノの売買に関与すれば，不適切な価格をつけることで財源調達を図ることは可能である．最も一般的なのは，民間開発業者からの天然資源生産物の買付を政府が統制して，買入価格を相場よりも

低く見積もることで，政府による買付価格と，政府がそれを再販するときの価格との格差を大きくすることである．マーケティング・ボード(訳注5)は，この方法で安く買って高く売る機会を政府に提供する．

政府は資源開発に必要な投入物，例えば，農業生産のための肥料価格や精錬のための電気料金などを高めに見積もることで，生産者余剰と消費者余剰の両方を獲得することもある．政府は，資源利用者がそれまでは支払っていなかった資源へのアクセス料を新たに徴収することもできる．最も極端なのは，資源アクセス権そのものを没収してしまう場合である．そうすれば政府は直接資源開発を行ったり，他の利用者にアクセス権を売ったりすることができる．課金であれ，おおっぴらな没収であれ，利用者のもつ権利を侵害すれば，所有権に対する不安が増幅され，結果として人々に短期的な視野に基づく行動や将来に向けた資源育成への躊躇，そして無計画で性急な資源採掘を促すことになる．

「負の外部性」とされるものに対して過剰に課金することで中央政府の予算を潤すこともできる．再植林のための賦課金を課すとき，政府は伐採その他の活動によって生じる損害を埋め合わせる必要性を議論に持ち出すことが多い．しかし，次章で見るインドネシアの例のように，そうして集められた資金は再植林の事業に用いられるのではなく，往々にして政府のポケットに入る．

資源開発者や消費者に対して情報を隠蔽することは，資源開発から少しでも多くの余剰を獲得しようとする政府の画策を助けることになる．例えば，政府側の投入物供給業者は，自分たちの投入物の自由市場における価格情報を隠蔽したがるだろう．それは，マーケティング・ボードが大きな利潤を生みながら転売していることを知られたくないのと同じである．

2.3.4　利権漁り(レントシーキング)の機会創出

第四の戦略について，こんなことを想像してみよう．政府の役人は，一般大衆ではなく，自分たちに価値のある支援や協力を提供してくれる経済的・政治的アクターに限定して便益を提供したいと考えたとする．政府による特定の生産者や消費者の厚遇は利権漁り(レントシーキング)の機会を創出する．政府は様々な特権をうまく振り分けて，土地の無償提供のようにタダ同然の料金で財産を付与し，受益者

(訳注5)　生産者価格の設定や買付企業の許認可などを通じた需給調整を行う組織のこと．

が直接便益を受けられるようにすることもできるし，同じ経済活動の領域における潜在的な競争相手に対して受益者が有利になるようにすることもできる[5]．言うまでもなく，競争を制限することは利権漁り（レントシーキング）の機会を作る戦略の核心である．だが，手段はそれ以外にもある．公共地の木材のように政府の統制下にある天然資源の開発に対して事業権を付与したり，低料金で採取を可能にするようなやり方である．選ばれた受益者に対してのみ，相場よりも低い利子率で融資するといった手段も一般的である．

同様に，政府は狙いすました特定の資源利用者に対して，彼らが生み出す負の外部性に対してわざと課金しない形で報酬をもたらすことができるし，正の外部性に対して過剰な見返りを提供することもできる．後者は，政策が自然環境に配慮しているかのような印象を与えることができるという意味で，とくに巧みな戦略である．例えば，1980年代にコスタリカ政府が提供した植林に対する税額控除の額は，植林事業を成り立たせるために必要だった額を遥かに上回ることもあったが，政府は「環境保全」という外見を装いながら植林許可を取得する人々に便益を提供することができた．

このような利権創出戦略は，せっかく勝ち取った資源利用権を他の利用者の自分勝手な理由で剥ぎ取られてしまうリスクを増し，所有権を危いものにする．例えば，伐採権が政治的な報酬と見なされている場合には，現在の伐採権を保有する者は自らの特権が剥奪される可能性を常に心配しなくてはならない．競合する他の資源開発業者が時の政府や後継の政権に気に入られて，特権が取り上げられてしまうかもしれないからである．

特定の個人や企業を他の人々よりも暗に厚遇していることが表沙汰になれば，政治的にきまりが悪くなることもある．この可能性があるからこそ，役人は利権漁り（レントシーキング）の実態とそれを可能にするための費用や便益の情報をできるだけ隠蔽しようとする．情報の隠蔽は，資源開発にかかわる政府の役人や国営企業幹部の無責任さが生み出す問題をさらに悪化させる．

2.3.5 剰余金の獲得と支配

次に，第五の戦略，つまり，資源が生み出す財源の流れを牛耳ろうとする政府の役人を考えてみよう．この役人の目的は，自らの所属する機関の立場を強化することかもしれないし，すでに述べたような戦略のいずれかに従事するこ

とかもしれない．投入物と生産物の価格を決める権限を握ることができれば，価格を不当に釣り上げたり，安くすることで便益の流れを誘導できる．価格統制や補助金の正当性に関する論争は，実際には財源や天然資源の富の支配権をめぐる争いであることが多い．曖昧な所有権が発生するのも，特定の民間アクターの所有権を認めたり否認したりすることで，資源開発の便益を意のままにする裁量権を役人が握ろうとするからである．政府内の支配権をめぐる争いの存在から，さまざまな機関の管轄範囲や特定の資源に適用される規則が曖昧である理由も説明できる．例えば，ブラジル，コスタリカ，ホンジュラス，そしてインドネシアの農地改革機関と森林関係機関は，それぞれ異なる土地利用分類制度に基づいて事業展開をしているが，それゆえに森林や農業に関する事業のどれが合法で，どれが違法なのかが分かりにくい．

　政府の役人は，国営企業に天然資源から得られる富を蓄積し，利益を分配することで資源が生み出す財源の流れを支配しようと企てることもある．国営企業の生産物を過剰に高値にすれば，国や政府は消費者余剰を獲得できるようになるし，生産物を相場よりも安くすれば価格設定を行った者に消費者に生じるはずだった便益を握らせることができる．国営企業の生産速度や投資予算の大きさ，内容，生産物価格，事業計画，収益の用途などに関して支配権を得る役人は，天然資源が生み出す剰余金を支配できるだけでなく，国庫や消費者余剰まで牛耳ることができる．国営部門での被雇用者や契約業者に対して支出を行い，費用を最小化しないという間違った政策は，一部の受益者に対する便宜供与となり，過剰支出の対象となる活動を進めようと企てる人に裁量権を与えることになる．国営企業による資源の過剰開発は，政府の役人による国営企業の支出の支配を可能にさせ，通常の工程を踏んでいたならば手にできなかったような大きな資源レントが短期間のうちに役人の手に転がりこむことになる．

　ところが，支配権をめぐる争いは政府の役人の間に限られているわけではない．国営資源企業の経営者も，支配権を獲得したり維持したりする目的で価格や投資を操作することがある．こうした経営者は，政府の囲い込みを少しでも避けるために，資産を海外事業に移していくことで国内の中核的な生産活動から自ら資本を抜き取ることがある．ベネズエラの国営石油会社 PDVSA が1980年代に，問題のある海外事業に投資をしたのは，国庫に投資基金を没収されないようにするためであった（6章コラム参照）．政府の役人は，国営企

業の職員が剰余金を独り占めできないように，国営企業に対して重税を課したり，わざと資本不足に陥れたりする．よって，政府諸機関と国営諸企業との間の闘争から不適切な投資のポートフォリオが生まれてくることはありうる．政府と国営企業との対立は，国営企業の職員が余剰を隠蔽するために，あるいは政府の役人が自ら支配している部門に余剰を引き寄せようとして，収益を資源セクターの外で用いるよう仕向けてしまうのだ．

　最後に，剰余金を支配しようとする戦略は，会計をわざと複雑にしたり，資金洗浄を伴うことが多く，国営企業経営者の責任を不透明にしてしまう．利益再分配を目的とする諸戦略が，政治的コストを最小化するために資源開発過程を通じた不透明な便益提供をしなくてはならないのと同じように，企業の経営者も資源にまつわる余剰全般を操ろうとすれば，説明責任の埒外で工作を行わなくてはならない．皮肉なことに，政府の役人が予算外の資金源として国営企業を巧みに利用するときに，その会計手法があまりに複雑で元が辿れないために，政府の役人自ら統制力を失ってしまうような場合もある．

2.3.6　説明責任の回避

　最後に第六の戦略について触れる．すでに検討した諸戦略の中で，政治的コストが最も低くなる道を模索している役人の場合を考えてみよう．政策の存在そのものや，その帰結に対して，なるべく人目を引かないようにする戦略，あるいは，そうした政策の責任を曖昧にするような戦略は，責任追及から少しでも逃れられる事業を求める役人にとっては便利である．彼らはこうした事業に対して，中央の国家予算から公式なルートで直接に支出をするというあからさまなアプローチを避けたいわけである．その場合，環境保護とか国の安全保障を強化するという一見高尚な目標をかかげることなしに，土地や生産物，資金などを没収するような露骨な行為には出にくい．このように考えると，政府の役人が直接的な課税をしたり，戦略遂行のための直接的な予算措置をせずに，価格を操作するといった間接的な手を使うとしても驚くに値しない．価格の歪曲は十分に複雑であるために，どの活動に補助金が出されていて，どの活動が罰せられているのかが分かりにくいのである．正の外部性をもつ活動に対して過剰に補助金を出し，負の外部性をもつ活動に過剰に課金することで，環境保全や自然保全という美名の下，他のさまざまな動機を隠すことができる．これ

に似た形で，国営企業が生産した物品の価格操作といった政府による上からの指示は，政府の責任を直接表に出さないまま，開発や利益分配の目的を追求するのに有用である．

　もっと広い文脈で言うと，情報の乏しさが政府に資源開発を操作し，最も不透明な状況で経済的な報酬を提供する機会を与えている．価格を相場より低くしたり，高くしたりしても，情報が乏しい環境ではそうとは気づかれない．情報が乏しいと，資源開発過程を媒介に開発事業への資金調達も容易になる．事業に反対する人々に気づかれにくい形で資金調達できるからである．重要な情報を握っている役人は，それを他の政府機関や一般大衆から隠してしまうことで，剰余金をめぐる支配権争いで有利な立場に立つことができる．

　権利関係の曖昧さも，資源開発からの便益配分における政府の責任をぼやかし，説明責任から逃れるうえで政府の役に立つ．森林や漁場の多くは，うわべでは政府や地域のコミュニティーの管理下に置かれているが，実際には他のアクターも資源を利用していることは一般には知られていない．グアテマラのペテン地方では土地所有権が曖昧で財産権関連の法律が矛盾していたために，土地所有が軍人に独占されているという事実が不明瞭にされていた．軍は「国の安全保障」というこじつけを持ち出し，その地域の地図を一般に公開することさえ禁じた．

　特定の受益者に恩恵を与える手段として，あるいは開発事業に資金を用意する手段として，資源開発の速度を操作するというやり方もある．国営企業による過剰生産は，経済刺激策としては通貨供給を増大させたり，財政を拡大するのと同じ効果をもつが，政府の直接の責任領域からは離れた場所で行われる点が異なる．例えば，市場に流れる資金量の増大や，連邦政府の支出の増大が厳しく批判されるような社会状況にあった1970年代半ばのメキシコでは，政府の幹部の多くが石油生産の拡大こそ従来の方法に代わる経済拡大の刺激策であると考えていた．設備投資をわざと必要以下のレベルにまで下げ，過小生産に追い込むことで会社から財源を流出させるという方法も，増税をせずに事業に資金を捻出する目立たない手段として使える．1978年以降のメキシコの国営石油会社で見られたように，設備投資の意図的な過小供給が，企業による国際的な借り入れと高額な税金徴収を可能にすれば，政府は政治的にばつの悪い公の直接債務を一切増やすことなく，国営企業に肩代わりさせて，海外からの借

り入れができるのである．

　同じ部門内での不適切な投資や，部門を超えたところでの不適切な収益の使用を通じた説明責任逃れは，国営企業の予算や事業展開が一般的に透明性の高い中央予算の過程から離れていることに助けられている．公になると政治的にまずい立場に立たされるような分野に政府首脳が資金調達をしたいときに，多額の資源歳入をもつ国営企業は，目立たないという点で都合のよい基金になる．資源セクターの内でも外でも，お粗末な投資は説明責任を回避しようとする過程で生じる．通常ならずさんな投資を排除してくれるはずの監査や分析のフィルターを機能不全にし，複雑で気づかれにくい活動を国営企業にけしかけ，黙認する限り，こうした説明責任の回避は続いてしまう．

　最後に，政府の役人が自らの説明責任を回避するときに利用する仕組み，すなわち，過度に複雑な会計制度，資金洗浄，粉飾決算，その他の行為は，皮肉なことに国営企業の職員による政府に対する説明責任も低下させている点を指摘したい．責任を回避しようと役人が努力する過程で，国営企業の職員までが政府に対する責任を回避しやすくなってしまうのである．

2.4　「失敗」は手段である

　本章では，天然資源政策の失敗を簡単な経済学の最適化モデルと政府―国営企業関係の分析から容易に明確化できることを示そうとした．価格の歪み，外部性，不安定な所有権，不確実性，直接的な国の採掘ミス，説明責任の不在といった要因は，天然資源管理を広く見渡せば，一連の政策の失敗のどれかを生み出す可能性をもっている．政府の役人にとって，生産物の価格を相場以下に過小評価することや過剰に高い価格をつけることは結果として導き出されただけではなく，容易で魅力的な手段になっているのだ．政府の打ち出す政策が企業の収益確保の見通しを不確実にしてしまうために，性急で無謀な資源開発を促してきたことも見てきた．政府は自らの抱える機関を通じて直接的に，あるいは国営企業を通じて間接的に組織の目的を追求するため，適切な資源管理を逸脱し，天然資源を誤った形で開発することを見てきた．

　同じくらい重要なことであるが，これらの失敗は天然資源操作を通じた別の目的追求に向けた諸戦略に直接的な形で結びつけられてしまうこともある．本

章では，これらの戦略の採用があらゆる領域での政策の失敗を生み出す可能性を示した．

しかし，こうした論理的な可能性だけでは，本来の目的から外れた別の目的と1章で示した制度的な要因とが途上国で見られる資源政策の失敗を引き起こしている証明にはならない．これを証明するには，動機や戦略的選択肢についての理解を深めてくれる個別事例の深い検証が必要である．次の4つの章ではそうした具体例を検証しよう．3章でインドネシアの石油と木材の事例を考察したあと，開発事業への資金調達，経済的便益の配分，国庫への財源確保など，計画的な動機の一つ一つを探求することに一章を費やす．それぞれの章で，本章で概観した連関について詳しく述べ，一連の戦略がどのように政策の失敗に帰結していくかを示す．関連するところでは，よりよい資源管理をもたらした諸改革についても検討したい．

原注
(1) 所得や富に関して自分が好む特定の分配の仕方を正当化することは誰にでもできる．問題は，それまでとは異なる分配を行う政策を指して，「政策の失敗」と呼ぶことに意味があるかどうかである．効率が悪く，社会全体の厚生水準を最大化できていないという観点から失敗に分類される政策とは異なり，特定の個人が嫌うような分配になっているという基準で定義される政策失敗について，技術的な見地からコンセンサスを得ることはできない．
(2) 独占に関する理論は，独占を行うモノポリストたちの富，つまり，分配の問題に焦点を当てるのではなく，独占の状況では売り手が市場価格よりも高い値段で数少ない生産物しか売らないという事態を問題視する．端的にいえば，独占状況の下では，生産される量が減るのである．
(3) これは，イギリスの経済学者アーサー・ピグーに因んで「ピグー税」もしくは，「ピグー料金」と呼ばれる（Pigou 1920）．環境破壊というのは，資源を枯渇に向かわせることで資源がより稀少になるコストとは異なる．自由な競争市場の下では，稀少性は投入（インプット）と産出（アウトプット）の価格に反映されるので，民間の資源開発者に費用と便益が内部化されるのである．
(4) これは，しばしば「プリンシパル・エージェントモデル」と呼ばれるものである（5章訳注3参照）．この場合，プリンシパルは社会であり，エージェントは国営企業ということになる．
(5) こうした政府のふるまいが意味をもってくる理由は，政府が提供する投入物を安く購入できるなどの一般的な便益が当該部門に生じるとしても，競争市場下での正常な利潤を超えた分として生じるレントはそこには発生しないからである．競争があれば，超過利潤は消費者の便益に変換されてしまうのである．

3章 予算外開発計画と資源乱用
―― インドネシアの石油と木材

　本章では，インドネシアの石油と木材を事例に天然資源政策の失敗の複雑さを例証する．スハルト大統領統治下（1965-98）のインドネシアにおける天然資源の乱用は，一般に権力と利権政治の単純な問題として描かれてきた．しかし本章では，こうした乱用が，より深く，かつ意外な事情を反映したものであることを示す．その第一は，インドネシア大統領を含む特定の政府高官の動機が，自らの政治権力と富の最大化のみならず，ある特定の開発モデルの追求にあったという点である．第二は，資源の乱用はインドネシア政府内の対立の結果生じたという点である．こうした開発計画に政府予算を用いることに反対してきた政府高官もいた．大統領が型通りの政府ルートをそのまま使って開発計画を遂行しようとしていたならば，この官僚たちは妨害にまわって大統領を悩ませる可能性があった．少なくとも，政府内の緊張を高めることにはなったに違いない．こうした衝突を避けるため，大統領は政府管理下の石油産業および木材産業が生み出す資源レントを転用することで，使い勝手がよく，外部からは見えにくい「予算外」（off-budget）の資金源を作った．これによって中央の予算の枠外で開発目標を追求できるようなメカニズムが創り上げられたのである．残念なことに，この巧妙な仕組みが天然資源の乱用を深刻化させた．

　上の説明は，1960年代と70年代はじめのインドネシアの石油セクターと70年代半ばに始まり今日まで続く森林セクターの両方に適用可能である．本来国庫に収められるべき石油レントは，国営石油会社プルタミナの操業を通して予算外資金へと転用された．財務省や国家開発企画庁（BAPPENAS）といった主要官庁の支持を得られないような数多くのプロジェクトに対して，プルタミナは大統領の予算外資金を獲得するための「開発機関」の役割を果たしたのである．さらに石油依存型産業の成長を促すため，ガソリンや灯油などの石油製品の価格は不自然に低く抑えられた．また1970年代半ば以降，森林事業権料や伐採賦課金が低く抑えられたため，伐採企業は森林が生み出すレントで潤う

ことができた．その見返りとして，伐採企業は利益の一部をスハルト元大統領の意向に沿う開発事業に提供した．政府の内部においては，林業省もインドネシアの外島(訳注1)での問題の多い開発事業に森林レントを横流しする手助けをした．最近では，林業省が「造林基金」を操作して国営航空機産業に融資したケースが挙げられる．こうした仕組みによって，大統領は正統な新古典派経済学の視点からはおそらく邪道であるような開発イニシアティブを追求した責任から免れることができたのである．

こうした策略が，なぜ持続的な資源利用を損なうことになるのだろうか．第一に，事業権料や伐採料を低く抑えることで企業は安い費用で資源にアクセスできるようになり，その結果，過剰な資源の搾取が促進された．これは国営石油会社と森林伐採企業の両方に当てはまる．一方，伐採企業にとってみれば，彼らの特権が将来も維持されるかどうかは不確実であったため，彼らは無謀な資源搾取へと駆り立てられた．第二に，石油製品や丸太などの生産物価格を抑制したことで，国内における不経済な資源消費が引き起こされた．石油精製工業や木材加工産業は，その効率の悪さゆえに自ら将来の資源枯渇の危険を呼び込んでいたわけだ．

3.1　石油産業

インドネシアの国営石油会社プルタミナは，1968年に他の国営石油会社と同様の経緯で設立された．大規模な多国籍石油企業を接収して既存の国営企業と合併させるというやり口であった．シェル，カリフォルニア・スタンダード・オイル，テキサコ，ニュージャージー・スタンダード・オイル，モービルといった多国籍企業側は接収の見返りとして，プルタミナと長期の請負契約を交わした．既存の国営企業の中には，石油輸送やガソリンスタンドなどの下流部門で事業を行っているものもあった．この結果，プルタミナは石油の探査，採掘，精製，国内流通を独占する国営の垂直的統合企業(訳注2)となったのである．しかしながら，プルタミナでは石油事業のほとんどの部門で専門的な能力

(訳注1)　インドネシアのジャワ島，マドゥラ島，バリ島を除く島々を指す．
(訳注2)　事業の川上（生産），川中（加工），川下（流通）の各部門を統合し，経営の効率化を行おうとする企業のこと．

が不足していたため，多くの業務において多国籍石油企業への依存が続いた．インドネシアの生産量に占めるプルタミナ独自の石油探査・採掘量（多国籍企業による請負を除く）の割合は，1970年代，80年代でわずか10％程度にすぎず，90年代の最初の5年間ではたった3％であった．

1968年以前の石油産業を見るうえで注目すべき点は，小規模な石油会社の中には操業が直接かつ公に国軍の支配下におかれていた企業があったことである．第二次世界大戦後に軍は荒廃した油田の再建に乗り出し，1950年代には自らの管理の下にプルミナとングロボ油田開発会社（Ngolobo Oil Mining, 後のプルミガン）を設立した．国営企業による石油開発が軍の収入源だったことは，広く知られた事実であった．

さらにプルミナのカリスマ的首領イブヌ・ストウォ将軍が新会社プルタミナの総裁となったため，プルタミナの資産は秘密裏に国軍の活動と資金の維持に充てられるようになった．プルタミナの事業がささやかな規模にとどまっているうちは，これはそう大きな問題ではなかった．しかしOPEC（石油輸出国機構）による原油価格の引き上げが始まると，1974年までにはプルタミナの収入は42億米ドル——当時の国内総生産の6分の1に相当する——に達した（Schwarz 1994, 54）．同時期，プルタミナの対外債務はインドネシア政府のそれを超えるようになる．国内外で巨大な収益を生む完全な国営企業になったプルタミナは，石油会社の枠を超えて，政治指導者たちの政治，開発，利益分配に役立つ重要な存在となったのである．

一方，スハルト大統領体制にとっての中心的な政治課題は，国軍をまとめ，強化し，その支持を継続的に取りつけることにあった．暴動の温床たる大衆や，経済成長を満喫する財界を抑え込むと同時に，分離主義の圧力や共産党の反乱と闘わなければならなかったからである．文化的・民族的に断片化した国家において，国軍は，共産主義者の反乱やいくつもの分離主義運動，血塗られた民族間紛争，周期的に起きる食料暴動など，秩序と安定に対する脅威を封じ込めようと闘ってきた．国家分裂の潜在的脅威に加えて統治上の問題になったのは，国軍の地区司令官がしばしばその土地の軍事的支配者として振る舞うに十分な力を得てしまうことであった．スハルトの前任者スカルノ将軍を引きずり降ろしたのは国軍である．マクドナルドが述べているように，国軍の要求する財源は莫大であった．

国軍の予算規模は長い間，デリケートな問題であった．予算が実際のニーズを満たすにはますます少なくなっていることがわかってきたからである．スハルトが権力を握ったときには，国軍が独自の資金源を持っていることはすでによく知られていた．国軍をまとめる必要性が，その財源への要求を巨大なものにした．新しい制服や条件の良い住宅の供給，給料や食費の補助などによって，軍人を地区の司令官よりも，できるかぎり国防本部に従わせることがスハルトの基本的な戦略であった．腹を満たすべき軍人は約50万人もおり，加えて170万人の民間人が雇用されていた．この比率は全人口からすれば小さいが，インドネシアの国家歳入にとっては途方もない負担であった（McDonald 1981, 115）．

　こうして，「中央政府の予算」という目につきやすい方法によらずに国軍の歳費を賄うため，プルタミナの歳入から膨大で計り知れない金額が国軍へ振り向けられたのである．この状態は，国軍の支配下にあったいくつもの石油会社が一つ（プルタミナ）に組み替えられた後も続いた．

　財務省や国家開発企画庁，国際金融機関は緊縮財政を要求していたが，その一方でプルタミナは外部からほとんど吟味の対象にされない公共事業のパトロン機関として機能した．例えば，プルタミナは病院や学校，道路を建設したが，それは石油会社の活動範囲を超えていた．1970年に政府内の汚職一般を検証する目的で設立された大統領諮問の「四人委員会」は，とりわけプルタミナに対して，「無許可で寄付を行った」として批判した（McDonald 1981, 124）．

　広範な工業化やインフラの拡張といった開発戦略は直接プルタミナの事業を通して推し進められたので，政府による採算性の吟味や監督という足かせを免れた（Bresnan 1993, 168-171, 182-183）．プルタミナの開発事業の中には，明らかに石油事業と結びついているものもあったが，ほとんどの投資は石油事業と無関係であった．ホテル・チェーンや水田，自動車販売事業，保険業，通信，東南アジア最大のヘリコプター輸送団を誇るプリタ航空への投資などが例である．プルタミナはバタム島の総合産業センターの開発と資金調達も手がけた（McDonald 1981, 157）．

　各種事業の中でもクラカタウ製鉄は民族統一を目指す「ナショナリスト」政策の典型といえる．ソビエト連邦が建設したこの製鉄所は，技術の陳腐化，近場の鉄鉱石やエネルギーの供給源の欠如，熟練労働者の不足といった深刻な問題を抱えて1965年に操業を停止していた．もともとプロジェクトの価値を認める経済分析は一つもなかったが，製鉄産業は国の近代化と工業化の威信をか

けた象徴でもあった．プルタミナのストウォ総裁はクラカタウの生産目標を4倍に引き上げ，約200km先から天然ガスを引くためのパイプラインなど25億米ドルもの新規設備投資を行った（McDonald 1981, 157）．プルタミナは，政府の公式の認可なしにこの投資を行ったのである．

スハルト大統領がこうしたプルタミナの事業を認めてきたのは，単にストウォ将軍との緊密な関係や将軍自身に勢いがあったからだけではない．プルタミナの投資資金が他のいかなる組織よりも大きかったからである．もし大統領が通常の予算手続きを通して問題のある開発事業に手をつけようとしたならば，技術的・専門的知識と国際的なコネクションを有する「テクノクラート」たちが大統領の邪魔をする可能性があった．国庫はこうした手ごわい官僚たちによって守られていたため，スハルトでさえ彼らの影響力を無視できなかったのである．オーティは次のように述べている．

> スカルノ政権下での派閥支配によって身動きが取れなくなっていたインドネシアの行政機関は，スハルトの下でより力を出せるようになった．盛んな利権漁り（レントシーキング）が行われ，地方と国の両方で政治的封建主義が残っていたものの，官僚機構の多元性は存在していた．……有能なテクノクラートは，国軍からも十分な独立性を獲得し，財務省，エネルギー鉱業資源省，産業省，公共事業省などの中心的開発省庁を国軍に完全に乗っとられてしまうのを防いでいた．権力のバランスは，分派主義的で国家統制主義的なナショナリストグループと，プラグマティックで市場指向型の官僚グループに両極化したテクノクラートの派閥の間を揺れ動いていたが，……二度の石油ブームの間，経済と外部の制約条件とを周期的にすり合わせるのにうまく利用されたのは後者の派閥であった（Auty 1990, 116）．

プルタミナは，石油収入だけでなく外国からの莫大な融資にもアクセスできたため，その資金はスハルト大統領とストウォ将軍が共同で選んだ対象事業へと振り向けられた．プルタミナへの何十億米ドルもの融資は，表面上は石油探査，生産，精製，販売のためのものであったが，実際には収益と借入金の両方が他の目的に横流しされた．

プルタミナがこうした機能を果たすことができたのは，企業会計が不透明だったからである．1970年，大統領「四人委員会」は，プルタミナの不透明な会計と政府による監督の欠如，そして政府のために徴収されたはずの資金が未納であることを批判した（McDonald 1981, 124, 154）．インドネシア政府は決して四人委員会の報告を公式発表しなかったが，それには意味がある．国民は報道

機関へのリークを通じてしかそれを知る術はなかった (McDonald 1981, 125). マクドナルドは直截にこう述べている.「スハルトはことを進めさせるためにイブヌ・ストゥォを必要としていた. ……みすぼらしい国軍に資金を供給するため, また地区司令官から軍人たちを引き離すため, そして絶対的な政治的パトロンとして振る舞うために. イブヌ・ストゥォは, 公式の予算に計上されていたら国民に言い訳できないような巨大で不透明な徴税と支出の仕組みへのアクセスをスハルトに提供したのである」(McDonald 1981, 151).

マクドナルドの調査によれば, プルタミナが透明性を欠いたまま事業を行うことができたのは大統領の後ろ盾があったからこそである. 一方, 石油収入の使途をめぐるプルタミナと政府機関の衝突は, プルタミナと多国籍石油企業の関係をめぐる論争という形で噴出した. 1966年にプルタミナの前身プルミナ社総裁および石油ガス事業庁長官であったストゥォ将軍は, 公式には彼の上司にあたるスラムット・ブラタナタ鉱業大臣の反対を押し切って, 生産分与契約(訳注3)に調印した. 1967年初頭, スハルト大統領のストゥォ支持にもかかわらず, ブラタナタは報復としてストゥォの契約を無効にするリース契約を申し出た. スハルトは, プルミナを鉱業省の管理下からはずすことでこれに応酬した. さらに10月にはスハルトはブラタナタを更迭したのである (McDonald 1981, 151-155).

3.1.1 プルタミナの凋落

プルタミナが凋落した原因は, 収入の使い途ではなく, 対外債務の方にあった. 6章で検討するメキシコのペメックスのように, プルタミナの支払能力の上限はインドネシア政府を上回る水準で国際金融機関によって保証されていた. 1975年までの政府の対外債務が80億米ドルだったのに比べ, プルタミナの対外債務は105億米ドルに上っていた. プルタミナは, スハルト大統領が強く望んだ事業のための資金を予算の枠外で調達するために借り入れていたのである.

1972年に出された「国営企業および国家機関による全ての中期借り入れ (1〜15年間) には財務省の承認が必要」という政令に続き, 財務省は国際通貨基金 (IMF) と中期借入れの上限を設定する合意を取り決めた. プルタミナ

(訳注3) 経済援助で生じた債務を生産物によって返済する契約.

は1972年の3億5000万米ドル超の借り入れが政府未承認だったとして処分を受けた．しかし，政府によるプルタミナに対する監督が目に見えて改善されることはなかった（McDonald 1981, 154-155）．

プルタミナは，表面的には財務省が定めた中期借り入れ限度を守ることにしたかに見えた．しかし，1973年までにプルタミナは無許可中期借り入れの禁止令を侵さずに大規模に借り入れをする方法を見つけたのである．プルタミナは，長期借り入れと同時に，通貨の国際的な流動性の増大によって生じた豊富な短期貸付資金に乗じて短期の借り入れを増加させた．いずれも財務省の承認を必要としなかったためである．

プルタミナの短期債務は1975年までに15億米ドルにのぼったが，世界的な石油価格の下落によってプルタミナの収入が大きく減少したため，債務返済の履行ができなくなってしまった．国際金融機関は，プルタミナのおかれている危険な立場を知るに及んで，反債務不履行契約条項(訳注4)を用いて融資の引き上げを認めさせた．

インドネシア政府は，これによってプルタミナの債務を引き受けざるを得なくなった．政府はプルタミナが管理している事業の多くを中止もしくは延期したが，そのために海外からの融資の深刻な減少に苦しむことになった．これはひとえに国営企業の破産に留まる問題ではない．プルタミナの債務総額を考えれば，インドネシア国家全体の借り入れ信用度が危険にさらされたも同然である．中央銀行はプルタミナの支払義務に見合う外貨を確保するため，自らの借入金の交渉をし直さなくてはならなくなった．

プルタミナは債務の総額を減らすため，タンカーの売却やリース契約の解除を行い，バタム島の石油化学工業コンビナート建設を延期した．さらには国家開発企画庁の監督下にあるクラカタウ製鉄の生産を元の目標まで縮小せざるを得なくなった．一連の売却と事業の中止によって，多部門複合企業としてのプルタミナはおおよそ解体された．政府は，短期債務履行のための新たな中期借り入れをアメリカ政府や他の工業国からなんとかとりつけた．もしプルタミナが破産しなかったら，1980年までのインドネシアの対外債務は倍になってい

（訳注4）　クロスデフォルト条項ともいう．借入れの一部について債務不履行が生じた場合，残りの返済期日が到来していない全ての借入れについても不履行になったものと見なして返済が要求できるという契約．

たという指摘もある（McDonald 1981, 164）．

3.1.2 直後に生じた構造的変化

1976年初め，政府はイブヌ・ストウォを退け，プルタミナを財務省前予算局長ピエット・ハルヨノ少将の管理下に置いた．1976年までに政府が行った改革は次のようなものであった．

1. インドネシア銀行（中央銀行）が全てのプルタミナの債務を引き受ける．
2. インドネシア銀行は財務省の代理として，全てのプルタミナの借り入れについて交渉と締結を行う．
3. インドネシア銀行はプルタミナの収入全てを受け取り，これを特別会計として監督する．
4. 石油以外の事業は，中止もしくは他の政府機関に譲渡する．プルタミナには，石油およびガス事業の枠を超えた事業展開を禁じる[1]．
5. インドネシア銀行は，プルタミナの資金調達記録の厳格な監査を行う（Royaards & Hui 1977, 37）．

以上に加えて，国際会計監査会社（アーサー・アンド・ヤング・アソシエーション，後のプライス・ウォーターハウス）がプルタミナの会計改善のために送りこまれた．より重要なことは，全ての政府機関と国営会社がインドネシア銀行と財務省，国家開発企画庁の三者からなる委員会に対し，資金計画と投資計画を提出しなくてはならなくなったことである．政府機関や国営企業の全ての借り入れは，この委員会による事前承認が必要となった（Royaards & Hui 1977, 42）．中央の財政当局が，一時的とはいえ勝利を収めたのである．

改革の仕上げは，理事会による監督強化あった．現在のプルタミナは，鉱業大臣が議長，財務大臣が副議長を務める理事会によって運営されている．そこには官房長官と研究・技術担当大臣，国家開発企画庁長官も理事に入っていた．有力な「テクノクラート」である鉱業や財務，通信，企画の各担当国務大臣たちが，石油・ガス産業改革の主導権を握ったことになる（Rutledge 1976, 26）．これによって，理想的とは言えないまでも，資金面と事業面の透明性は遥かに改善された．この共同監督のシステムによって，いかなる政府内のどんなアクターも他の政府機関の権限を迂回路してプルタミナを使うことが難しくなった．いかなる隠れた動機も，様々な政府機関による徹底的な審査を免れることはで

きなくなった．この監督システムを通じ，全ての関係省庁がプルタミナの事業の内容を知ることができるようになったのである．

> もはやプルタミナは，国家機構の中で自らの意思で動けたかつてのような特権的な立場にはない．……炭化水素(訳注5)への投資や生産，価格に関するあらゆる重要な決定は，主として政府のエネルギー鉱業資源相とインドネシア大統領によって定められるようになった．国家開発企画庁長官や産業商業調整相など主要大臣は……重要な政策決定において大きな役割を負っている．エネルギー部門に対する相互指導体制と政府機関の関与は，理にかなった合意を築くのに貢献するだろう (Barnes 1995, 154).

ここで言いたいのは，プルタミナが一夜にして飼いならされたということではない．プルタミナの会計は 1975 年以前に比べれば改善されたとはいえ，未だ不透明なままであった．1981 年に『エコノミスト』は「プルタミナが崩壊する 6 年前から，プライス・ウォーターハウスはプルタミナの会計簿を監査しようと格闘してきた．プルタミナは公の査察のために会計簿を毎年用意すると宣言しながら，毎年のように公開を先送りしなくてはならなくなった」と報道した (*Economist* 1981)．それでも周期的に行われた会計記録の整備と汚職根絶に向けた果敢な取り組みによって，プルタミナは 1975 年以前のように監査をはねつけることはできなくなった．最も重要な点は，プルタミナが予算外資金による計略のための主要な媒体ではなくなったということである．バーンズはインドネシアの石油部門に大変厳しい評価を下している人物であるが，プルタミナの改革の進展については次のように高く評価している．

> 1979 年までにプルタミナの石油以外の事業はほとんど解体され，プルタミナは大部分，名ばかりの存在へと変えられていった．プルタミナは自らの石油・ガス事業を補助する範囲で，ある程度まで石油以外の部門で利益を得ることを認められている．しかし，現在はそうした事業は合理的な範囲内にとどめられているようである．石油・ガス事業の利益は，中央政府を通じて開発計画に投資され，適切なレベルの監査が行われている (Barnes 1995, 151-152).

もちろん，大規模な石油の輸出が続く限り，政府はその収入をあてにすることができた．その意味でプルタミナは「金のなる木」であり続けた．しかし資

(訳注5) イソブタンやプロパンなどの炭素と水素が結びついた可燃性の物質で，ガス燃料として使われる．

金のほとんどは，中央政府の予算手続きを介して配分されるようになった．

ところが，プルタミナのある領域だけは，できるだけ多くの石油レントをもぎ取ろうとする政府役人の手の届かない所に残されていた．パトロン的な雇用者としてのプルタミナは，多くの労働者を抱えこむことでさらに肥大化していたのである．1979年から81年まで続いた第2次石油ブームで，プルタミナは従業員を増やした．1980年代半ば，プルタミナは油田探査と生産事業において2万4000人の下請け労働者を含め5万4000人の従業員を雇用していた (Auty 1990, 145)．

プルタミナの評価すべき点も指摘しておこう．輸出用石油製品の相場の監視と価格設定の面では，プルタミナは堅実に仕事をこなした．探査と生産面での多国籍石油企業への継続的な依存は，探査と生産ペースや販売量，輸出価格の決定における市場への配慮を促した．石油生産の「川上」部門におけるプルタミナの基本的な役割は，多国籍石油企業と契約を結んで採掘権料を徴収することであった．主要な石油生産会社であるメキシコのペメックスやベネズエラのPDVSAと比べ，プルタミナは多国籍石油企業に対してより低い生産シェアを受け入れるよう継続的に圧力をかけることで，この役割を上手く果たしてきた[2]．100社を超える企業がインドネシアとの石油契約の入札に参加するため，プルタミナは魅力的なオファーを選ぶことができたし，政府の資金状況と入札地域における油田採掘の可能性に基づいて生産量を調整することもできた．

プルタミナの多国籍企業との生産分与契約が，中東の巨大企業のそれよりも多国籍企業に甘いことを批判するインドネシア人もいる．しかしこれは，インドネシアでは採算性の高い油田の探査がより難しいこと，さらに森林や湿地，沖合に油田があるという生産条件の悪さから生じていたことである．多国籍石油企業がインドネシアでの石油探査・採掘に示す興味は市場の条件に基づいていたため，インドネシアはペルーのような政治的動機に基づく採掘による財源の浪費を避けることができた．また，メキシコやベネズエラのように国営企業の設備投資不足という事態も避けることができたのである．

他方，多国籍石油企業とプルタミナとの関係に見られる問題点は，契約者が採掘地域における地域社会サービスの供給を義務づけられていたことである．これには，政府が多国籍石油企業から採掘権料に止まらない利潤をきちんと搾り取っているという印象を国民に与えるという政治的狙いがあった．しかし，

同時に，それは病院や市街の舗装，さらには娯楽といった地域社会サービスを計画・施行する責任を多国籍石油企業の手に引き渡すことを意味していた．実際には，多国籍石油企業がプルタミナの地質学者よりましなホテル経営をできるはずもなかった．加えて，これは石油生産地域と他の地域の間で供給される公共サービスの不公平さを生む結果にもなった．

生産ラインの川下に位置する石油精製部門への投資の妥当性と効率性という点でも，プルタミナの事業活動は適切であった．石油精製所や液化ガス設備のような大規模プロジェクトは合弁事業として行われることが多かったため，民間企業のパートナーが各々の事業の収益性について吟味することができた．こうした事業では海外からの借款が必要となるが，その場合は国際金融機関とともに中央銀行（インドネシア銀行）や企画担当省庁などの監督機関による保証と許認可の対象になる．地域の下請け事業で汚職が報告されることもあったが，かつてのクラカタウ製鉄の事業に比べて，プルタミナの石油精製事業の全体的な健全性は大きく改善された．

3.1.3 国内価格の設定の問題

1970年代，政府はインドネシアの石油製品に対して手厚い補助金を投入した．これは過剰消費，石油の輸出機会の消失，そして将来のエネルギー価格の上昇に対して脆弱な産業を育ててしまう結果になった．21世紀初頭には石油の実質的輸入国となりかねない国家にとって，脆弱な産業構造の抱えるリスクは，より大きな埋蔵量を抱えるベネズエラやメキシコのような国々に比べてもずっと深刻であった．1975年から80年までのGDP成長率が年7％であったのに対し，石油一次産品の国内消費の伸びは年9％を超えていた．1980年，政府は国内の石油消費削減を目的として，国家エネルギー調整委員会を設置した (Barnes 1995, 82)．当初，低所得世帯の燃料費への援助として正当化された灯油に対する莫大な補助金は，他方で，輸送や熱利用，その他の非民生目的での不適切な灯油使用の増加を招いてしまった．1987年後半には，灯油の使用量はインドネシア国内の石油消費量の4分の1以上に達した．これはインドネシアのバイオマス(訳注6)の潜在量を遥かに上回る数字であった (Barnes 1995, 87-

---

(訳注6) 木材や廃棄物など生物が作り出す有機物起源のエネルギーのこと．

90).補助金は密輸をも招いた.国内で安い灯油を買って,それを海外で高く売る者が現れたのである.

　廉価なエネルギーに基づく1970年代の工業化戦略によって拍車がかかった国内石油製品の低価格政策は,消費者の懐柔も目的としていた.ナショナリストたちは産業や輸送目的でエネルギーの低価格政策を支持したため,政府は生産コストの上昇分を国内価格に転嫁しづらくなっていた.

　石油誘導型工業化の核となる戦略は,石油輸出によって国内の産業とインフラの拡張に必要な資金を供給することであった.だが自由化の波がやってくると,低価格政策がこの中心戦略にとっていかにやっかいなものかがはっきり実証されることになった.1982年の経済危機の際には,インドネシアのGDP成長率が約8％から2％まで下がり,原油の生産高は25％も減少した.原油の国際価格は非常に高値であったにもかかわらず,政府の収入は驚くほど下落した.このためテクノクラートたちは,国内の石油製品価格の値上げを迫った.石油製品価格を上げれば国内の原油需要が減り,プルタミナの原油生産シェアの大部分を輸出へと振り向けることができるからである.バーンズは「原油生産の減少は,政府の収入を減少させ,生産シェア分の石油歳入を国内市場での石油製品への補助金に充てるという政策の引き締めにつながった.この結果,1982年から83年にかけて補助金は切られ,国内石油製品価格は60％から75％上昇した」(Barnes 1995, 23) と述べている.

　自由化は,エネルギーが労せずして得られる天賦の恵みあるという考え方にも変化をもたらした.これまでは,インドネシアの石油は無限にあって,廉価なエネルギーは自然の恵みと見なされていた.しかし,石油生産の減少は,石油埋蔵量の有限性を人々に再認識させた.

　経済危機も経済政策の決定におけるテクノクラートたちの地位を押し上げた.テクノクラートの主たる関心の一つは中央政府に十分な歳入を確保することであり,彼らは財務省や国家開発企画庁で影響力を発揮し,政府歳入を操っていた.他方で,エネルギー価格は自由化されるべきだというコンセンサスが広がりつつあった.増大する国内の石油消費が輸出分を食い潰し,価格補助金がナショナリストたちの掲げた開発目標の達成に役立たないことが分かったからである.残された唯一の道は,大衆の不満が我慢の限度内に留まる程度に価格を上昇させる方策を探ることであった.

補助金をカットした結果，国内の石油消費の伸びは低い水準で留まった．1990年代の石油製品生産全体の伸びは年約8%であった．灯油への補助金の削減によって，1990年代までの灯油需要の伸びは10%から5%に縮まった (Barnes 1995, 87)．

3.1.4 根源にある問題の分析

1975年のプルタミナの破産とそれによって明らかになったお粗末な投資は，国庫管理と資金浪費の関係について重要な示唆を与えてくれる．プルタミナ設立以来，1975年の崩壊まで続いた規律欠如の根は，プルタミナが安易に石油レントにしがみついていたことにある．他の国営石油企業と同様，プルタミナは，本来の資源の所有者（国営企業ではなく政府）が得るべき石油レントに見合う額には到底満たない採掘権料しか支払っていなかった．過剰採掘を招いた点で，この安すぎる採掘権料自体が政策の失敗であった．しかし，国際石油価格が高値のときにはプルタミナに莫大なタナボタ式利益がもたらされた．とりわけ1974年のような原油価格の急騰期には，他の目的に割り振ることのできるくらいの莫大な剰余を抱えこんだ．

国営企業に部門外投資を認めたり，要求したりする政府首脳の野心と透明性の欠如が組み合わされた場合，安すぎる採掘権料は大きな問題となる．設立当初からプルタミナは多角経営を行う複合企業であると見なされていたし，実際にそう振る舞うからこそ優遇されていた．バーンズの巧みな表現を借りれば，プルタミナは「あたかも自らがインドネシアの国立開発公社であるかのように振る舞っていた」(Barnes 1995, 151)．1968年のプルタミナの設立定款も，石油関連事業における独占を明記した1971年の法律も，プルタミナの活動を石油部門に限定してはいない．加えて，プルタミナが多国籍企業と同様の広範囲にわたる複合企業であるという認識こそ，多くのインドネシア人にとって誇りだったのである．

しかし，利権を独占する国営多角的複合企業という存在は，「政府の資金は経済全体を見渡した上で最も価値のある事業に集中すべし」とする財政学の基本原則に反している．プルタミナの出版物によれば，総じて全ての事業が収益を見込んで選ばれていると強調されている．しかし，プルタミナの幹部は石油以外の事業を上手く選択し運営する能力に欠けていた．プルタミナが行った投

資効率と経営効率向上のための改革とは，しっかりした専門的判断に基づいて会社の活動範囲を勝算のある部門にとどめることに他ならなかったのである．

3.2　林業部門

　プルタミナが政府の予算外支出を支える主要機関として位置づけられていた間，林業部門はほとんど手つかずであった．スマトラ，ボルネオ島の東西カリマンタンとイリアン・ジャヤ地区はフタバガキ科の熱帯林で覆われていた．スマトラでの農耕やプランテーションは小規模な程度にとどまり，カリマンタンやイリアン・ジャヤでは住民がささやかな移動耕作を行っていたにすぎない．森林の開墾を行っていたのは，1967年外国投資法と1968年国内投資法が成立した時期に政府が発行しはじめたわずかな数の伐採事業権を手に入れた者に限られていた．1970年には800万ha足らずの地域を対象とする64の伐採事業権（コンセッション）が覆っていたが，これはインドネシア諸島の広大さからすればわずかな面積でしかなかった．

　ところが1970年代と80年代に伐採事業権が付与された土地面積は件数・大きさともに著しく拡大し，合法的伐採だけでなく違法伐採も爆発的に増加した．もちろん全ての森林消失が伐採によるものではない．天然林のプランテーションや定住農業地への転換とともに焼畑農業もまた重要な要因であった．しかし伐採道路が焼畑耕作者に奥へと移動するための道を拓いたように，焼畑農業による森林焼失もその一部は伐採に起因していたと考えてよい．

　過剰な森林伐採の深刻な影響は他にもたくさん報告されてきた[3]．生態系に対する影響以外に，廉価な原木に支えられた木材産業は無駄が多く，脆弱にすぎたことを指摘しておこう．森林伐採による収益が，林業および木工製品関連部門における無分別な投資に浪費されていた．

　これらの問題の原因となった政策を見つけ出すことは難しくない．広大で監視の及ばない伐採事業地や伐採後の残った樹木に大きな損害を与えることを容認してしまうような収穫方法の規則，不当に安い伐採賦課金，植林のために使われることがほとんどない造林基金制度，インドネシアの木材市場を縮小し，何億ドルもの輸出利益を失わせると同時に林産業の効率性をさらに悪化させた丸太の輸出禁止，ずさんな土地利用を招く土地分類などがそれに当たる[4]．

3章　予算外開発計画と資源乱用

一見すると，1960年代後半から今日に至るまで，政治権力者に利益を与えるために廉価な森林事業権取得料と不十分な規制という同じパターンがずっと続いてきたように思える．この期間全体をほとんど変化のない画一的な時期であったかのように見なす研究者（例えば Broad 1995）もいる．しかし実際には，こうした政策の論理的・政治的動機には重要かつ決定的な変化が起きていた．

林業政策の土台は，木材利権が重要になる前から築かれていた．1960年代後半，スハルト政権は全森林地域の90％を収用し，森林資源を政府の管理に集中して住民の慣習的な所有権を無効化した．これによって巨大な伐採事業権システムへの道が開かれ，外国企業が森林事業に参入するための障害も取り除かれた．

伐採賦課金と税金は，1967年から75年までの期間は合計しても実際の立木の価値の25％程度に据え置かれ，1975年から76年にかけては10％以下にまで引き下げられた．国内外の企業はこれに熱狂的に反応した．1967年から73年までに木材輸出は毎年2倍以上の伸びを見せ，インドネシアは最大の熱帯木材輸出国となった．林業部門への外国投資は急速に伸び，日本や韓国，フィリピン，マレーシア，アメリカ合衆国の木材会社は道路建設と機材に手厚い投資を行った．一方で需要は丸太輸出の方にあったため，国内の製材業などの加工業に対する投資は極めて低い水準にとどまった．多国籍企業は大規模な投資によってかなりの利益を得たが，伐採のレントを手にしていたのは軍部の指導層であり，伐採事業権を譲渡された軍部と手を組んで技術や運営ノウハウを提供するために連れてこられた華人業者であった．マレーシアのサラワクと同様に，政治的な権力をもつ受益者は業者に森林事業を行わせ，背後でその収益を分け合っていた（Hurst 1989, 105; Stesser 1991, 62-63）．こうした黒幕はサラワクでは有力な民間の「ブミプトラ」(訳注7)であったが，インドネシアでは国軍であった．

ところが1979年から政府は丸太に輸出税をかけるようになり，1985年までには丸太輸出の完全禁止を決定した[5]．この禁止は政治的な論理を公然と無視しているように見える．なぜなら，この政策は政治的な力をもつ国軍の伐採事業権保有者に対し，その経済的利益を否定するものだったからである．この政

（訳注7）　華人など，後にマレーシアに移住してきた者ではないネイティブのマレーシア人の意味．

策は，インドネシアの林業を非常に効率の悪い木材生産へ向かわせるものでもあったため，何百万ドルの富が水の泡になった．丸太輸出の制限によって損害を受けたのは，伐採事業者だけではない．林業部門全体が損害を受けた．1980年にインドネシア政府は外国企業による伐採事業権の保有を排除しはじめ，1984年には完全に禁止した．かつて伐採事業への参入が奨励された多国籍企業は，インドネシア企業との合弁という形で生き残ったものもあったが，事実上の全面撤退を余儀なくされた．狡猾な多国籍企業の力の論理も，この方向転換には完全に敗北したのである．

　一方，1980年に政府は林業省の下に造林基金を設立した．この基金は，当初は環境配慮の手段と見なされており，理論上は申告伐採量に基づく納付金を徴収し，そこから植林をした伐採事業者に払い戻されることになっていた．ところが払戻金が実際の植林費用より遥かに低かったため，造林基金が現実の植林に充てられたためしはなかった．造林納付金は伐採賦課金と同義であったが，国家資源の徴用に対する賦課金として国庫に送られるのではなく，事実上，林業省によって保持された．

3.2.1　規制の強化と華人の台頭

　1987年頃，政府は「改革」と称して伐採賦課金増額のためにいくつかの動きに乗り出した一方，伐採規制を選択的に強めはじめた．なかには罰金や事業権取り消し処分が撤回されたケースもあったが，規制がきちんと実施されたために伐採事業権を失った会社も多くあった (Ross 1996, chap. 5)．ブロードが指摘するように，もし伐採事業者が政府から森林政策を「横取り」していたのなら，事業者に対してこうした扱いができたのは奇妙である (Broad 1995, 331)．

　この動きの背後にある政治の論理は明らかではない．もちろん国軍に対する利益供与については説明できる．当時，スハルト将軍はスカルノ体制末期の混乱の中から台頭してきた比較的目立たない軍人にすぎず，そのままでは国軍の指導層からの強い支持はあてにできなかった．スハルトは卓越した資金操作によって，国軍や退役軍人，特に最高位の幹部に気前良く金銭的利益を与えるための「財団」(yayasan) を設立した[6]．しかし，なぜスハルトはサラワクのケースのように廉価な伐採事業権を用いて主流の文民政治エリートだった「プリブミ」[訳注8] も同時に厚遇しなかったのだろうか．スハルトは，華人が独立した

政治的権力を欠いていたにもかかわらず，華人実業界と現役・退役軍人との合弁企業を好ましいものと見なしていた．彼はプリブミ実業家層が大統領の特別待遇を恩恵とは見なさず，むしろ当然の権利として捉えると考えたのではないだろうか．もしプリブミ・エリートがスハルトの政治的ライバルと手を結ぼうとした場合，彼らはスハルトに対する脅威となり得た．一方，スハルトにとっては国軍の支援さえ期待できれば，プリブミは不可欠な存在というわけではない．スハルトは，石油と林業の両部門でプリブミ・エリートを利権漁り(レントシーキング)の機会から締め出すことで，潜在的に独立した政治力をもつこのグループの権力を中和したのである．代わりにスハルトは，遥かに従属的な立場にあった華人を重用した．

　なぜ華人なのか．これはインドネシアの林業政策の政治経済を理解する上で，最も重要かつ興味をそそる問いである．スハルトを含め，インドネシア国軍と華人との協力関係は1950年代にまで遡るが，それに言及するだけでは不十分である(7)．歴史的事実からだけでは，なぜ協力関係が作られ持続したのか分からないし，関係が成立した当初の動機が関係を持続させる理由と整合的であるかどうかも説明できない．ある見方からすれば，華人を膨大な木材利権の受け取り手としたことはまずい選択であった．華人は政府，特にスハルト将軍の恩義をすでに十分受けており，有利なレント獲得の機会を彼らに振り向けることは資源の浪費に見える．もし政治的支援だけが要因であったなら，華人が他の事業によって蓄積した富に何十億米ドルもの価値をもつ木材レントを上乗せする必要はなかったはずだ．経済的利権と政治的支援との交換という最も単純な利権漁り(レントシーキング)のモデルは，スハルトの華人登用を説明するには明らかに不十分である．

　しかしながら，華人系伐採企業の経済行為を鑑みるならば，彼らが利益の最大化を犠牲にしてまで，ビジネスを通じて利益供与の返礼を行っている明白な証拠を見つけることができる．その例を以下に挙げる．

- 今日の産業造林戦略は，利益の出ない場合でも伐採業者に植林を進めるよう圧力をかけている (Haughton, Teter, & Stern 1992, 7)．
- 垂直的統合林産企業の中には，環境保全の象徴ではあるが収益率の面では

（訳注8）　移住者ではなくネイティブのインドネシア人．マレー語のブミプトラに当たる．

マイナスとなる削片板^(訳注9)事業など，明らかに損失覚悟で行っている事業もある．
・伐採会社は，伐採対象地域の内部や周辺において住民のためのコミュニティ開発事業を担う公的な義務を負う．この義務は曖昧かつ場当たり的でほとんどモニターされないのだが，林業省は事業者にこの義務を履行させる上で大きな影響力をもっている．それゆえ林業省は「コミュニティ開発」を，例えば電化や道路建設といった特定の開発戦略と一致するような方向へ導く裁量をもつことになった．そうした開発事業の資金調達を私企業に負わせることによって，林業省はまたもや中央予算当局の査定と承認を経ずに事業の遂行ができたのである．

テクノクラートの政策方針に反して，社会的価値があるかどうか疑わしい事業がスハルトの支援を受けた華人たちによって着手された．例えば，ナショナリストたちを強く惹きつけるインドネシア人所有の世界的石油化学産業の設立がそうである．1991年，18億米ドルを要するインドネシア人所有の巨大石油化学事業，チャンドラ・アスリ・オレフィン・コンビナートが建設を開始した．ところが対外債務問題に取り組むための省庁横断的なインドネシア人の調整チームが，この膨大な対外債務を伴う巨大開発事業を1995年まで遅らせるよう要求した．さらにこの時期，「チーム39」^(訳注10)と名づけられた借款調整チームが設置され，インフラや石油化学事業における全ての国家関連投資への海外借款にこのチームの承認が必要となった（Schwarz & Friedland 1992, 46）．チャンドラ・アスリは，プルタミナが生産する原料ナフサを用いる計画で，国営のブミ・ダヤ銀行から多額の借り入れをしていた．チャンドラ・アスリは，二重の意味で「国家関連」企業であったため，「チーム39」の規制下に置かれる運命にあった（Schwarz & Friedland 1992, 46）．当初プリブミ企業家たちがこの事業の民間部門を統括する予定だったにもかかわらず，スハルト大統領の介入によって，プラヨゴ・パンゲストゥとリム・スィ・リョンが主要な民間共同事業者になってしまった．多国籍石油企業や国際金融機関，さらには日本の通商産業省

(訳注9) 木材を削ったり，破砕したりしたときにできる小片を板状に成形接着した再生木材の一種．

(訳注10) インフラ建設に関する海外債務の上限額を定めた大統領令第39号（1991年発令）に基づき設置されたチームのこと．

（当時）も加わって圧力をかけたため，彼らの二大複合企業は投資凍結からの例外措置を得ることに成功した．事業そのものの社会的価値に極めて疑問があったにもかかわらず，スハルト政権は関税を用いてチャンドラ・アスリの製品を保護することで利益が転がり込むようにした．要するに，スハルト大統領にとって華人は民間経済部門と政治とのつなぎ役に他ならず，そのおかげで大統領はプリブミ・エリート実業家に借りを作らずに済んだのである．一方の華人たちからすると，政府内部の反対を押し切って事業を継続することができた．華人に対する見返りは，彼らが大統領にとって有用であったことの反映でもある．この有用性とは，彼らの事業運営能力や国際的なコネクション，国軍との既存の事業における繋がりにとどまらず，彼らに独立した政治勢力としての地位がなかったことも含まれる．結果としてプリブミの一部で華人に対する憤りが高まったため，スハルトの保護のない華人らの排斥はむしろ進むことになった．こうして華人のスハルトに対する依存は，さらに増大したのである．

　丸太輸出の禁止は第二の謎に繋がる．政治の論理からいえば，廉価な伐採賦課金によってますます大きな特権を得ている同じアクターに輸出禁止を課すのは矛盾しているように見えるからである．考えられる第一の説明は，国軍がもはやそれまで受けていた保護に見合う存在とは見なされなくなったというものである．1980年までにスハルト大統領は国軍を再編成したので，国軍はスハルトの支配に対する脅威ではなくなっていた（Crouch 1988）．国軍の支援に対する報償として，丸太の切り出しと販売の下請けという単純な事業をまかせる必要はもはやなくなった．パトロンの保護は，加工や市場取引によって利益を稼ぐという複雑な事業に精通したものに対して向けられるようになった．自らの製材設備や合板工場，輸出取引先をもち，それを伐採事業と組み合わせることができる十分熟練した企業が生き残ったのである．多くの軍人は事業権を売り渡さなくてはならず，こうして林業の支配権は華人の手中に納まっていった．

　第二の説明は，効率性と収益性に疑問があるとはいえ，木工産業の設立はインドネシア経済の工業化戦略に適合していたというものである．インドネシア経済をめぐる論争の中で「ナショナリスト」の主張はかつて――そして今もまだ――かなりのイデオロギー的牽引力をもっており，それが実行されたときには，特定の利害関係者にとっては相当の経済的利益に繋がることを意味していた．木工産業の開発が経済面でのナショナリスト的心情に対する譲歩であると

いう説明と，それ自体が戦略目標であったという説明は矛盾しない．どちらの説明が的を射ているかは別として，この開発戦略が政治的に有力なグループの利益を一部取り上げてしまったにもかかわらず，スハルト大統領がこの戦略を追求する費用を賄うことができた点は重要である．

　1987年以降の政策体系が真に新しい戦略だったかどうかを疑うむきもあるだろう．結局のところ，国有林の伐採賦課金は低く抑えられたままだったし，規制も時折行われた程度にとどまっており[8]，特権的伐採企業は依然としてインドネシアの森林資源から容易に莫大な富を築くことができた．しかしながら新旧の政策の間には決定的な相違が2つある．第一は，これまでと違って伐採事業者は利権を失ってしまうリスクを負うようになったことである．林業規則違反は，重い罰金や事業権の取り消しなどの容赦ない制裁につながった．要するに伐採事業者は大統領と結託した林業省の恣意的な規制にさらされることになり，より危い立場になったのである．

　第二は，いくぶんは見せかけとはいえ，継続的な森林政策の改革が行われたことである．これは単に世界銀行のような国際機関や環境団体からの圧力に対応するためだけに行われたのではない．伐採業者のパフォーマンスが総じて政府の目的に沿うようにし，なおかつ，利権漁り（レントシーキング）の機会が一掃されない程度に「改革」を進めることの重要性を事業者に知らせるために行われたのである．また，恣意的な規制の執行と部分的な改革は，それまでレントの受け取り手であった軍が直面する必要のなかったリスクを政治的に弱い華人に負わせることになった．伐採事業者は，財務省や国家開発企画庁，米国国際開発庁そして世界銀行からの圧力に対抗するため，大統領の保護に依存しなくてはならなくなった．

　多国籍企業と国軍を林業部門から締め出すという新戦略は，利権漁り（レントシーキング）の機会を根絶することにはならなかった．受益者と受益条件とが変わっただけであった．当初，政府は大きな権力をもっていた国軍からの支援を取りつける代償に森林利権を差し出した．今度は開発事業や他の予算外事業の実行資金を提供してくれる華人の協力の代償として森林利権が用いられるようになったのである．華人は，事業運営能力を見込まれて参加しているだけの従属的なアクターとして関与を始めた．今や彼らはそれまで以上に複雑怪奇な経済・財政機構の要となったのである．

3.2.2 政府内での利権争い

「造林基金」は，予算外開発資金の供給源には違いなかったが，資金の調達は民間企業部門ではなく，政府部門を通して行われたところに特徴があった．基金では，伐採跡地に植林するために伐採業者から徴収された資金が再び伐採業者に支出されることになっていたが，その額はあまりに小さく，植林のインセンティブにはならなかった．約8億米ドルに上ると見られる基金の使途に対しては，外部からの監視や介入がいっさい及ばなかった[9]．基金はスハルトの与党であるゴルカル党の選挙資金として用いられているというもっぱらの噂であった．しかし，私たちの議論にとって重要なのは林業省が造林納付金を握っていること，そして基金が開発事業を進める上で大統領と協調する林業省のインセンティブとなり，政府内部の官僚を束ねることに貢献したことである．伐採事業や農地への土地転換政策がインドネシアの森林を消滅させてきたことを考え合わせると，林業省が開発事業に手を貸すというのは大変奇妙に見える．しかし，林業省は大統領の協力によって，現実にそこに樹木が植生しているか否かにかかわらず，公式に林地として指定された国土の4分の3に上る土地の支配権を維持できた．こうして林業省は，競争相手がいなかったわけではないものの，外島におけるほとんどの「トランスミグラシ」[訳注11]定住地の運営を監督する権限を握った．1960年代後半から1970年代初めにかけてはプルタミナが「やっつけ」の開発機関であったが，プルタミナの崩壊の後，今度は林業省がこの役割を引き受けたのである（Ascher 1993a, 11-12）．1980年代後半，造林基金は木材供給の減少に対応する役割を与えられた．林業省は植林事業の設立に対し，政府の資本参加を進めると同時に無利子の貸付金を提供した[10]．植林面積1ha当たり425米ドルの補助金が投入されたと世界銀行は見積もっている（World Bank 1990, 14）．補助金受給者の大部分は「垂直統合」された大企業（訳注2を参照）であった．

ところでこの政策は，3年という補助金給付期間の短さに加え，安い伐採賦課金のおかげで利益を稼ぎ出している伐採事業者が補助金まで受け取ることができるようにしたため，テクノクラートたちの批判を浴びることとなった[11]．

（訳注11） 1950年よりインドネシア政府によって始められた移住政策．ジャワ島・バリ島などの人口過密地域から外領（それ以外の島）へ労働者や農民を移住させ，定着農業を営ませるのが目的であった．

3年目以降は補助金が打ち切られるため，安上がりな樹種の植林と必要最低限の維持管理しか行われず，伐期を迎えた立木の価値はゼロに等しかった．外国企業による伐採事業権の保有を禁止したことにより，多国籍木材企業の参入が妨げられたため，植林を成功させるために必要な資金と技術が十分に供給されたかどうかは大いに疑問である (Gillis 1988a, 75)．木材産業にとってみれば，造林事業はわずかな利潤しかあげられなかったため，天然林の伐採の方が経済的に魅力的であった．ある見積もりによれば，植林はマイナスの正味現在価値(訳注12)しかもっていない (Haughton et al. 1992, 10)．植林が仮に成功したとしても収穫木の価格は安すぎてほとんど利益を生まなかったため，事業者にしてみると造林基金から得た無利子の融資を他の事業に流用し，実際の植林からは手を引いてしまうというインセンティブが働いた．加えてこの造林事業は，世界の低地性熱帯湿潤林での植林がほとんど失敗に終わっている事実を無視していた．

1994年後半，スハルト大統領は新しいN-250(訳注13)を開発するために国営航空機製造会社IPTNへ1億7400万米ドルの無利子貸付を林業省に対して行うよう命じた (Jakarta Post 1994)．政府内のテクノクラートは，航空機産業を無駄で経済性の観点からは正当化できないと見なしていた．他方でナショナリストたちは，航空機産業をインドネシア工業化の国際的な威信とハイテクの潜在能力を示すための重要なシンボルと見なしていた．この問題が，林業省の貸付が適切であるか否かについての政府内の対立から明るみに出たわけではないことは興味深い．暴露の契機を作ったのは憤慨したインドネシアの環境グループであった．環境活動家や専門家は造林基金に以前から懐疑的ではあったのだが，航空機開発への基金の転用は，資金が植林に回るかすかな希望さえもてないことをはっきりと示した．環境グループは，政府の基金流用を裁判に訴えたが，裁判所は司法の管轄外という理由で訴えを棄却した．

造林基金の国営航空機産業転用をめぐる環境グループの闘争は，開発戦略をめぐる衝突を「開発と環境の対立」として再解釈する可能性を示した見事な例である．実際には造林賦課金の環境への影響など全くなかった．造林賦課金が

(訳注12) 投資プロジェクトの予想収益を利子率で割り引いたもの（現在価値）から投資額を引いた差額．それがマイナスであれば，そのプロジェクトは採算がとれないとされる．
(訳注13) インドネシア初の純国産中距離旅客機．

植林のために使われたためしなどなかったからである．本当の問題は，国庫ではなく林業省が獲得したレントがどのように使われたかである．造林基金は，明らかに従来の予算担当部局が支持しないような投資に振り向けられた．仮にレントに見合う利潤が伐採業者から徴収されて直接国庫に納められていたら，それはテクノクラートの管理下に置かれ，高い透明性の下で事業が補助金抜きでも成り立つかどうか吟味されたことだろう．言い換えれば，造林基金とは，従来の予算措置を通して着手するには困難な事業を遂行するために，スハルト大統領が新たに見出した予算外の手段だったのである．

3.3 資源開発を通じた政府内の不一致の克服

インドネシアのケースは，下流部門にあたる林産物産業から航空機産業に至るまで，開発戦略を通常予算の枠外で遂行しようとして林業政策を最適化できなかった明白な実例である．もちろん，そこには選挙資金の調達や個人的な富の拡張といった他の動機も含まれていた．しかし，「予算枠内」の金融財政政策が自由主義・市場主義指向の官僚に支配されていた中で，スハルト大統領が民族統一に向けたいわゆるナショナリスト的経済開発戦略のために森林レントを操作した事実は予算外戦略の存在をはっきりと示している．

この主張は，スハルト大統領が万能で自らと家族の富を可能な限り最大化することにとりつかれていたという従来の一般的な見方に反しているだけでなく，資源開発企業が「弱い国家」を「乗っ取った」という見方も拒否する．前者の見方は，森林事業権を用いた陰謀が華人の伐採企業と協調関係にあったスハルトの親族を単に潤すための手段であったとする．伐採がほとんどの場合，持続的でないどころか環境破壊的であると正しく論じた研究者たちにとってすれば，こうした企業への伐採認可，林業規制の不履行，伐採企業へのスハルト一族の関与といった政府の行動は，大統領として世間の評判など歯牙にもかけぬ公然たる侮辱行為のように感じられたのだろう．この解釈は，職権濫用が一般のインドネシア人の目にも明らかであるという前提の上に成り立っている．実際には，長年にわたり，大衆はおろかインドネシアの知識人たちですら林業部門を巧みに利用した陰謀にはほとんど気づいていなかった．

民間の伐採企業を媒介にして森林レントを「洗浄」するという仕掛けは特有

のものであった．他の多くの国々の場合，こうした資金洗浄は民間ではなく公的部門を通して行われているからである．この差異のために，インドネシアの状況を華人企業家グループによる「国家の乗っ取り」と診断する者も出てくる．国家の乗っ取りという見方は，インドネシアとフィリピンの両方を論じたブロードの議論に最も端的に現れている．

> 「林業」部門は国家の鋳型を作り，政策決定をめぐる環境に影響を与える．……熱帯林資源の開発によって経済的利益を得た者たちの政治的影響は……よりすそ野の広い開発と環境改善の計画の両方を邪魔するのに用いられた（Broad 1995, 321-322）.
>
> 豊富な天然資源は，特権集団と国家の相互作用を触媒し，両者を一層密に絡ませた．国家は独立性を保てず，短期的には資源開発者の利益にならないような政策を遂行せざるを得ない．国家の一部分が，単に政治化されただけではなく「囚われた」のである．こうした国家の実態は，いわゆる「強い国家」あるいは「開発独裁国家」——すなわち権力集団から独立して政策を策定し，また実行できるような国家——と称されてきたものではなかった（Broad 1995, 331）.

ブロードの分析は3つの重要な事実を無視している．第一に，華人の伐採企業は独立した政治権力をほとんどもっていなかった．それどころか，まさにその政治権力の限界ゆえに，彼らは利権漁り(レントシーキング)を上手くやってくれる担い手として選ばれたのである．彼らは，特権的地位との引き換えに，大統領に対する支援を義務づけられた．もっと独立した政治権力を有していたなら，彼らに与えられた経済的特権を当然のものと見なすことができたかもしれない．

第二に，華人は伐採で得た富を利潤最大化の原則にのっとって使うことができなかった．何億ドルもの価値をもつ国内の伐採事業者のレントが丸太の輸出禁止で水の泡となったことは，その決定的な裏づけである．国内伐採企業に対して無理に押しつけられた垂直的統合が莫大な損失を伴った．さらに，典型的な「レント消散」（rent dissipation）型のリーダーたちが，国家をコントロールすることよりも，国家による引き立てを互いに争わなくてはならないことを通じて国の財源を食い潰した．(Tollison 1982)．

第三に，インドネシアの大統領制は，長期の開発政策を遂行するのに都合のよい仕組みであった．ここでの開発政策は，結果として民族統一を優先するナショナリスト集団と経済的合理性を重んじる新古典派の戦略の混合であったが，確かに一つの戦略ではあった．そして華人はこの戦略を推進するための道具だったのである．

こう考えると，国家の内部はただ分裂していたのであって弱体化していたわけではないことが分かる．ナショナリストとテクノクラートとの分裂を比較的平穏に保つためには，資源レントを分割するゲームが必要だったのだ．こうした内部分裂の表面化を避けなくてはならない状況があるからといって，インドネシアが弱い国家であると言いきることも見当違いだろう．スハルト政権は双方を黙らせることができたし，ナショナリストやテクノクラートそれぞれの事業を最小限の政治的コストで混ぜ合わせて遂行することができたからである．

興味深い解釈上の問題が残されている．全能とは言えないまでも，間違いなく巨大な権力を有するスハルト大統領が，なにゆえそこまでして適切な天然資源開発を犠牲にし続けなければならなかったのだろうか．多くの政府が予算の枠外で複数の秘密政治資金源を使っているが，あれほど重要な産業の利益を犠牲にするような資金源に依存したのはなぜだったのか．もしスハルトが財務省や国家開発企画庁などの反対を押しのけ，予算配分を含めた通常の方法の枠内で開発事業を遂行していたら，インドネシア第二位の外貨獲得産業の効率性を悪化させずにすんだであろうか．

「パンチャシラ」(訳注14)思想に沿って，合意形成という装いをとる必要性が背景にあったことは確かだろう．しかし，政府内での明白な不一致を回避することの方が，財政当局を出し抜こうとした結果引き起こされるスキャンダルよりましだと言えるのだろうか．これは，スキャンダルがないことよりも政府をスムーズに運営することの方に統治の信頼性を置くというインドネシアの政治文化の現れにすぎないのだろうか．

こうした疑問に対する答えが何であれ，不適切な天然資源政策を招く動機や状況の多様性をきちんと捉えれば，次のような実践的な問題に行き着く．

1. どのような条件が整えば，政府の監視によって一部の省庁が他の省庁の影響力を迂回するために資源開発を犠牲にするような活動を防ぐことができるだろうか．例えば，石油産業でうまく機能したかに見える省庁横断的な監視は林業部門に対しても働くだろうか．不適切な政策を採用してもほ

(訳注14) サンスクリット語で「五原則」を意味し，スカルノ初代インドネシア大統領によって建国の理念として導入された．唯一神への信仰，人道主義，インドネシアの統一，協議と代議制，社会的公正を内容とし，憲法よりも上位に置かれるとされる．

とんど組織的不利益にならない現在の仕組みにエコシステム・マネジメント(訳注15)を導入した場合，林業省のような省庁に不適切な政策を思いとどまらせることはできるだろうか．もし林業省の管轄が実際に樹木に覆われている地域に限られていたら，なにが起きただろうか．
2. 資源乱用の可視性や悪評がどの程度まで著しくなれば，政府指導者たちは，政府内の分裂を隠す利益よりも，損失の方が大きいと認識するのだろうか．地元グループや国際社会からの批判に対する石油産業や林業部門の反応を見ると，そうした悪評を避けることがささやかな改革の動機となっていたことがわかる．言いかえれば，透明性はどの程度まで重要なのか．また天然資源利用の改革のために，透明性の確保をコンディショナリティ(訳注16)のような他の措置とどう組み合わせることができるだろうか．

原注
(1) こうした禁止にもかかわらず，「石油およびガス事業」の範囲が曖昧だったため，プルタミナはプリタ航空と一部の石油化学工業を保有しつづけている．
(2) これまで多国籍石油企業と取引する際の途上国政府は，多国籍企業が政府機関より多くの資源レントを獲得してしまうのではないかと懸念していた．
(3) 世界銀行 (World Bank 1990) の見積もりによれば，1988年時点で，インドネシアは年平均100万haの森林を失い続けている．イリアン・ジャヤのように比較的品質が低くアクセスも困難な森林より，アクセスが容易でより多く収穫が見込める地域が伐採の標的となる．このため，全森林面積の1%の消失というのは，将来の木材供給にとって，見かけより大きな経済的重要性を持っている．現在の伐採ペースが続けば，2020年までに全ての商業用木材は消失してしまうという見積もりさえある (Schwarz 1990, 62)．非政府系組織は，商業伐採のペースを毎年おおよそ4400万m^3と見積もっている (WALHI 1991)．これは政府自身が定めた持続可能な最大伐採量の年3100万m^3を大きく上回っている (FAO and Ministry of Forestry 1990)．
(4) 特筆すべき政策の失敗は次のようなものである．
①インドネシア択伐・再生方式と呼ばれる公の収穫システムは，伐採業者に対し最も上質の木を切り出す自由を与えている．また，政策では再伐採を35年後と定めているが，5年から10年後に行っても罰せられることはない (Gillis 1988a, 100)．
②巨大伐採事業権（なかには100万haを超えるものもある）の許認可によって，

(訳注15) 人間を生態系に含めて捉えなおし，人間活動の影響をコントロールしようという考え方．生態系保全・地域社会充実・個人の生活の質向上をバランスよく実現するための手法として注目されている．
(訳注16) 融資機関が借入国に要求する付帯条件のこと．世界銀行やIMFの構造調整融資のように，しばしば借入国の行財政改革を要求する場合が多い．

政府や事業権所有者が広大な対象地域を警備することは不可能になった．一方，伐採が行われていないときでも，事業権所有者には住民のアクセスを認める義務はない．ギリスは「事業面積を制限すれば，望ましい地域が他の事業者の手に落ちるのを防ぐための"備蓄"目的の思惑買いを抑制できただろう」と指摘する（Gillis 1992, 149）．森林再生基準の曖昧さは，政治的な斟酌が入り込む余地を残しており，このため事業権所有者は対象地域を持続的に管理するインセンティブをほとんどもたなかった．

③従価的な伐採賦課金に基づく課税制度では，資源レントのうちごく一部（だいたい20％程度）しか政府に引き渡さずに済んでいた．またこのシステムは，最も価値の高い樹種のみを選択的に収穫する高品種伐採に拍車をかけた．この高品種伐採の問題は（a）目標木材量の確保が優先されるため，より広範囲の地域にダメージを与える，（b）最良の樹種が伐採されてしまうため森林植生が劣化する，の2点である．その一方で，利潤率の低さゆえ，それを埋め合わせるべく過剰伐採が誘発され，インドネシア経済に再投資するインセンティブを全くもたないような個人や企業の手に多くの資源を委ねることになった．これは造林事業のイニシアティブを台無しにした．

④伐採された原木の量に応じて支払われる膨大な造林納付金に頼る造林補助金政策は，たてまえ上は，造林基金から割戻金を得るために伐採者が植林するよう促す目的で設計されていた．しかし政府は，該当する事業権保有者にめったに割戻金を交付しなかった．通常の伐採賦課金が従価税であったのに対し，納付金は事実上の従量税に等しく（Gillis 1992, 161-162），より高価な樹種を伐採しても植林納付金の額は上がらないため，高品種伐採を促す結果を招いた．

⑤丸太や籐の輸出禁止，木材加工業者への手厚い補助等，川下に位置する林産物産業への奨励策は，国内の丸太生産を減少させ，国際競争力を弱めることにつながった（Kuswata, Riswan, & Vayda [1984] およびGillis [1988a, 56-57] を見よ）．1992年半ば，輸出の完全禁止は輸出税にとって代わったが，これは丸太輸出の増加というより，単に輸出禁止の管轄を工業省から財務省へと移管する目的であった．

⑥土地分類の不徹底は，最適な土地利用を損なうとともに，保全規制を弱体化した．省庁ごとに分類が異なったため，不適切な土地利用や情報の混乱が生じた．林業省は，すでに開墾され比較的農業生産性の高い土地の管轄権に固執してきた．他方，やせた土壌であるにもかかわらず，転換林 [訳者注：灌漑等を整備して農業用地へ転換される予定の林地] に指定されているというだけで林業省の監督からはずれている地域もあった．

⑦林産物産業に対する木材供給不足の懸念が高まるに従い，疑問の多い産業造林事業に補助金が与えられるようになった．世界銀行の見積もりによれば，1 ha当たりの補助金は425米ドルに上る（World Bank 1990, 14）．補助金は林業省の造林基金から出ており，受給者の大部分は大規模な垂直的統合木材企業であった．

(5) Gillis (1988a, 55) によれば，この禁止令によって1981年と82年の伐採は急速に減少した．なぜなら国内向け丸太の需要に見合うほど急激には製材所の生産能力をアップできなかったからである．
(6) 財団の発展過程についてはRoss (1996, chap. 5) の優れた洞察を参照のこと．

(7) Schwarz (1994, 28) は，リム・スイ・リョンと「ボブ・ハッサン」という今日の二大華人系企業の首領は，1950年代半ばにはすでにスハルトと盟友関係にあったと述べている．
(8) 1991年に WALHI が政府の計算に基づき算出したところ，伐採賦課金は立木の実勢価格の5分の1程度にすぎなかった．さらに1987年の賦課金値上げ以降，今日に至るまで，政府は，多く見積もっても申告伐採量の40%以下しか徴収できていない．
(9) 民間の情報源と筆者によるインタビューによれば，1992年半ば時点で林業省の抱える造林基金は8億米ドルにのぼった．なかには10億米ドルを超えていると信じる人もいた．
(10) 政府の資本参加は，政府による介入というよりも，むしろ事業者にとって利益になると考えられていた．それに見合う有利な扱いを期待できたからである．
(11) Scarsborough (1992, 14) および WALHI (1991, 4, 8) を参照せよ．

4章 資源乱用による開発事業

　3章で見たインドネシアの石油と木材のケースは説得的な教訓を残している．そこでは官僚たちが，適切な天然資源管理を犠牲にして誤った開発事業に乗り出していた．原因は開発政策をめぐる政府内での利害対立にあったが，官僚たちがこのような対立の存在を公に認めることは稀であった．多くの役人は，資源乱用の政治的コストを削減するために，情報の乏しさを利用している．しかし，一度スキャンダルが発覚してしまうと，あまりに高くつくので，誤った開発の追求が断念されることもあった．それぞれ異なった優先課題をもつ複数の政府機関が同じ天然資源を管理していたため，資源から生じる利権をライバルの官僚組織を迂回させて思い通りにすることは難しかった．1975年以降のインドネシアでの石油開発がその格好の例である．

　本章では，開発事業に資金を回すために行われた天然資源の乱用について，他の国々の事例を分析する．インドネシアの例は偶然ではなく，政治的背景があって起きたことを前章で見た．本章の他の事例で見られる政治の論理はインドネシアの場合とは異なっている．確かに，スハルトは他の政治的指導者ほどには支持者のご機嫌取りに関心を示す必要がなかった．だが，実際には開発事業の続行のために天然資源の乱用を起こしているのは，むしろ政治的に弱い政府をもつ国々が多い．では，政府が強い国と弱い国とでは政治的な条件が全く違うのであろうか．もしそうであるなら，インドネシアがそうであったように，資源の乱用は政府内での利害対立を反映しているのだろうか．

4.1　資源に立脚した開発事業の類型と歪み

　政府は適切な天然資源政策を犠牲にして，さまざまな開発事業を推し進めている．私たちの事例研究によれば，これらの開発事業は5つの類型に分類できる．そのうちのいくつかは重複しているが，互いの区別は重要である．

4.1.1 川下加工を通じた工業化

最初の類型である「川下産業部門（以下，川下部門）を通じた工業化」は「川下の多角化」あるいは「前方統合」(訳注1)とも呼ばれ，天然資源からの生産物価格を歪める口実に使われる．鉱業経済学者のマリアン・ラデツキ（Radetzki 1977）は，未精製の鉱石を売るよりも鉄鋼や銅やアルミニウムなどに加工された金属を売る方が魅力的であると指摘する．それは加工済みの金属を扱う方が，国際市場における生産国の交渉上の立場を強めることに役立つからである．多国籍企業が税金と事業権料の支払いを免れるために行う移転価格(訳注2)の操作を制限できるかもしれないし，低価格な鉱石を国内の加工業者に優先して使わせれば，国際的な鉱石価格下落のリスクを減らすことにもなる．川下加工産業では，多角化を通じて長期的な経済成長の可能性を広げることもできる．多角化の議論は「幼稚産業論」と合わせて主張されることが多い．幼稚産業論とは，生まれたばかりの弱小産業が，適切な保護によって長期的には真の利益を生み出し，雇用創出や国家のプライドの主要な源になるという論理である．

だが，川下部門工業化は，極端に低い生産性と補助金によって覆い隠されることが多い経済損失の問題を慢性的に抱えていた．オーティは，石油を生産している8カ国での川下部門工業化の試みを精査し，すべて「当初の期待をはるかに下回る」と結論した（Auty 1990, 194-196）．また，低成長や増えつづける債務，停滞したセクター構造などの諸問題のために，川下における試みは「ブームが去った後に炭化水素以外の交易部門に調整の負担を負わせることになった」とも述べている（Auty 1990, 196）．ギリスとレペトは，12以上の木材輸出業者の経験を総括して「森林ベースの野心的な工業化プログラムの多くが甘い見通しの下で行われてきた」と指摘する（Gillis & Repetto 1988, 405）．こうしたマイナス面にもかかわらず，政府の役人は「健全な開発には，国産の天然資源にできる限り付加価値をつけることが必要」という広く流布した考え方に陥ってしまうことが多い．この認識は「付加価値」を生産性や利潤と取り違えてい

（訳注1）　自己の企業が作った製品を原料として生産する企業を支配下におくこと．
（訳注2）　多国籍企業の国際的税制回避的行為の結果として決まる価格のことで，具体的には，親会社と海外子会社などの関連企業が輸出入取引の際に設定する仕切価格のこと．この価格を操作することで，国際的な脱法が可能となったり，法人税の低い国にある関連企業に利益を集中させることが可能になる．例えば，親会社が法人税の高い国にある海外の子会社に輸出する製品に高い移転価格を設定して子会社の利益を小さくする方法がある．

ることから生じているのかもしれない．ここでの「付加価値」とは，実際には費用と値上げ額の大部分が，国民の負担になっていることを意味するだけで，加工産業が効率的で，投下資本に対し高い収益率を望めることを意味してはいない．

　似たような論理が木工産業にも当てはまる．工業国は進んだ設備を備えているため，木材を生産する開発途上国が，それに比肩できる設備を得るには巨額の投資をするか，木材備蓄をもてあまして大きな損害を甘受するかのどちらかである．ギリスはインドネシアに関して「合板の再生利用率が低くとどまる限り，まるでブラックホールがそばの天体を吸い込んでしまうかのように，140もの余分な合板工場が木材産業の生み出すレントを確実に飲み込んでしまう」と述べている (Gillis 1988a, 91)．1980年代中ごろのインドネシアでは，1 m^3 当たり109米ドルの加工済み丸太が133米ドルで輸出されていた．一方，100米ドルで輸出できた1 m^3 の丸太が，地元の生産工場で製材されると89米ドルの価値しかもたなくなってしまう．しかも，輸出税でさらに20米ドルの損失が加わる．1980年代中ごろのコートジボワールの場合，政府が19〜25米ドルの付加価値を国内経済に生み出すために行っていた高級木材の加工は，43〜52米ドルを上回る未回収の輸出税の犠牲の上に成り立っていた (Gillis 1988b, 340)．

　川下部門工業化が一時的に成功するとしても，それは政府の補助があるからである場合が多い．しかし，補助金を投入しても，産業を持続できないこともあった．再生不可能な資源の供給は最終的には減っていくし，理論上は再生可能な資源（例えば木材）も，政府の補助金に促されて加工処理業者が原料を貪欲に浪費しつづければ，供給不足に陥る．

　こうした問題にもかかわらず，経済ナショナリスト的な調子で「付加価値」を引き合いに出すと，それが明らかに不合理な主張であっても政治的な支持を取りつけられることがある．そうなることがあるのは，ただ単純に付加価値論や幼稚産業保護論が支配的だからではない．経済的損失の深刻さを予測し，証明するのが困難だからである．

　さて，ここでの主な関心は，川下での原料加工というあてにならない政策ではなく，むしろ川下加工産業を振興しようとして起きた資源開発過程の歪みである．この課題に取り組むためには，まずはじめに川下部門工業化を推し進めるために政府が用いる主要な戦略が何であるかを見極めなくてはならない．

川下部門工業化がもたらす資源政策の失敗　原料の価格が低く抑えられると，原料の過剰利用が引き起こされ，資源の保護や育成も妨げられてしまう．生産物の価格が低いと，油田探索や採掘，植林や森林保護，土壌劣化防止などを行うインセンティブが低下するからである．双方の影響が組み合わされて供給は減少し，新しい川下産業の維持に必要な原料が得られなくなる．供給量の減少で窒息している加工部門に対する投資は，経済的なコストをさらに増加させてしまう．

国営企業に過剰生産が義務づけられると，経済的見地からは利益を生まないような資源開発の歪みが起こる．さらに，原料輸出を規制したり禁止する戦略は，競争力のない企業に垂直的統合(訳注3)を促して延命させるという，ねじれた効果を生み出す．インドネシアで操業していた木材会社の例にもあったように，原料の生産者は加工業に手を広げることで損失分を埋め合わせることができるのである．ガーナでは，供給量の不足が確実に予見されていたにもかかわらず，零細で効率の悪い木材加工業者の多くが補助金による貸付や不自然なインセンティブに引き寄せられて生産を継続した（Gillis 1988b, 339）．

川下加工業への補助金投入で生じた歪みは，原料消費の過熱も招く．低価格原料の投入が資源利用の拡大を引き起こすのと同じように，設備投資費用を安くすませることを含めた，資源加工過程でのいかなる費用節約も，拡大生産と資源の拡大消費を促す．木材などの潜在的に再生可能な資源も，補助金が投入されている間に促される性急な資源消費によって枯渇してしまうことが多い．

原料生産を行う国営企業に対して，川下産業への投資を可能にする超過利潤の保持を許可したり義務づけたりすれば，収益率が低くても川下の工業化が活性化される．川下加工業への国営企業の参加は，さらに次の2つの問題を引き起こしている．第一に，国が経営する原料採掘企業の管理者は，加工業の運営に必ずしも長けていない．「森林部門」もしくは「石油部門」という言い方をすると，「川上」産業と「川下」産業が互いに密接につながっているかに思われるが，実際には製材工場や石油精製所の運営に必要な技能は，森林管理や石油採掘に必要な技能とは異なる．経営管理能力と技術の効率がともに悪くなるのは，国営企業による川下の多角化したためである場合が多い．第二の問題は，

（訳注3）　原料加工から製品の販売まで，製品化の全てのプロセスにかかわる業者が統合することで，ある製品の全生産・販売過程を一社で担うような統合をいう．

国営企業の経営者が利益を上げるよりも予算の増加を図ろうとしたときに，生産と資源の消費が必要以上に過熱してしまうことである．

4.1.2 川上部門産業拡張を通じた工業化

これが二番目の類型である．政府が技術開発，備品生産，石油開発や植林などの「川上部門」における資源開発事業を活性化しようとするのなら，以下の手段がそれを可能にしてくれる．

- これらの事業に補助金を投入する．
- これらの事業を継続させるために，国営の資源開発事業者の手もとに多大な余剰が残るようにする．
- 「川下部門」の資源開発者と加工業者に，事業に必要な原料を国内で調達させるよう強制する．
- これらの事業への投資意欲を失いつつある外国企業を国有化する．

川上部門工業化が正当化される根拠は，川下部門工業化のそれとおおむね同じである．経済成長の浸透，資源開発全般とそこから生じる利益に対する国の支配力の強化，政府の経験や専門技術の各方面への活用，などが根拠とされる．加えて，川上部門の工業化は高度な技術を呼び込んでくれるのではないかと期待させることが多い．川上部門工業化と，それに伴う原料供給の維持や拡大が行われれば，すでに出来上がっている川下産業に対して継続的な投入が確保できるという魅力もある．

川上部門工業化推進の手段として最も直接的で典型的なのは，これらの事業に対して補助金を与えることである．それは税金によるインセンティブ，低金利の貸付，土地の無償提供，土地使用料を安くするなどの手段を組み合わせた形で行われる．例を挙げると，ブラジルとコスタリカでは，税額控除とオープン・アクセスの土地の領有を寛大に認める取り決めによって植林事業が奨励された（Browder 1988, 267; Schneider 1995; Luts & Daly 1990）．また，フィリピンでは，税額控除や安い賃貸料，金利補助付の貸付によって同様の事業が促された（Boado 1988, 180）．税額控除と政府所有地の低廉な価格での貸付は，鉱物資源開発を促すインセンティブとしても用いられた．

国内生産業者に対する市場販路の保障も，川上部門を通じた工業化の手段である．販路の保障は，資源開発の維持もしくは拡張のために価格をつりあげて

もよいとお墨付きを与えるようなものである．例えば，インド政府は利益の上がらない国内での銅採掘を継続しようと，ヒンドゥー銅会社の生産する割高な低品質の鉱石を買い取るよう国軍に仕向けたことがあった．これに類似して，ブラジルの国営石油企業であるペトロブラスは，国内の石油製品販売を独占し，ほとんど見込みのないブラジルの油田地域に融資するために利益の一部を用いていた．

　型通りの財政理論に従えば，国営企業は資源レントと利潤の両方を国庫へ引き渡すのが正しい政策になるが，政府は川上部門産業へ投資する財源を確保する目的で国営企業に余剰収益の保有を認めてしまうことがある．例えば6章で見るベネズエラの国営石油会社 PDVSA は 1983 年まで研究開発の設備と採掘規模を広げることを目的に巨額の投資資金を保有していた（Brossard 1993）．

　外国の保有していた資源開発事業の「川上部門」——すなわち石油や鉱山の開発と生産，木材供給地の開発と伐採——の国有化も川上部門産業を強化する戦略の一つになる．1970 年代と 80 年代に国有化の波が訪れる以前まで，政府の重大な関心事項の一つは，多国籍企業が投資と生産を縮小させていたことであった．縮小の原因は開発や生産のリスクがあまりに高いか，見込まれる収益が少ないと多国籍企業が判断したためかもしれないし，彼らの利益や裁量権を締めつけようとする政府に「罰」を与えたかったからかもしれない[1]．石油と工業生産が歴史的に重要な位置を占め，なおかつ政府が産業の衰退を懸念していたような国では，政府は投資の低下を防ぎ，政治的支援を取りつけるために石油と鉱業部門を接収し，資源レントの減少を防ぎ，主要な予算外資金調達手段を牛耳ろうとすることが多い．

　国有化に伴う川上部門工業化のもう一つの側面は，国営資源企業が国産の技術を開発し，それを採用しようとすることである．多国籍企業であれば世界中のあらゆるところから最上の品質と価格を提供する技術を求めるのに対し，国有化された企業は地元の供給業者からの購入を要求されたり，独自の技術開発事業を設立するよう指導される．それゆえ，1978 年以前までのメキシコでは外国企業は石油採掘から排除され，国営の石油会社であるペメックスに多大な剰余を保持させることで，国産石油採掘技術の研究開発に資金が供給されていた．

　市場に基づかない価格決定の歪みに「強制される」川上部門産業の拡張は，

経済全体から見ると非生産的な資源開発と採掘を促進してしまう．その上，川上部門産業開発の戦略は固有の問題を内包している．それは，資源開発への補助金が，これを利用しようとする資源開発業者に歪んだインセンティブを与えてしまうことである．資源開発それ自体の収益が上がりそうもない中で（収益が上がるなら，そもそも，補助金は不必要だったはずである），補助金の受け取り条件を遵守することに困難を見出す資源開発業者は，契約違反に走ることも多かった．例えばコスタリカでは，森林再生の名目で徴収された税金の恩恵にあずかっていた多くの企業が，植林に適した樹種の選定をせず，苗木の養育期間を十分に確保しないという問題があった (Lutz & Daly 1990)．

国営資源企業に余剰収益の保持を許すと，川下部門工業化の場合と同じようにその企業が本来専門とするセクターを超えて事業展開してしまうリスクが生じる．結局，政府は国営企業の余剰保持を後悔して，余剰を取り返そうと試みることが多いので，国営企業は政府の手から余剰を守るために早計な投資戦略に出てしまうこともある．

国内調達の強制は川下で加工された国内製品の価格をつりあげ，製品の国際競争力を失わせる．インドが金属工業製品の輸出国となれなかった原因の一つは，鋼鉄と銅の価格が高すぎたからである．

国有化は，専門技術の不足に始まるさまざまな問題を引き起こす．開発途上国にとっては，リスクの大きい資源開発に巨額の投資をしなくてはならないという危険性もある．多国籍企業である石油会社や鉱山会社は大きな資本力を有し，複数の国で操業することで探査リスクを分散しており，上のような危険性に対応できる有利な立場にいた．これに対して個々の政府，特に低所得国の政府に，不確実性の高い採掘や生産に何十億米ドルも失うリスクを国民に負わせる余裕はない．だが実際に問題なのは，「将来の資源開発に見込みがない」とする多国籍企業の専門家の指摘に触発されて原料確保を心配した政府が，資源産業に干渉することでリスクは一層高くなってしまうことなのだ．

4.1.3 エネルギー集約型の工業化

第三の類型は，エネルギー集約型の工業化である．石油資源の豊富な国では，国内の石油製品の価格を低く抑えることによって工業化が進められてきた．これは，メキシコ，ナイジェリア，ペルー，ベネズエラなど大きな非石油部門を

有する石油輸出国で見られた．過剰な水力発電開発と，そこで生産された電力価格の抑制は，多くの国で見られる工業化促進の戦略の一つである．特にコロンビアでは，水力発電コストが極端に高かったが，それを電力ユーザーに転嫁しなかった結果，エネルギー集約型工業は促進されたものの，同時に過度の電力使用と生産コストの増大を招いた．

エネルギー投入コストを下げる戦略は，国内のエネルギー供給をすぐに減少させるだけでなく，エネルギー供給体制の悪化に極めて脆弱な産業を育ててしまう．加えて，石油や石炭のような輸出可能なエネルギー資源の国内消費が上昇すると外貨収入の獲得が困難になる．こうした状況は密輸によってさらに悪化することが多い．例えば，ナイジェリアでは石油の密輸があまりに顕著であったため，軍事政府が告発された密輸業者の処刑を行ったが，実は軍自体も密輸に関わっていた．そして，エネルギー資源の低価格化がもたらす悪影響の最たるものは，増大した国内消費による大気汚染の悪化である．これは，大量のエネルギー消費という直接的要因と，旧式で燃料効率の悪い自動車や機械製品を使い続けるという間接的な要因の双方から起こる．

4.1.4 農業開発

四つ目の類型は農業開発である．農業の拡大は，例えばメキシコやインド，その他の国々のダムや灌漑ネットワークの整備に見られるように，公共事業への過度の投資によって鼓舞されてきた．灌漑プロジェクトの中には農業生産性の飛躍的な向上をもたらしたものもあったが，多くのプロジェクトは地元に高価な水を引いただけで，農業生産性はほとんど向上しなかった．この事実は，こうしたプロジェクトが農民から徴収した水利権料でコストを回収できていないことからもうかがえる．農業生産の活性化を目的として行われる低利の貸付金，安価な肥料や種，農薬などの投入物は，価格に歪みをもたらす典型的な組み合わせである．土地に本来備わっている資源レントにふさわしい対価を課さないような土地の無償供与も，農業促進政策として採用されることが多い．農業の経験も訓練も足りていない大学新卒者に対して農地を与えるという，かってのエジプトで行われた悪名高い政策や，ブラジルのアマゾンでの土地の無償提供などが典型例である．

上述のような過度のインフラストラクチャー投資と国が供給する資源の低価

格化政策は，本書ですでに検討した開発戦略と同様の効果，つまり，資源の過剰使用を引き起こすのだ．農業の場合，この政策が土地利用の無駄を引き起こす．その土地本来の特性に合わせた物理的・経済的条件への配慮に欠く農業の促進は，森林を補助金の継続的投入によってしか持続できない大規模農場や大牧場に置きかえていく土地転用の主原因になってきた．

4.1.5 地域開発

最後に五つ目の類型として地域開発がある．政府は，利益分配から地政学的戦略に至るまで，さまざまな動機に基づいて特定地域の経済開発を促進する．いわゆる「遅れた地域」は，貧困や移住の観点から政府の特別な関心を引くこともあった．政治的要所となるような地域も注目を集めることが多い．国境地域，特に人口のまばらな辺境地域は，経済的機会を餌に移住者を呼びこもうという政府の介入にさらされることが多かった．同様のことは，辺境以外で政府の政治的支配が希薄な地域でも行われた．

特定地域の経済成長を民間部門の拡張によって進める動きは，原料の低価格化，土地の無償供与，低コストでの資源採掘を可能にする杜撰な規制といった，ほとんど同様のメニューによって促進された．コスタリカでの地方分権化政策で首都サンホセの中央平地外側の土地が無償供与されたように，1980 年代のブラジルの土地供与と家畜放牧への補助金投入もアマゾンへの移住を促進する地域開発戦略の一部となった．

経済的には見通しがマイナスであるにもかかわらず，国営企業を特定の地域で操業させることも地域開発の試みとして行われる方法の一つである．1970〜80 年代のペルー政府は，ブラジル政府によるアマゾン地域開発への対抗策として，国営企業のペルー石油に対して，利益が見込めないにもかかわらずアマゾン地域での大規模で資金のかかる採掘に着手させた．鉱業部門で言えば，インドの「発展の遅れた」地域の開発は，金食い虫の銅山を通じて進められた．これは所得分配の戦略であったと同時に地域開発のための戦略でもあった．

地域開発促進を目的とした補助金は，経済的に無意味なプロジェクトへの投資という意味でそれ自体が浪費であると同時に，無駄の多い土地利用にもつながる．もし国営企業が真に採算性に基づいて開発戦略を選んでいたならば，資源の開発は抑制されていたはずである．

4.2 資源乱用に依存した開発戦略

本章では，ここまでに工業化，農業開発，地域開発を推し進めるためのさまざまな戦略，さらには資源開発と採掘の歪曲を利用した多くの個別政策を見てきた．事例のそれぞれを深く検証したわけではないが，そこに資源の歪曲を含む事例を見つけることは容易である．この事実は，上述の戦略のために適切な天然資源政策を犠牲にした開発事業が広く行われている証明になっている．

これらの犠牲が開発戦略を推し進めるうえで回避できないものだとすれば，説明は容易になる．政策立案者にとってはお粗末な天然資源開発の代償を容認しても十分なおつりがくるのだから仕方がない，という説明である．しかし，政府は天然資源開発を犠牲にしなくても，一連の戦略を達成できることを私は明らかにしたい．

産業振興に関して言えば，政府はコスト削減，資本供給増大，産業投資を促すための租税優遇措置，工業輸出が国際競争力強化のための為替相場の調整など，さまざまな一般的方法で投資を刺激できるはずだ．一連の手段のすべてが経済効率から見て最適というわけではないし，これらの手段の中には固有の歪みを持ち込むものもある．しかしながら一般的に言うと，本来，産業投資の対象となるべきものから資本を遠ざけてしまう信用貸付規制や為替レートの過大評価，補助金などを廃止するだけで，産業拡大に弾みをつけることはできる．

川下産業での天然資源加工を促進したい官僚がいたとすれば，その動機が政治的，経済的，社会的なものであるかどうかにかかわらず，従来よりも歪みの少ない手段で同じ目的は達成できる．川下産業での融資環境の改善，輸出市場の開拓支援，あるいは国内通貨の切り下げによって，原料への需要が喚起されるだろう．人為的に喚起された需要は原料の過剰生産を引き起こす可能性があるが，少なくとも落ち込んだ原料価格による資源開発の沈滞化という問題は防ぐことができる．結論はこうである．川下の工業化は，さまざまな政治目的を保ったままでも，資源開発の歪みの大部分を回避しながら達成可能である．

これと同じように，資源開発技術の領域で投資家に低利融資などの補助金を投入すれば，川下の資源開発プロセスに歪みを引き起こさない形で川上部門産業の拡張を進めることができる．さらに，政府が川上部門における採掘と生産の増大を望んでいるなら，多国籍企業の参入条件を変更して，目標レベルで採

掘や生産を行うよう誘導をする方が，わざわざ国営企業を参入させて国家資本を危険にさらし，問題の多い国産技術に依存するよりも簡単で歪みが少ない．

　産業拡大の基盤を安価なエネルギーに置くと，資源価格それ自体に歪みを招く．しかし産業振興は，原料を安くして資源政策の適切さを損なわない方法でも達成できる．それまで不自然に安価なエネルギーによって利益を得ていた産業に対しても，その気になれば税額控除や低利の融資，政府資金による研究開発などの方法で助成することは可能である．

　同様の論理が農業部門の振興にもあてはまる．政府が経済の特定の部門に肩入れをするときに必然的に生じる歪みはさておき，天然資源開発を歪めない方法での農業振興は可能だ．実際に多くの国では，主要農産物価格の上限設定や工業に有利な融資規制といった，工業部門の成長に有利で農業に不利なバイアスを取り除くだけで，農業を劇的かつ直接的に発展させることができる (Pinstrup-Andersen 1988 ; Timmer 1991)．

　地域開発に関して言えば，特定の地域に限定して人口を増やそうとしたり，経済活動を活性化させようとすれば，その場所にある天然資源への圧力が高まることは間違いない．しかしながら，これまで見てきた土地の無償提供や原料生産品の価格切り下げ，無謀な採掘，補助金による資源開発などに比べ，よりダメージの少ない地域開発の方法は他にもたくさんある．政府が先進地域を優遇する既存の政策の歪みを除去しさえすれば発展の遅れている地域は大いに助かることになる[2]．同様に注目すべきは，地域開発の重要な動機である「特定のグループに利益分配をしたい」という狙いは，中央の財源を直接これらのグループに流すことで達成できるという点である．

　そうであるとすれば，なぜ天然資源に不必要な損害を与えるような方法で工業化や農業開発，地域開発といった開発目標が追求されてしまうのか．もし工業や農業，地域の発展がそれぞれ経済的な論拠によって正当化されるのなら（例えば，表面的な比較優位論によって安価なエネルギー開発戦略を正当化することはできるし，特定地域の経済的な離陸は補助金による開発によってのみ促すことができると議論することも可能だ），なぜ中央財政を通じてそれを行わないのか．インドネシアの事例で顕著だったような政府内の対立による駆け引きと責任回避の組み合わせは，他の事例でも見られるのだろうか．確かに，天然資源の乱用を伴う開発政策への支援が直接的な中央財政支出（大規模な灌

漑の拡張，農業投入物に対する政府からの補助金，中央財政による原料投入物の高値での買い支え）を通じて行われる場合もあるが，インドネシアの例のように戦略的操作を通じた資源乱用も多い．以下に，木材を手始めとするさまざまなセクターの個別事例を見ながらそこに共通するパターンを導き出してみよう．

4.3 資源乱用から開発資金を調達した事例

4.3.1 マレーシアの森林：サラワクとサバにおける利権漁り(レントシーキング)

インドネシアの林業で見られた複雑さと巧妙さは，隣のマレーシアのサラワク州や東マレーシアのサバ州（ボルネオマレーシア）と比較すると，際立ってわかりやすい．衛星写真は，森林減少が著しいインドネシア側ボルネオの東カリマンタン，西カリマンタンの各州に比べても，マレーシアの状態がさらにひどいという事実を見せてくれる．

サラワク州は，無謀な過剰伐採のために広く批判の的になってきた．過剰な伐採は，安い立木伐採料と違法伐採の黙認という古典的な組み合わせによって生じたものである．商業伐採は，大部分が未開で未だ工業化されていないこの地域にとっては大変重要であった．しかし，1990年までの森林消失率から国際熱帯木材機関（International Tropical Timber Organization：ITTO）は，丸太の生産を減らさない限り，2001年までにサラワクの天然林は完全に消滅してしまうだろうと予測した．ITTOの報告書によると，木材920万m^3が最大の持続可能生産量であるにもかかわらず，1991年には1940万m^3，1994年になってもまだ1600万m^3を超える量の生産がなされていた（Bruenig 1993, 259）．専門家の中には持続可能な最大生産量はITTOの報告よりもさらに低いという声すらあった（Wakker 1993, 221）．

サバでの状況はこれよりも複雑である．政府の出先機関は，合法的木材伐採に適正な額の伐採権料をかけることで，木材レントの相当部分を得ていた．しかし，違法な森林伐採がはびこっていたため（Tsuruoka 1991），伐採料を定めたところで伐採業者が経済的に価値の低い木を伐採するのを防ぐことはできなかった．同様に重要なことは，木材伐採を監督してきた政府機関自らが向こう見ずな伐採，川下産業部門での非効率的な処理，木材利益の無駄使いなどをし

てきたことである．これらの問題は元を辿れば，木材事業および利益の使途の両面における説明責任の不在に行き着く．サバはサラワクと比べて半分以下の森林面積しかもたないが，1980年代半ばにはサラワクが失った面積以上の森林を失ってしまった (Hurst 1989, 84)．

サラワクでの政治的かけひき　サラワクの森林政策にもインドネシアのような政治経済上の謎がある．ただ，後に見るようにこちらの答えはより単純である(3)．なぜ政府は木材レントを回収するまたとないチャンスを見送るのか．政府が木材レントを完全に回収すれば，伐採業者は過剰に伐採する意欲を失い，資源開発そのものを健全化できるにもかかわらず，である．1980年代半ばに付与された木材レントの価値は300億マレーシアドルに上ると推計されるが (Means 1991, 169)，これは120億米ドルに値する．この額なら，収益回収率があまり高くないとしても州政府は大きな力をもつことができたに違いない．政府はなぜ獲得可能なレントをみすみすやり過ごすのか．サラワクを見るとますます理由がわからなくなる．というのもサラワクでの木材収益は，州政府の歳入の4分の1から半分以上を占める主要な収入源となっているからである．

マレーシア連邦と州政府との間の財源に関する取り決めでは，石油の管理権のほとんどを中央政府に与えるのと引き換えに，州政府が木材管理の権限をもつことになっていた．サラワクでの伐採権を手に入れることは，まぎれもない大当たりだった．1980年代の木材取引の好景気が，極端に低い課税額に後押しされて進行した（1981年と82年には木材にかかる税金は輸出額の18%にすぎなかったが，サバでは37%，インドネシアでは28%程度だった）(Gillis 1988b, 148)．伐採の権利を買い取り，木材の伐採と売買にかかるコストと責任をすべて請け負う業者がいるおかげで，伐採権という政治的な贈り物を受け取る者は，あえて危険を冒さずとも利益を得ることができた．ラジ・クマールは「伐採の権利を確保する機会に恵まれているのは，たいてい比較的裕福で政治的に影響力をもつブミプトラ（マレーシア現地人企業家）である」と指摘する (Kumar 1986, 85)(4)．インドネシアの場合と同様に，伐採企業の大部分はサラワクの人口の30%程度を占めている華人によって経営されている (Means 1991, 165)．1990年のエコノミスト誌の記事によると，典型的な取り決めでは800マレーシアドルの価値をもつ木材1トン当たりにつき75マレーシアドルが下

請け業者から利権保有者に支払われる (*Economist* 1990, 23)．そして下請け業者は 13～28 マレーシアドルの税金に加え，伐採料と運送料もうけもつ．ところが，下請け業者でさえ適正な森林管理能力があることを示す必要がない．下請け業者の多くは，資本不足に悩まされ，長期的に森林経営を行うインセンティブを欠いていた．

　森林産業の発展に重点をおく手の込んだ富の移転に比べると，サラワクでの森林をめぐる取引はそれほど複雑ではない．伐採権は政治的支援の見返りとして存在するだけである．この点についてゴードン・ミーンズは言う．

> 州政府が発行する儲けの多い伐採権は，政治権力を得るための重要な手段となっていた．州首相によって細心の注意のもと統制される許可証は何百万リンギット［マレーシアドルの別称］もの価値があったため，政治的支援者に対する報酬として分配され，州レベルでのしっかりとした同盟関係を結ぶために利用された．こうした人々の中には奥地の先住民の利害を代弁すると主張していたはずの政治家も含まれていることが多い (Means 1991, 165)．

　木材利権が生み出す資金は，なぜこれほどにも政治的支援者らのご機嫌取りに流用されてしまうのだろうか．その理由は，どの政党や同盟も政権の維持に自信がもてないからである．ミーンズはこの点を「一時的で移ろいやすい支持者をめぐって政党間で繰り広げられる絶え間ない競合と，全ての主要な政党内で見られる権力を得るための派閥間のいざこざがあるから」と説明している (Means 1991, 166)．いくつかの政党の同盟であるサラワク・バリサン・ナショナルは，サラワク議会での支配的勢力ではあったが，影響力が激しく変動する別々の政党から構成されていた．そして，これら諸政党の勢力は，さまざまな民族グループの支持を取りつけられるかどうかで決まった．サラワクの政党は多民族で構成されるゆえに，多数派の民族集団から支援を受ける一つの政党だけが支配的になるということはなかった．こういった政治的多元主義はサラワクでの民主主義にとっては健全だったのだが，このおかげで政府の指導者は，何らかの形で経済的報酬を与え続けなければ政治的支援をあてにできないような状態におかれてしまった (King 1993, 236)．

　伐採権が驚くほど公の形で政治利用されたのは 1987 年のことである．政界のトップレベルの大物同士による対立が，通常は不透明な中で分配される伐採報酬を表沙汰にしてしまった．その年，州首相であるアブドル・タイブ・モ

ハマドは，叔父にあたるアブドゥル・ヤークブを抑えて自らサラワク統一ブミプトラ・プサカ党の指導者の地位を得ようとした．ミーンズ (Means 1991, 168) によると，タイブはしばしば叔父の助言に背き，ヤークブに反抗して州政府の森林の取り扱いをめぐる裁量権を利用し，特定集団に伐採権付与を含む恩顧を与えた．ヤークブは 28 人の州議会議員を招集し，タイブの辞任を要求する対抗勢力を結成した．タイブは即座に同勢力のメンバーが保有していた 25 の伐採権を取り消した．これはおよそ 300 万エーカーの土地で，約 225 億マレーシアドルの資産価値をもつ．これに対してヤークブは，タイブがかつて「誰が受益者なのかをごまかすための見せかけの会社」(Means 1991, 171; Stesser 1991, 62) を通じて，自らの妻を含む家族に 400 万エーカーの土地を割り当てたと公言することでやり返した．その他にも，政府の高官やその親族が伐採権を握っているという報告は多々ある (Stesser 1991, 62-64; Pura 1990, 124)．

1987 年のエピソードは伐採権と政治支援とが露骨に結びついている事実を際立たせている．これは同時に，インドネシアのパンチャシラ（3 章訳注 14 参照）とは全く異なるような，サラワクを統治するエリートたちのまとまりのなさと脆さを示している．協調関係の欠如がサラワクにとって良いか悪いかの判断は別としても，木材伐採事業権を付与する権力をもつ政府高官たちには，木材レントを操作して，より野心的な開発目的に充てる余裕がなかったことは明らかだ．

伐採権を安くばらまいたことは，先住民であった非マレー系民族（イバン，ビダユ，時にダヤックと総称される他の部族）に不利に影響した．森林からの採集物が生存の糧として大きな部分を占めるような辺境地に居住していた彼らは，森林へのアクセスをますます制限されるようになっていた．

ダヤックの人々はこれとは別の間接的な意味でも不利な状況におかれた．マレーシア本土での先住マレー人は，「先住民」として自分たちの権利を主張しながら，少数の裕福な華人を抑えて大きな経済的利益を得ることに成功してきた．本土でのこうした分配をめぐる政治を真似るかのように，ダヤックの人々もサラワクに住む低所得先住民族として自分たちの権利を要求してきた．

数の上で優位だったダヤックの動きによっては特定の政党や同盟が選挙で勝利する可能性があったため，サラワク州政府は少なくとも口ではダヤックの人々を優遇する方針をとった．しかしながら，木材レントの回収を軽視してし

まったことが，ダヤックの人々の利益を限定してしまった．木材レントはマレー系とメラナウス(5)，そして華人の方に流れた．サラワクのマレー人とメラナウスは，伐採権を得る確率が最も高かったし，サラワクの華人は伐採業者に指名される可能性が最も高い人々であった．彼らは，通常の予算策定過程を迂回しているゆえに，人目につかない木材レントを自分たちの内で分け合ってしまうので，資源の便益が低所得の人々に及ぶことは稀であった．

　辺境地に暮らすダヤックが商業伐採による居住地への侵害に対して痛切な思いで不満を訴える一方で，一部の政府高官と伐採に利害をもつ人々は，ダヤックによる焼畑移動耕作こそ深刻な森林破壊を引き起こしていると非難した．これは熱帯諸国ではよく見られる論争である．小農と商業伐採者が森林の利用権をめぐって張り合っているのである．インドネシアの事例で見たように，マレーシアでもこの議論はあまりにも乏しいデータ，森林地や森林破壊の定義の曖昧さのために混乱の様相を呈している．そして，農民も伐採業者も，商業的な森林開発と焼畑農業が実は密接に結びついているという事実に対して，見て見ぬふりをしている．伐採道路はそれまでアクセスが不可能だった土地に焼畑農業者を導きいれるのだが，伐採と焼畑農業によって引き起こされた森林破壊に関する公的統計をどの角度から分析しても，商業伐採による影響が過小評価され，焼畑農業による影響は大げさに示されるという強い偏りが見られる．これは，公式に認可された商業伐採のほとんどは択伐をしていることになっているからであり，周囲の樹木にどれほど二次的被害が及ぼうとも，土地そのものは「森林」に分類されたままになっているからである．対照的に，焼畑農業による森林開墾は，それが禁止されている場合や政府に制限されている場合は，たとえその土地の大部分がもともと農地であったとしても，純然たる「森林破壊」として捉えられることが多い．マイケル・ダブは主にインドネシアのケースに触れながら，自らが付与している伐採権を非難するよりも焼畑農業を非難することが政府にとって，いかに好都合であるかを指摘した（Dove 1983）．マレーシアのケースでジョン・ウォルトンは次のような報告をしている．

　　環境大臣であるジェームス・ウォン（James Wong）は，商業伐採よりも焼畑農業の方が環境破壊を引き起こしており，生態系に回復不可能なまでの影響を与えていると主張した．さらに伐採は，深刻な環境破壊を引き起こしてはいないとし，伐採後の土地も5年も過ぎれば元通りになる……と述べた．

上の見解は，マレーシアの環境団体であるシャバット・アラム・マレーシア（SAM）によって批判された．それによると，1963 年から 85 年の間に 280 万 ha，あるいは 2 万 8217 km^2 の天然一次林が伐採されたが，これはサラワク全体の森林の約 30％に当たる．さらに SAM はサラワクで行われた大規模な丘陵地帯での伐採活動がすでに洪水や河の沈泥を引き起こしており，水生動物や野生動物の減少につながっているとも指摘している．

マレーシア大学の民族植物学者である S. C. チン博士によると，焼畑従事者は 1 世帯当たり年間に平均 5 エーカーの土地を開墾し，作物を植えている．現在の焼畑農家が 3 万 6000 世帯であることから，サラワク全体では 18 万エーカーが焼かれていることになる．さらに，この 18 万エーカーのうち，わずか 5％，つまり 9000 エーカー（3600 ha）だけが天然一次林であり，残りは休閑地となっていた農業用地であった．それゆえ，チン博士はしばしば主張される「焼畑農業が毎年 10 万エーカーから 15 万エーカーの森林を破壊している」との指摘は誤解を招く全く不当なものであるとした．仮にチン博士の指摘通り 9000 エーカーというのが正しい数字ならば，それは 1985 年に木材業者に伐採された 27 万 ha に比べてほんのわずかでしかない（Walton 1990, 136-137）．

利益分配という意味では小さな影響しかもたなかったものの，木材レントをダヤックの人々に移転するための組織が 1971 年に設置された．主に奨学金を基盤として，教育活動と「サラワクに暮らすマレーシア人としての意識と国家統合，そして国への忠誠」を推進するために作られたサラワク財団である．この財団には 1963 年に設立された「木材課税基金」を管理する権限も与えられた．丘陵地帯での木材伐採に対して課せられる小規模の税収益を利用して，表向きにはそこに住む山岳民に便宜を図ることが基金の目的であった．そして政府は財団のために森林地を一部確保した．サラワク財団は個人からの寄付に加え，これらの基金を合わせて，設立からの 3 年間には 300 万米ドル弱を使ったと報告した（Searle 1983, 134）．その一方で，サラワク財団は，その党派的性格を強く批判されていた．というのも，財団の役員や事務局はことごとく州首相自身が属する与党連合や公務員の中から任命されていたからである．また，この組織はダヤックやイバンの若者たちにマレー文化を押しつけるための仕掛けであるという非難もあった（Searle 1983, 134-135）．

サバ：独裁者と不正隠し　サラワクのちょうど東側に位置するサバは，ボルネオ島にあるもう一つのマレーシア領である．2 つの地域は人口，石油，木材資源の分布や地政学的状況が似通っているので，森林開発の制度的な形態の違い

が際立って見える．サラワクでは政治的支援を集めるための利権漁り（レントシーキング）が公然と行われたのに対し，サバのケースでは，サバ財団と呼ばれる準公共機関を通じ，個別の木材伐採業者や林業省を通さずに伐採が行われた．これはインドネシアのスハルトの陰謀を連想させる．サラワクとサバの辿った道は異なるものであったが，森林の悲劇は似たような形で起きていた．

　すでに述べたように，サラワクにはサラワク財団というものがあった．この財団は 1971 年に設立されたのだが，その 5 年前，サバ州政府はトゥン・ムスタファ・ハルンという力のある政治家を代表として，サバ財団を設立している．トゥン・ムスタファはそのあと 1967 年の選挙において州首相に選任されたが，その後，9 年もの間，サラワクでさえ見られなかったほど徹底した政治的権力を振るった．州民の教育レベルを向上させる名目で設立されたサバ財団は，サラワク財団の事業が卑小に見えるくらいサバの林業を牛耳った．1970 年にサバ財団は，サバ市民の社会経済発展の推進という大きな任務を任され，サバ州の総面積 740 万 ha のうち 85 万 5000 ha にもわたる原生林を 100 年の間貸与された．それだけではない．本書の他の章で見たような，政府からほとんど資本供給を受けられずに締めつけられていた多くの国営企業と異なり，サバ財団は，時には何年にもわたって州政府に伐採事業権料の支払いをせず，自らの手元に残していた．サバ州政府が寛大であったおかげで，サバ財団は，伐採権保有者としての分け前だけでなく，木材レントの多くにあやかることができた．

　トゥン・ムスタファは，サバ財団の収益を自らの選挙に勝つための支援取りつけに利用した．奨学金や報酬は必ず選挙の直前に分配された．つまり受益者らは政治的な支持の見返りとしてあからさまに「報酬」をもらっていたのだ (Means 1991, 42; Ross-Larson 1976, 131-140)．1974 年の選挙に先立ち，トゥン・ムスタファは全ての成人に対して 1 人当たり 60 マレーシアドルの材木シェアをサバ財団から支給することとした (Means 1991, 42)．こういった政治的な引き立ては彼の地位を揺るぎないものにし，サバで新たに発掘された石油資源の扱いと，度を過ぎた派手な生活をめぐって 1974 年にマレーシア連邦政府と衝突するまでその権力は維持された．

　トゥン・ムスタファのサバでの影響力は，サラワクの他の政治的指導者全てを遥かに凌いでいた．これに関してクラウチは次のように述べている．

サバでは，トゥン・ムスタファの支配下にあった 1967 年から 75 年の間だけ甚だしく非民主的な統治が行われていたので，選挙そのものが意義を失ってしまった．1969 年にサバが初めて国政選挙に加わった際には，野党は 16 の選挙区のうち 6 区で候補者を立てるのがやっとだった．それ以外の選挙区の候補者は何らかの理由で失格になってしまった．1974 年には野党からの推薦者は 1 名のみになった．野党幹部らは与党への批判を覆すよう買収され，半島を基盤とするプケマスという他の政党の支持者らはムスタファの手下の連中に脅されていたという話である (Crouch 1996, 63).

中央政府の強い圧力によって 1975 年後半にトゥン・ムスタファが退陣に追いやられた後，サバ州政府はサバ財団を民間団体から州政府直属の法人格をもつ団体に改変した．これにより，サバ財団はまさに「政府と一体化した重要な国家開発機関」(Hepburn 1979, 400) になった．サバの新政府は，当初はこの改革によってサバ財団を自らの統制下におけると考えたのだろうが，すぐさま財団に広い裁量権を与えておくことの利点を見出した．財団は公式には政府の一部になったのだが，州の官僚制からは独立した体制で維持された．州首相がサバ財団理事会の議長を務める傍ら，投資と取引に関する大部分の決定は財団の投資管理部門で独自の理事会をもつインノプライズ社によって行われた．

インノプライズはかなりの子会社をもっていたが，その多くは合弁会社や株式会社であり，州政府と議会の監督や干渉をほとんど受けない状態で経営されていた．サバ財団は，開発と利益分配目的の多くを達成してくれる非常に融通の利く機関として存在し続けた．サバ財団の投資先は，製材工場，製紙工場，木材を主成分とする化学薬品，船舶，投資銀行，植林プロジェクト，大学，コミュニティカレッジ事業，家具製造，観光産業，そして不動産業（32 階建てのサバ財団本部ビルには州首相を含む政府の主要幹部のオフィスもある）などに及んだ．現金のばらまきは選挙活動と結びつく形で継続した．具体的には 1978 年，79 年，80 年，81 年，85 年と 90 年に行われ，直近では 200 マレーシアドル（75 米ドル相当）がかつての「配当金」と同じように 1 人 1 人の選挙人に支払われた (*New Straits Times* 1996b). 国民 1 人当たり所得がその当時 1000 米ドル以下であったことを考えると，この額は決して小さいとはいえない．

トゥン・ムスタファの後の時代，サバは 10 年間にわたりベルジャヤ党という多民族政党によって治められた．ベルジャヤ党もまた，それまでのマレーシアで見られた平均的な政党に比べてより権威主義的な政党であったが，独立以来マレーシア連邦を統治している国民戦線 (Barisan Nasional) の一員である

という理由から連邦政府の支援を受けていた．ベルジャヤ党が長期間にわたって存続できたのは，連邦政府が引き立てを行い，敵対勢力を妨害してきたからである．

　1985年にはベルジャヤの一部の反体制派が新党を結成した．サバ統一党 (Parti Bersatu Sabah : PBS) である．この党は，非イスラムのカダザンス（キリスト教徒によって大部分が構成されるサバ最大の民族集団）を基盤にした強力な支持母体や華人層を引き込み，州選挙では連邦政府の抵抗にもかかわらず楽々と勝利を収めた．PBSは1994年まで州の政権の座にいたが，同年，PBSの脱党者は連邦政府による圧力の下，クアラルンプールが支援した統一マレーシア国民組織（UMNO）の連合に勝利を許した．サバ財団はジョセフ・パオリン・キティガン州首相の兄弟であるジェフェリー・キティガン博士の下，中央政府機構の監視の目がほとんど届かないまま州の中心的な開発機関として存続した．

　このように，サバは3つの強力な政治体制を経験していた．それぞれの政権は10年程度しかもたなかったが，各政権は少なからぬ自信をもち，多民族間の連帯は確固たるものであった．この点で，サバのケースはインドネシアの林業の事例と非常に類似しているといえる．インドネシアの場合，木材レントは国庫に回収されたり政治的権力を握る利権屋（レントシーカー）に分配されたりせずに，政府高官の当面の政治的安定に裏づけられる形で開発事業向けの資金にあてがわれていた．これとは対照的に，サラワクでの「移り気な支援者獲得をめぐる党同士の果てしなき競争」は，先に言及したように政権の転覆を頻繁に起こし，政府の信頼は国を治める長期的な見通しが立たないほど低下した（Crouch 1996, 52-53, 79）．

　他方で，サバ州政府とサバ財団が，別の道に逸らせようとする強い圧力に抗しながら，2つの正しい行いをした点は特筆したい．第一は，丸太の輸出が近々禁止されると度々公表されていたにもかかわらず，そして，フィリピン政府などからの国際的な圧力や，付加価値論の罠に誘い込むような「開発専門家」たちの見当違いの助言などがあったにもかかわらず，サバが丸太の輸出を続けたことである．サバは効率的な製材工場や設備をもたなかったので，川下における木材産業の育成が正当化されてもおかしくはなかった．しかし，サバ財団による川下加工産業でのお粗末な投資はあったものの，サバ政府は全ての

材木業者に地元での加工の強制を思いとどまった．

　第二は，伐採事業権料のレートを設定し，民間の伐採業者との伐採契約を調整することで，サバ政府と財団が木材レントの多くを得ていたことである．サバ政府は，1979年から1982年の間に合法的に伐採された木材利潤のうち，なんと81％を獲得していた（Gillis 1988b）．確かにこの数字は，相当な規模にのぼる違法伐採を勘定に入れていないが，それでもサラワクやインドネシアに比べレントの回収率が目覚しく高い．高い利潤回収率は，議会や財務当局を関与させずに，財団を用いて開発や政治の目的に沿った事業へ森林収益を転用しようという，サバ政府の強い意志を反映している．

　しかしながら，折角の収益を無駄の多い川下加工産業と非木材事業に用いてしまうと，木材レントを回収してくれる国営事業体をもつことの利点は大幅に損なわれてしまう．例えば，1980年代半ばには71年以来年間300万米ドルの損失を生み出してきたサバ財団傘下の海運業者の一つが廃業となった．さらに80年代には木材加工装置の導入に少なくとも2400万米ドルの資金が費されたが，これは本来400万米ドル以上かかるはずもないものだった（Hurst 1989, 109）．1993年の段階では財団の子会社のうち8社までが赤字企業であった（Bingkasan & Bangkuai 1995）．プライスウォーターハウス社が実施した1994年の会計監査は，木材取引から巨額の損失が生じていることを明らかにした（*New Straits Times* 1996b）．同時に，サバ財団の経営の不透明性は数多くの汚職を引き起こしていた．1994年に，マハティール・マレーシア連邦首相は，プライスウォーターハウス社の監査によってサバ財団の会計に10億米ドル以上の使途不明金が明るみに出たとした．

　予算上の規律や国会での討論といった制約を課されないまま，木材利権を意のままにできる構造は，サバ財団を政府の手の届かないところにおく上で役立った．サバ財団の投資部門であるインノプライズは12社以上もの子会社を抱えていた．サバ財団は形式的には政府の下部機関であったが，子会社の経費や支出に関する意思決定は政府の意思決定者から3段階も距離が離れたところで行われていた．

　中央政府による統制の欠如　州レベルの政治家やその取り巻きが自らの政治的，財政的な利益のために木材の富を浪費しているのを，マレーシアの連邦政府は

なぜ大目に見ているのか，との疑問はもっともだ．林業利権は東マレーシアのサラワクとサバで生み出される主要な富の源である．それなのに，中央政府の政策や行動が果たす役割はとても小さい．その理由は1975年まで遡る．中央政府が国営石油企業であるペトロナスに，特に東マレーシアでの石油の採掘と収益の管理を任せようとしていた頃である．連邦政府がサバとサラワクそれぞれとの間で結んだ取り決めでは，ペトロナスが埋蔵油田を開発する代わりに木材開発は州政府が管理することになっていた（Walton 1990, 136-138）．これによって連邦政府は，天然資源から得られる富の再分配にかかわる全ての決定を単独で背負い込む深刻なリスクを回避できることになった．ナイジェリアの場合，このリスクが国内の分裂とビアフラ戦争勃発の根本的原因にもなった．しかしながら，サバとサラワクの森林では連邦政府が森林政策を放棄したことで，森は州レベルの官僚の手にゆだねられ，利権漁りや予算外資金調達は何のためらいもなく行われるようになった．

コラム① ホンデュラス政府の森林管理の失敗

中米のホンデュラスでは，無理な多角化経営が失敗した典型的な例が見られた．それだけではなく，非効率的な行政システムと利権争いによって，森林まで破壊された．ホンデュラスで軍事政権がホンデュラス森林開発公社を設立したのは1974年のことである．この公社はその名の通り，ホンデュラスの森林を管理する公的な機関である．公社は伐採権を与え，木材や木材加工品を独占的に買い入れ，国外へ輸出するという行政機関のような役割も担っていたが，中央政府からは予算をもらっていなかった．つまり，森林資源から得られる収入と外国からの援助金が公社の財源であった．公社の目的は「国家の重要な資源である森林を適切に開発し，森林の保護，保全，維持，拡大を行うこと」だけでなく，「国の開発・発展のために資金を集める」と法律に書かれている．

公社にはホンデュラスにあるすべての木材に対する正式な管理権が与えられ，木材業者と地域住民が森林の利用権をめぐって争う場合には公社が仲裁に入り，仲裁料を取った．公社は森林開発を独占的に管理していたため，森林利用権や輸出用木材の価格を自由に設定できた．利用権を高く設定して伐採業者に売り，輸出木材価格を国際価格より低く設定することによって，国内木材加工業者を後押しし，利益を搾取したのである．

しかしながら，このような公社の独占的な森林管理は数々の問題を引き起こすこととなる．まず，公社によって森林の利用権を剥奪された地域住民が仕返しとして，公社の管理下におかれた森林に火を放つ事件が多発した．また，土地をもたない農民たちが土地を求めて農民運動を起こしたため，政府の農地改革機関は農民運動を鎮める

目的で土地を確保しようとした．1975 年に政府はバナナ，コーヒー，砂糖，柑橘類などの商業用農園を農地改革の対象外としたので，森林地域が農地改革の標的とされた．農民運動鎮圧のために土地を確保しようとする農地改革機関と，森林への独占的利権を維持しようとする公社の 2 つの行政機関が真っ向から対立することとなったのである．これと同時に，土地なし農民は土地を占拠して所有権を獲得しようとした．こうして，森林開発公社は土地の管理権を失ったり，森林を焼かれたりした．

木材加工業の効率の悪さも重要であった．1980 年代後半に稼動していた製材工場の 3 分の 2 以上が丸ノコを使用していた．丸ノコを使うと製材過程で木材の 45% が無駄になる．これに対して，帯ノコを用いれば 15% しか無駄にならない．それでも，公社の設定する輸出木材の買い取り価格は極端に低かったため，伐採業者は効率の悪い国内の製材工場に木材を売った．

この公社をプラスに評価できる面があるとすれば，それは公社が組織にとって重要であった木材レントを追求する目的で松林の利用権価格を高く設定したために，結果として松林が保護されたことである．木材価値の大部分を搾取することによって，伐採企業は過剰伐採をしないインセンティブをもった．1980 年代の後半になって，公社は松林を持続的に保つことが組織の存続にとって重要であることにようやく気づいたのである．

結局，公社は，効率の悪さとリベラルな政権の誕生を理由に 1985 年に木材輸出の独占権を失い，公社の子会社であった製材工場は売却された．残ったのは 2 億 4000 万米ドルにも上る債務であった．この債務は公社の投資が見当違いで，その事業が完全な失敗であったことを示している．

なぜ，森林破壊を招く公社のような行政機関が 10 年以上も存続できたのだろうか．理由は，大きく分けて 3 つある．第一に，ホンデュラスの政府高官たちは，伐採から輸出までの森林生産の過程を独占的に管理することで利益が得られると考えていた．そうやって得た資金を用いることで，国民の不満を招く税金引き上げをせずに，開発を進めることができると考えたのだ．第二に，伐採権の付与や木材加工品の買い取りにより森林の独占的管理を行うことで，木材業者や製材業者など，それまで経済政策決定に影響を与えてきた人々の政治的発言力を抑え込むことができた．第三に，公社の子会社の多くは世界銀行や米州開発銀行からの融資を取りつける媒体として有用であった．人口 450 万人，国民 1 人当たりの所得が 600 米ドルであるホンデュラスにおいて，外国からの援助は大きな意味をもつ．国際援助機関の幹部もホンデュラスの森林政策に口をはさみ，ホンデュラス経済に資本を投入したいと考えていた．

ホンデュラスの例は，一つの組織が能力に見合わない川下での強引な多角経営に手を広げると自分の組織の収益に直結する部分だけしか見えなくなってしまうことを示している．無謀な多角化経営の結果，川下産業の育成は失敗し，長期的な観点がないがしろにされ，生物多様性にとって重要な広葉樹は保護されず，組織の存続に重要だった松林だけが保護されることになってしまった．

4.3.2 ブラジル：土地の無償提供，地政学，アマゾンの居住地化

ブラジルのアマゾンにおける資源政策は，資源採取のタイミングに失敗した例として際立っている．それはアマゾン開発戦略をめぐる政府内の軋轢によって引き起こされた無謀な開発であった．ブローダーの推計によれば，1980年代半ばの時点で，ブラジル国内のアマゾンに存在する産業用丸太の価値は1.7兆米ドルであった (Browder 1988, 247)．アマゾンの森林がもつ最も大きな社会的価値は，政府の諸政策によって市場取引が促進され，徐々に伐採されている多様な種類の広葉樹 (Browder 1988, 249-250)，および，原生林が提供する自然環境や居住環境にある[6]．ブラジル政府は，1960年代半ばにアマゾン開発監督所 (SUDAM) を設立してアマゾン地域を開放してしまったことで，焼畑の悪影響を上回る無分別な土地転換と森林破壊を加速してしまった．家畜の放牧と小規模農家の農業が，この順序で森林破壊の主な要因になっている．森林保全を義務づける公的規則があるにもかかわらず，木材の利用にも保全にもほとんど努力が払われなかった (Ascher & Healy 1990, 82-89)．民間企業主導で行われた開発は，計画的な伐採というよりは大規模な皆伐であった[7]．ガスケとヤキモト (Gasques & Yakimoto 1986) やロナルド・シュナイダー (Schneider 1995) は，1980年代半ばにアマゾン開発監督所が資金を拠出したプロジェクトの30%にも上る広大な土地が丸裸にされるという異常な現象の存在を指摘した．こうした事態に至ったのは，アマゾンの潜在的生産量が，そこでの生産物に対する有効需要を凌駕していることを公の土地証書を保有している人々が知っていたからであり，政府には土地所有権をきちんと執行する意志も能力もないことを知っていたからである．

土地が放棄されることそれ自体が，初期の開発の性急さを象徴している．さまざまな政府機関は，それぞれ自らの管轄に入るようなアマゾン開発に競って補助金を出した．補助金で支えられた融資や税制上の優遇が，「低価値な」森林を農地や牧草地に変えた．アマゾンの資源開発は，1960年代半ばから80年代にかけて利権追求の主要な舞台になったのである．つまり，農業にも牧畜にも向かない一般的なアマゾンの土地の価値は，樹木や土壌に見出されたのではなく，政府の補助金を引き出す機会の方にあったのだ (Hecht 1992, 11)．

背景 1964年から80年代初頭まで続いた軍事政権によるアマゾン植民政策

への一般的な関与は，継続的で根深いものだった．それは単にフロンティアの資源を求める貪欲さからもたらされたのではない．むしろマニフェスト・デスティニー(訳注4)という世界観や，左翼の暴動に対する地政学的な備えとして，そしてブラジルの人々を一つにまとめるための手段として促進された．

　アマゾンを早急に開発すべきという軍部内での合意があったにもかかわらず，アマゾン開発政策は，アマゾンへの移住や開発の方法をどう具体化するかをめぐって流血をも伴う凄まじい対立にさらされた．各々の時期にはそれぞれの開発計画に対応した首尾一貫したスローガンや標語が存在したものの，実際にはアマゾン開発とその受益者がどうあるべきかをめぐる国内の官僚同士の対立は現在まで続いている．「アマゾン作戦」(Operation Amazonia)は1965年に始められた．これは大規模な牧場経営に重点を置き，主としてアマゾン開発監督所が組織した．1970年から74年にかけての「国家統合計画」では，北東部やその他の貧しい地域からの低所得者の植民に重点がおかれた．これは主にアマゾン横断高速道路を媒介にして行われた．1975年から79年にかけての「アマゾン開発計画」では，再び大規模事業家の役割が強調された．これはアマゾンの開発が整然と秩序をもって行われるよう監督し，森林破壊と不適切な土壌での自給自足的農業を減らすためであった．ヘッチは，「非難の矛先は牧畜産業に向けることもできたはず」と指摘する (Hecht 1984, 380)．

　アマゾンへの植民と開発戦略をめぐる意見の相違は，資源開発を大規模に行うか小規模にするかのバランスのとり方に左右されている．つまり，一方では比較的大規模な家畜の放牧と家族経営農場の対立があり(8)，他方では政府から手厚い補助金を受け取っているサンパウロの資本と，自然発生した移民または公に支援された移民との対立がある．SUDAMと内務省は，事業家たちに土地の権利を割り当てることで大規模な商業的開発手法を推進した．農地改革の実施機関であるブラジル植民および農地改革院 (Instituto Nacional de Colonização e Reforma Agrária : INCRA) が自らの管轄下にあると主張している土地まで割り当てられてしまうこともあった．SUDAMは，中規模畜産農家も支援の

　(訳注4)　マニフェスト・デスティニー (manifest destiny) とは，英国系白人が北米全土を支配することは神から与えられた運命だとする考え方．「明白な天命」とも訳される．1845年，アメリカのジャーナリスト，ジョン・L・オサリヴァンが初めて使用し，たちまち北米全土に広まった．

対象にした（Hecht 1992, 12）．ヘッチは，この事実を取り上げて，SUDAM が経済的にも政治的にも強力なサンパウロのエリートたちの要望に応じていたにすぎないとする従来の説明の根拠をゆるがした（Hecht 1992, 12）．

　アマゾンの森林から得られたレントの総額は，いくつかの理由によって満足のいくものではなかった．アマゾンの木材は生物学的に見て樹種が著しく多様だが，政府はその多くを板材やパルプとして規格化をしてこなかったので，十分に商品化されなかった．東南アジアの木材輸出国と比べて商品価値のある木材の植生密度が低かったことも収益が上がらなかった理由である．1970 年代の初頭以来，原木の輸出が禁止されたため（1980 年代半ばに解除された），海外の製材所からの需要がなくなったことと，そしてブラジル国内の貧弱な製材能力のために伐採は低迷した．効果は少なかったものの，政府は税制優遇を通して川下の木材加工業の振興を試みた．これは加工産業に土地の収益を転用したいという政府の思惑を反映している（Gillis 1992, 166）．このような補助金は，近視眼的だという理由で他の多くの国々では廃止されているにもかかわらず，ブラジルでは未だに実施されている．

　ブラジルには世界の広葉樹の約 3 分の 1 が存在するが，広葉樹の総輸出量に占める割合は 10 分の 1 にすぎない（Browder 1988, 248）．アマゾンにおける森林伐採は拡大してきており，1975 年から 85 年にかけて 4 倍に増えた（Mahar 1989, 9）．非常に貴重な樹木の択伐は，土地開拓の第一段階に行われる．とはいえ，木材伐採の影響は商業的価値の低い大量の樹木が焼かれたことに比べればとるに足らない．ブラジルの森林減少は，インドネシアのそれと比べて商業伐採の果たす役割が小さいのである．

　森から牧畜用の牧草地に転換された後のアマゾンが生み出した利益は期待外れであった．多くの区画が植生の性質上，放牧に適していなかったし，市場からも遠く離れていたからである．シュナイダーによれば，牧畜のための伐採は，最終的には十分な人口がアマゾンに移住して，利益が上がるだろうという甘い期待に動機づけられていた（Schneider 1995）．放牧権および牧場の整備は，人口が流入するまでの間，将来の利益獲得機会を保持しておくための仕掛けであった．放牧地が放棄されるのは，将来見込まれる価値を保持し続けるコストが，土地の保有から見込まれる利益の期待値を超えているからである[9]．ここには，政府の警察力に頼らずに低所得者の侵入を排除するコストも含まれる．

農業を展開する可能性もアマゾンではごく限られている．現在では広く知られるようになったが，森林地は一年生の穀物生産をするには痩せ過ぎているし，市場からの遠さが畜産業者を苦しめている．さまざまな問題に照らすと，アマゾンの森林開発が経済的に時期尚早であったことはここでも示された．

省庁間の先陣争い　INCRAは，アマゾンに高速道路を建設したいという国家道路・高速道路局の圧力にさらされることはあったものの，1970年代初頭の段階ではアマゾン開発政策をどうにか軌道修正して，低所得者の入植に力点を絞ることができた（Bunker 1985, 100-120; Hecht 1992, 378-379）．だが，INCRAは低所得者がアマゾンの持続的な経済発展に貢献することを論証できなかった．入植に応じたのは大規模や中規模の畜産業者よりも，南部と北東部からの低所得者であったが，彼らは入植地の土壌が貧しいことやインフラが欠如していることを知らされていなかった上に，入植地に適した農業技術も持っていなかった．農業牧畜技術調査研究機構は土壌と水利に関する情報を提供する立場にあったが，彼らの研究成果はまばらで，INCRAが土地を割り振るときに参考にされることはほとんどなかった（Fearnside 1985, 229-234）．入植政策が激しく議論されるうちに，企業による大規模開発を支持する一派が優勢に立つようになった．ほとんどの小規模畜産業者は持続可能な経営ができる状態におかれていない上に，大規模畜産業者の方が低利融資を受けやすいため，小規模農家にとっては抗い難い値段で土地が買い叩かれてしまい，土地所有は一部の人々の手に集中していった．

1980年代初頭に国家道路・高速道路局と手を組んで実施した，いわゆるポロノロエステ・プロジェクト[訳注5]に世界銀行の融資を取りつけたINCRAは，アマゾン開発を低所得入植者向けに軌道修正するチャンスを再び迎えた（Fearnside 1985, 246; Ascher & Healy 1990, 82-89）．ポロノロエステ・プロジェクトを通して，アマゾンの道路はロンドニアとマト・グラッソの奥地まで延長され，

（訳注5）「ポロノロエステ計画」（POLONOROESTE 北西ブラジル統合計画）は，人口の分散，貧困の削減，作物総生産量の増加を目的として立ち上げられた事業で，主に東南海岸地域の都市部に住む土地なしの貧困層・労働者を，アマゾンの中でも開発の遅れた北西部に送り込むことでアマゾンの開拓を進める狙いで1981年に開始された．対象となったのはアマゾン地方のうちロンドニア全域とマト・グロッソの一部，合計約41万 km^2 である．これはブラジル全体の面積の約5％を占めている．

年間1万2000世帯が各々100 haの融資と技術支援もセットで土地を割り当てられた．100 haのうち50 haは森林のまま保つこととされ，残りの50 haが農民によって開墾可能な土地とされた．実際には，50 haの開墾可能な土地を開発して利益をあげるにはあまりに多くの資本と労働力の投入が必要であった．そのため，タナボタ式の利益を得るために，農民は与えられた100 haの土地全てでできる限りの伐採をして，牧場主や投資家にその土地を売ってしまう傾向にあった（Ascher & Healy 1990, 87）．小規模農民による森林破壊を抑制してくれるはずの規制の効果は，実際には非常に弱いものだった．なぜならば，森林伐採と丸太生産を規制する立場にある森林保護局や，入植者や牧場主の侵入から先住民の財産権を守る立場にある国立インディオ基金（National Indian Foundation, 通称FUNAI）といった機関は，財源不足のために行政執行能力を欠いていたからである．また，ブラジルの法律は「開拓」をもって土地占有権の根拠として認めていた．そのため，入植者たちが公式の権利と補助金を得た後に土地を放棄し，新しい区画の占有を申し立てて同じプロセスを繰り返すという，土地の乱用がおきていたのである．

　FUNAIの弱さに，アマゾン開発戦略の再分配上のインプリケーションを読み取ることができる．多くの先住民グループは，何世代も慣れ住んだ土地の慣習的な使用権を剥奪された．このような事実上の横領は政府の役人によってさまざまな方法で正当化されてきた．アマゾンの奥地は「ほとんど空っぽ」というものから，「政府は開発と文明を先住民に伝えなくてはならない」といった恩着せがましいものまで，開発を正当化するいろいろな理屈があった（Hecht & Cockburn 1989, chap. 7）．

　この地域で行われたあまりに性急な資源開発を説明するもう一つの要因は，アマゾン開発戦略をめぐる政府内の不一致である．アマゾン開発の性急さは，アマゾンにおけるブラジルの存在感を強化し，全体的な経済成長に拍車をかけ，他の地域の人口圧力を軽減したいという軍事政権の思いを反映しているだけであるかのように見える．だが，アマゾン開発に見られる無秩序と無駄は本来の軍事政権らしくない．アマゾンに対して権利を主張している他のどの国よりも強力な政権であることを考えれば，なおさらである．政府内の衝突を，妥協や法の適用を通じて解決できないブラジルの指導能力の欠如が，アマゾンをやりたい放題できるオープン・アクセス地域にしてしまっている点も付け加えなく

てはならない．アマゾンは明確な管轄権の不在によって，「機会があるうちに」と各々の目的を急いで追求しようとする公的機関に開放された形になった．

しかしもっと重要であるのは，私有財として低い経済価値しかもたないアマゾンの土地は，その公共的価値はさておき，牧場主たちにとっては，その先にある金銭的な利権を漁るための単なる踏み台にすぎないという点である．土地の保有は，贈与金や補助金付の政府融資，税額控除，そして将来その土地を売却する機会など，金銭的な利権を獲得するための資格要件になる．控除の額は，例えば牧牛のような事業にかかる投資コストの75%に値することもある (Browder 1988, 257)．また，企業グループを対象とした畜産誘致のために，SUDAMは畜産開発にかかる費用の75%にものぼる資金贈与を行っている (Hecht 1992, 12)．だからと言って，土地の無償供与をサンパウロの裕福なエリートたちに対する政治的な便宜にすぎないと見るのは間違いであろう．確かに，牧場主や農民の視点からすると，土地の無償供与は持続可能な農業への効率的な転換というよりも，利権追求に動機づけられた収奪のための口実にすぎない[10]．森林や生態系という天然資源の恵みは，補助金を最も容易な方法で獲得する上で確かに邪魔だった．しかし，土地の無償供与等が単に影響力の最も強い支持者たちのご機嫌取りを狙った政府の政治的な動機に基づくという説には限界がある．補助金は小・中規模農家や畜産家の振興を目的としていたし，インフラの整備はブラジルの他の地域からの低所得者層の受け皿になることを明らかに想定して作られていたからである．

アマゾンへの殺到の余波 1980年代後半になると，アマゾンの事業展開の問題は小規模と大規模の両面で明るみに出た．その結果，土地の無償提供と生産補助金という政府のやり方は再考を促されることになる．畜産補助金は，1987年半ばに撤廃された．同年，世界銀行は，主に環境問題への配慮からアマゾンにおける高速道路建設への支援のかなりの部分を延期した．もちろん，経済的に生産性の低いアマゾンでの森林伐採がなくなることはなかった．ヘッチは，穀物生産や畜産を持続的に支えていく手段をもたないまま，アマゾンに引きつけられてやってきた多くの人たちこそ，速度を増しつつある森林破壊の慢性的原因であると指摘する (Hecht 1992, 12, 23)．開墾された土地の収用を禁じた1988年憲法の条項が，皮肉にも開拓地の売却益を得るための開墾をより一層

魅力的なものにしてしまった．その上，アマゾンの中で生産性の高い土地が限られていることが，牧場主と低所得入植者の凄まじい対立をもたらしている．

　私たちが最後に問わなくてはならないのは，結局，アマゾン開発の目標はどの程度まで達成され，それにかかったコストはどれくらいかということである．まず，ブラジルにおけるアマゾンの人口が増加したことを確認しておかなくてはならない．1970年には800万人であったアマゾン地域[11]の人口は，1980年代半ばにはおよそ1200万人になり，1991年には約1800万人になった（Wood & Wilson 1984 ; IBGE 1992）．

　しかし，開発の犠牲は大変なものであった．ビンスワンガーの推計によれば，畜産業向けの税額控除は400万haの森林破壊を引き起こした（Binswanger 1991, 828）．マハルは，牧場主向けに支出された7億米ドルの補助金のほとんどは水泡に帰したと結論している（Mahar 1989, 16）．1980年代末までに完遂した畜産事業はたった92件であり，生産性に関する調査の結果によれば，当初期待された収益のほんの一部分しか確保できていなかった．森林破壊の埋め合わせとして行われたはずの植林の努力も，法外な財政支出にもかかわらず，ほとんど成果のない惨憺たる結果に終わった（Binswanger 1991, 828）．

コラム②　石油を利用したアマゾン支配（ペルー）

　ペルー石油（PetroPerú）の例は，石油開発の政治的操作，特に価格の恣意的な抑制がいかにひどい結果をもたらすかを示した事例である．ペルー政府はこの国営石油会社を利用して，石油資源開発を独占するとともに，アマゾンへの支配を強固なものにしようとした．石油資源へ投資することで政治的影響力を強め，戦略的な見地から経済的・地理的要所を押さえることができると政府は考えていた．しかし，結局，ペルー石油は多額の赤字とともに消え去ることになる．ペルーの石油の事例は，資源開発を政治の道具にしてしまう代償がいかに高くつくかを教えてくれる．

　1968年10月にベラウンデ政権が倒され，ファン・ヴェラスコ・アルヴァラード（Juan Velasco Alvarado）将軍の左翼軍事政権が誕生した．ヴェラスコ政権は同年，国際石油会社（International Petroleum Corporation）を国有化し，新たにペルー石油という国営会社を立ち上げた．国営化された国際石油会社はニュージャージー・スタンダード石油系列の会社で，ペルーの石油部門における最大の生産者であり，精製業者であり，また小売業者でもあった．政権は石油部門を独占し，国営石油会社は戦略的な道具と化したのである．

　1970年代に政府は石油探査に莫大な投資を行った．ペルー石油は1970年から76年にかけて約4億米ドルを支出している．一方で，政府は石油の国内価格を低く設定

した．安くエネルギーを供給することによって産業発展を促し，同時に，高い燃料費に対する国民の不満をなくそうとしたのである．だが，まさにそのために，ペルー石油は深刻な資金不足に陥った．

1973年には日本が石油パイプラインの建設のための投資に意欲を示したが，その際も，ペルー政府はパイプラインの所有，建設，操業すべての面において自ら主導権を握りたいと主張した．結局，ペルー政府の実行力の欠如と資金不足のため，パイプライン構想は大幅に遅れ，1978年までかかってしまった．油井の規模も当初の予測より少なく，8億3000万米ドルにも上るペルー政府の投資は十分には実を結ばなかった．ナショナリズムが政策に影響を与えていたのである．

軍事政権は，ペルー石油を軍事的にも経済的にもアマゾンの砦として利用しようと考えた．石油資源開発という名目を利用して，好きな場所で開発を進めることができただけでなく，パイプライン建設の際のルートや建設作業員の所在地をも戦略的に配置することができた．また，探査チームの輸送に際しては軍が保有するヘリコプターの使用を義務づけ，高い料金を課すことで軍事費の一部を賄った．

1980年には文民政権であるベラウンデ政権が復活し，軍事政権時代のような過剰で性急な投資は行われなくなったものの，石油産業は相変わらず不景気であった．1980年代半ばには，国際石油メジャーが他国へ投資を移したこともあり，ペルー石油は国内確認埋蔵量の3分の1の操業を担うようになっていたが，資本不足と人材不足は深刻なものだった．

結局，1989年にペルー石油は破産した．ペルー石油の倒産に伴って対外債務が返済できなくならないように，政府は法定準備金の25％に当たる1億600万米ドルの国債を各金融機関に受け入れさせたと同時に，ペルー石油のすべての外貨債務を買い取り，累計で2000万米ドルにも上る国内債務を引き受けた．

1990年代に入ると，ペルー石油の民営化が進展した．1991年には精製，流通，販売が民営化された．皮肉なことにペルー石油側でこの民営化に対する反発はそれほど激しくなかった．石油価格は安く抑えられていた条件の下，政治的にも利用されていたペルー石油を維持しようとする関係者はいなかったのである．1990年代半ばには，ペルー石油の保有資産は徐々に売却されていった．30年に及ぶ石油資源の国家による管理は，こうして終末を迎えた．

石油探査と生産のための資金調達をペルー石油に任せておきながら，政府は国内の石油価格を抑え，ペルー石油が利益をあげることができない状況を作り出していた．このことが倒産の主な原因である．ペルー石油は採掘手法，施設の保守点検能力においても十分でなかった．アマゾンに対する影響力の強化を狙ったペルー石油の失敗による損失は，結局，政府予算の縮減とインフレという形で国民が支払うはめになった．

4.3.3 メキシコの水資源

問題と政策の失敗　メキシコの農村地域での水資源管理問題は，水の枯渇，大規模灌漑設備への過剰投資，そして灌漑設備の劣化という，ありがちな条件の組み合わせの下で起きた．水に対して安すぎる価格設定をした結果，河川，

湖，帯水層が枯渇したのと同時に，農民が水使用のコストをわずかしか支払っていない場合によく見られる，水の過剰使用による土壌劣化——堪水害[訳注6]と塩害——が引き起こされた．中部と北部地域の地下帯水層の水位は年間3m低下しており (Gorriz, Subramanian, & Simas 1995)，地下水の水量があまりに少なくなったため塩水が浸入し，灌漑が永久に不可能となったところもある．地下水の枯渇と旱魃による水不足のため，農業は脆弱になった．

メキシコの灌漑施設は，もともと水の使用者が払える金額を無視して作られた上に，現在は資金不足に陥って配水の移送効率も著しく低くなっている．ゴリッツら (Gorriz et al. 1995, 3) によれば，全体で30％という灌漑設備の移送効率の低さは，1990年代初頭までの「大いなる荒廃」の結果である．メキシコの灌漑は，効率が50〜60％であるアリゾナやカリフォルニアでの灌漑施設と比べて2倍近くの水を必要としていた．ダムと運河による灌漑の効率が悪かったために，ポンプを含む他の灌漑手段による取水量が増加し，これが地下水の枯渇を引き起こした．

1930年代まで遡るこれらの問題は，灌漑設備の驚異的な拡張と「奇跡の農業成長」の影に隠れて，目立たずに済んできた．ラマルティーヌ・イェイツは，メキシコの灌漑設備を「それまでメキシコ政府が行った投資の中で最良のもの」と評した (Yates 1981, 47)．しかし，農業の発展が行き詰まり，灌漑設備が劣化するにつれ，灌漑システムの資金管理に対する批判の声が大きくなっていった．ミゲル・ウィオンチェックは，第二次世界大戦直後に発生した以下の問題を提起したが，この問題は今世紀メキシコの灌漑に関する多くの経験に同じように当てはまる．

> 土地と収穫物の価値は，広大な北部と北西部だけではなく，その他の地域の小さな事業区域でも急速に上昇していたのに，連邦政府が水の料金を定期的に見直したがらない理由を説明するのは難しい……．
>
> 灌漑設備の利用者の大部分は，自らの支払う費用と収益にほとんど影響を受けることなく，今よりかなり高い水道料金を払うことができたはずである．なぜならば，水供給のコストは生産コストの中で非常に低い割合——1％前後——しか占めていないからである．水の料金を適正化し，水利用を合理的な規範の下に規制できていれば，水資源のより効率的な使用ができたに違いないし，農産物の価格水準を引き上げるこ

(訳注6)「湛水」(たんすい)とは地表排水が完全に行われないため，停滞状態の水で覆われる状態のこと．

ともしなくて済んだに違いない.

　大規模なプロジェクトにばかり投資を集中し，灌漑の開発前線地域で必要になる副次的な作業や小規模灌漑の整備に十分な資金を準備しないような灌漑政策に対して連邦政府が出し続けている補助金は，土地と水資源の利用を最適なレベルから遠ざけ，財務省にも大きな負担を押しつけていた（Wionczek 1982, 403-404）.

　ウィオンチェックは，安すぎる水料金がこれらの問題の根底にある政策の失敗であると見た．実際，政府は長年にわたり使用料金を上げる努力をしてきたものの，そのほとんどはうまくいかなかった．その一方で，政府は灌漑に対する補助金の注入を続けてきたのである．1960年代と80年代には，灌漑設備を急速な劣化から守るために維持管理支出が必要だったにもかかわらず，結局，それは支弁されずに終わった．一つの理由は灌漑基金が底をついていたためであったが，80年代のケースは，水の使用料を値上げしようとした政府の方針が，農民の猛烈な反対に直面したためであった．もともとの失敗は，農民が灌漑設備に対して支払うべき料金を政府が補助金で立て替えていたことにある．財政の観点から見ると，本来なら小規模灌漑で十分だったのに大規模な灌漑設備に過剰投資し，農民からの使用料徴収も行わなかった政府は，余計な経費を自ら抱え込んでいたわけだ．投資の健全性を示す最良の指標である灌漑利用者の支払能力から見ても，水資源の利用可能量から見ても，設備が過剰に拡張されたのは確かである．こうした反省を踏まえ，1990年代の徹底的な構造改革で間違った政策は転換され，灌漑システムを蘇らせる地道なプロセスが始まった.

　メキシコの抱える水問題は，メキシコ国内はもちろん，灌漑に大きな投資をしているほとんど全ての国の水供給担当者や専門家にとって周知の問題だった．水の利用者から支払われる料金による「コスト回収」の必要性は，灌漑事業の財務的側面や水利用の経済的側面に敏感な専門家たちが長い間唱えてきたことである．したがって，メキシコのケースからは，政府がなぜ故意に過剰投資をし，収益を上げる機会を見送り，後には農業崩壊のリスクまで犯したのかについての洞察を得られる．メキシコ政府が失敗したのは，高価で大規模な灌漑施設をもち，水資源に対して十分な価格を設定してこなかった他の国々と同じように，農業部門が優遇されていたからではない．逆に，メキシコの農業は政府からの資源再分配の面で産業部門に比べて不利な状況におかれていた．だが，

政府は水に対する過剰な支出を減らして，農村金融，農業調査，普及活動といった，より生産的な方面での投資や支出を増やすことができたはずだった．

灌漑設備が過剰に拡張され，価格が低く設定された理由の背景には，互いに競合する複数の農業開発戦略が追求されていたことがある．さらに，地域開発戦略が北部地域に比重をおいたこと，また，地域的・部門的に異なるタイプの農民それぞれに，時期に応じて灌漑の便益を集中させようとする分配上の配慮も強く影響していた．安すぎる価格設定を是正する努力が実を結ぶのに，かくも長い時間がかかったことを見れば，分配上の配慮と政府内の衝突の問題が重要であったことは明らかである．

背景 メキシコ政府は，農業開発の手段として補助金による大規模灌漑に驚くほど傾注しているが，これはもともと互いに競合する2つの農業開発戦略を追求したために生じた．2つの戦略にとって，「安価な水」は目的達成の手段になっていた．1910年に始まり，1920年代まで長引いたメキシコ革命によって，農業の生産性は危険な水準にまで落ち，既存の灌漑設備は事実上破壊された．「メキシコの灌漑王」とも呼ばれたプルタルコ・エリアス・カジェス大統領（1924年から28年まで正式な大統領，1934年までは非公式ではあるが政権のトップにいた）[12]は，彼が考えた革命を確固たるものにする方法，とりわけその中での農業の取り扱いについて「革命家族」[訳注7]内で生じた激しい意見対立に直面していた．カジェスとその取り巻きたちは，大規模農家による農業の近代化によってのみ本質的な生産性の向上が成し遂げられると信じていた[13]．理屈の上では，大規模農家なら灌漑の使用料を支払う余裕があるはずだったし，灌漑用水路の延長にかかる費用は，新しく灌漑された土地の販売と水資源の新規利用者からの使用料によって賄われるはずだった．新規の利用者は，灌漑による生産性向上のおかげで農村の新たな中産階級になることが期待されていた（Wionczek 1982, 396）．1926年に設立された全国灌漑委員会（Comisión Nacional de Irrigación：CNI）を通じて，カジェスは野心的な灌漑事業に着手し，灌漑区を設立して水の配分を管理し，灌漑された国有地を売却し，水使用料を課した．革命後の灌漑に関する構想では，資金を自立的に賄い，使用料を支払える富農

（訳注7）　革命で勝利したさまざまな派閥．軍の高官や地方の権力者，農村や労働者組織の指導者などから構成される．

層を拡大するはずだったのだが，結局，灌漑された土地の農民たちは決して灌漑設備のコストを請求されることはなかった．特定の灌漑用水路の拡張が，そこに投下された資本と水資源の効率的な配分に基づいていたのかどうかについて，市場メカニズムの検証にさらされることもなかった．

　地域別の分配に関して言えば，北部のバハ・カリフォルニア州（Baja California），ソノラ州（Sonora），シナロア州（Sinaloa），タマウリパス州（Tamaulipas）に力が注がれた．1960年までに，これらの州には灌漑への投資の半分近くが注ぎ込まれた．この偏りには，歴史的に反政府勢力の温床となってきた北部地域の政治的支持を得たいというカジェス大統領の地政学的戦略が強く影響していた[14]．カジェスは政敵を取り込み，脆弱な政治基盤を補強するために多くの灌漑地を割り振ったのである．そして革命以前は大土地所有の地主が支配していた北部の空白地帯を，富農層という新しい階層を創出することで埋めようとした（Wionczek 1982, 396, 400-401）．このやり方を通じて，新しい土地所有者たちは非常に魅力的な値段で土地を買える特権を得たのだが，他方で，灌漑区では操業と維持管理コストの大部分がきちんと徴収されていた．これを公平と見るかどうかについて疑問をもつ人もいるだろうが，水資源保全の観点からは，少なくとも灌漑用水路からの過度の取水を抑制する効果はあった．

　カジェス時代以前にも，メキシコの土地の一部は土地なし農民に分配されていた．農家はエヒード（*ejidos*）[訳注8]と呼ばれる地域共同体に組織されるのが一般的であった．大部分のエヒードは最低限の資本しかもたず，新しい土地や灌漑に対して支払う財源をほとんどもっていなかった．思想的にも多様であった「革命家族」のメンバーの一部は，革命における平等主義を保持するために壊滅的なメキシコの農業部門を復興するには，エヒードと小規模農家の生産性向上に力を注ぐべきだと強く考えていた．1934年に大統領となったラサロ・

（訳注8）「村の共有地」（スペインでの）の意から転じて，メキシコ土着の村落形態にスペインの村落形態を取り入れて再編成した村落共同体，さらには，メキシコ革命により新たに導入された土地制度を指す．1910年の革命後，15年に土地法，17年に農業法27条に基づいて農地改革が実施され，①大土地所有解体，②小土地所有の保護育成，③エヒード創設の3点が達成された．エヒードとは，一定の土地利用権から与えられた農民の集団組織およびその土地のこと．1992年に憲法が改正され，エヒードの所有権が公に認められた．

カルデナスは，エヒードを重んじる再分配的な農業政策を復活させた．ウィオンチェックによれば，エヒードは1930年には灌漑区内の耕作可能地のわずか15%しか管理していなかったのが，1940年にはほぼ60%の灌漑地を管理するようになった（Wionczek 1982, 397）．カルデナスは国家灌漑委員会から水価格の設定権を取り上げ，その権利を農業信用国立銀行にいる自分の支援者の手に移した（Wionczek 1982, 403）．「支払能力」基準の導入に伴い，「安価な水」は明らかに一種の補助金になった．安価な水は，表向きは低所得のエヒダタリオ（*ejiditarios*）と呼ばれるエヒードの構成員と小規模農家向けであったが，実際には全ての農家が対象となった(訳注9)．水使用料をどれだけ請求するかは，基本的に各々の灌漑区の管理責任者と地元の政治的指導者に任された（Greenberg 1970, 16）．他の者たちに適用される安い料金を，大規模農家に対してだけ適用しないのは不可能に近かったのだろう．カルデナス政権の時代には，国家灌漑委員会は負債の統計を公表しなかったが，タマヨ（Tamayo 1946, 263）による1936年から43年の数字によると，水の使用料金は事業経費の43%しか賄っていなかった．

1940年代になると，灌漑は農業公共投資の中でも圧倒的に優先される投資対象となった．1941年から45年までの間に，それ以前の15年間に比べて2倍の面積の灌漑設備が整えられた（Wionczek 1982, 398）．1940年には，農業における全公共投資の80%が灌漑に投入された．1945年，55年，65年には，それぞれ90%を超えた．1970年代の初頭には，国家水計画委員会が灌漑政策について重要な分析を行った．分析はそれまで吟味されていなかった灌漑のもつ水供給全体への影響を検証した．その結果，政策の優先順位は灌漑設備の拡張から維持管理に，つまり，水を効率的に管理することへと移った．ところが，1970年には灌漑への公共投資が再び90%を超えた．1975年と80年には比率が下がったが，それでもそれぞれ76%と59%だった[15]．

政府の補助政策も同じような形で肥大化していった．農民たちに事業経費の45%しか負担させずにすむ補助金は，同じ水準に保たれたまま第二次世界大戦終結後から1959年まで続いた[16]．しかし，この期間の最後の3年間，歳入

（訳注9） エヒードの土地は私有地とは異なり売買，譲渡，賃貸借，抵当の対象とならず，エヒダタリオと呼ばれるエヒードの土地利用権者からその子供へと引き継がれる．1992年の憲法改正により所有権・抵当の対象として認められた．

は以前よりも低下し，1959年になると農民は事業経費の30%しか負担しないで済む状態になっていた．政府は財政難を理由に灌漑への投資削減を余儀なくされた（Orive Alba 1960, 216）．灌漑の財政危機に対して，国家灌漑委員会の後継機関である水資源省は厳しい批判を行い，自らメキシコの灌漑に関して初めての長期計画を作成した．1960年に作成された「水資源に関する25ヵ年計画」では，灌漑地が大規模農家に集中していることやコスト回収率の低さが批判の対象となった．水資源省は，耕作可能な土地の10%が灌漑設備の劣化による深刻な生産性の低下に直面している問題を指摘した．水資源省の分析は，「灌漑の利用者が，国から受けているサービスに対して支払いをするようになれば，この長期計画は連邦政府の財政能力と完璧に見合ったものになる」と主張している（Wionczek 1982, 406）．

水資源省が自ら管理している灌漑の不出来を批判するのは，一見奇妙に見えるかもしれない．しかし，水資源省は財政的な弱体化に直面していた上に，水の使用料の値上げに反対する大規模農家の勢力をもてあましていた．エヒードにテコ入れするという公約にもかかわらず大農園が再び台頭してきていたのは，政策ではどうにも転換できないような経済の動向を反映してのことだった．わずかな投入しか行われないとき，資源の少ないアクターよりも多くの資源をもつアクターの方が生産性を向上できるのは自明の経済原理である．補助金で造られた灌漑設備は小規模農家よりも大農園の方が有効に活用できたわけだ．こうして多くの地域では，大規模農家が様々な手段を使って灌漑地域内の公共地の管理権を握った．さらには，エヒード所有の土地や小規模農家で使用されている灌漑設備は，維持管理の礎となるべき生産性を欠いていたため，より深刻な劣化に見舞われた．

水資源省の官僚たちは，自分たちの批判が裕福な農家への補助金の廃止につながることを期待していたのかもしれない．確かにしばらくの間，水資源省は財務省の協力を得て補助金の削減に成功した．1960年から65年まで，水の使用料は事業コストの65%を超えて順調に伸び，1969年から71年には70%に達した．しかしながら，シュラムとゴンザレスによれば，1960年から65年に事業収入に占める使用料の割合が高まったのは，料金回収が増加したからというよりも，事業支出が減ったからであった（Schramm & Gonzales 1977, 21）．事業支出の減少は間違いなく灌漑設備の劣化につながったと考えられる．

1960年から71年の間に補助金の占める相対的な割合が低下したとはいえ，富農層への利益の集中は一層進んだ．というのも，土地の統合が進展し，伝統的な自給自足農業を犠牲にした近代的な商業的農業を推進するような政策転換が行われたからである(17)．つまり，政府は大規模農家が厚遇されていること，また厚遇されるべきことを認めた．そして，灌漑受益者は支払い能力をもつので，補助金を廃止しようというのではなく，一般的な農業振興策の一部としてあっさりと補助金を位置づけてしまったのである．1967年に，水資源省はディアス・オルダス政権の下で小規模灌漑プログラムの実施に成功したが，これにも水への補助金が伴っていた(18)．

このころまでに長期的なパターンは完成したといえよう．すなわち，一方で低所得農民の窮状の改善に本腰を入れて取り組んだ政権は，まず最初に灌漑の利益をエヒードと小規模農家に振り向けようとした．そして支援プログラムの一環として，低料金で水が利用できるようにした．他方で輸出志向の大規模農業に重点をおいた政権は，灌漑の利益が大規模農家に流れる仕組みを黙認し，同時に輸出振興プログラムの一環として低料金で水が使えるようにした．どちらの手法が優勢であったかは時期によるが，それぞれの政権はタダ同然に安い料金で水をばらまくことによって創出された機会を過剰なまでに利用した．使用料の全額を支払ったとしても，それは個々の小規模農家にとっても大規模農家にとっても大した費用ではなかった．だが，この安い料金設定のために水資源省は灌漑システムを維持管理できなくなった．いずれの手法も，灌漑システム全般に与える長期的な影響を考慮に入れていなかったのである．

不安定だった1970年～80年代の補助金政策　1970年代と80年代のインフレ，農業部門の行き詰まり，放漫財政，そしてPRI (Partido Revolucionario Institucional)(訳注10)の正統性の低下によって，上記の構図はさらに悪化した．1972年から73年にかけて，インフレに加えて大統領選挙が間近に迫っていたこともあって，灌漑への支出は増加した．そして費用の回収率は，全体運営，維持管

(訳注10)　邦訳は「制度的革命党」．1946年に誕生した政党で，メキシコは2000年までPRIの下で一党支配体制にあった．前身は，1929年創設の国民革命党（PNR）である．「一党支配」と言っても社会主義国のそれとは異なり，PRI以外にも政党は存在する．ただし，1980年代末までは他の政党は弱小であった．

理，補修に必要な額の45%以下にまで再び下落した（Schramm & Gonzales 1977, 19）．支出と課徴金の乖離は，インフレ率の高い時期に顕著に拡がるのが典型であった．なぜならば，水の使用料の引き上げは連続的ではなく，定期的にしか改定されていなかったからである．徴収料金の実質価値は目減りしており，灌漑当局は実質的な値上がり分を支払わなければならなかった．そんなときにメキシコの石油景気が始まった．ホセ・ロペス・ポルティージョ（José Lopéz Portillo）大統領はメキシコ農業に対する補助金を大幅に拡張し，水のコストを埋め合わせるための補助金も増加させた（Sanderson 1986, 204）．

この政策が何を意味したのかを評価する際には，石油景気が他の輸出産品に与える悪影響にメキシコの政府関係者たちが気づいていたことを指摘しておかねばならない[19]．他部門での好調な輸出によって打撃を受けた部門への補助金は，好景気が過ぎ去ったあとにその部門が比較優位を取り戻せるなら正当化される．これは，特に好景気が石油や鉱物資源のように再生不可能な資源の価格上昇によってもたらされた場合に当てはまる．そのような場合に補助金が投入されれば，打撃を受けやすい部門は壊滅的な状態に陥らずに済み，その部門の産品が再び国際競争力を取り戻したとき，生産が再開できるようになる．補助金は一般に経済政策の失敗の元凶になることが多いとはいえ，メキシコの農業に対する補助金については必ずしも失敗要因にはならないはずであった．しかしながら，水への補助金を一連の補助政策の枠組みに入れてしまったことが，水供給の持続性を失わせ，かえって高くつくものにしてしまった．農業部門は徐々に衰退し続けていたので，水に対する課徴金を見直したいという政府の提案は強烈に反対された（Sanderson 1986, 95）．PRI政権の正統性の低下は，上のような悪循環に追い討ちをかけた．農民たちにとっては，劣化していたがゆえに単位面積当たりの費用負担が増えていた灌漑システムの使用料を支払うことはますます困難であった．政府はこうした農民たちの政治的支持を失うことをとりわけ嫌っていたのである．

1980年代末には，補助金の規模の拡大と灌漑設備の劣化が原因で，事業経費の15%から25%程度しか回収できない程になっていた（Cummings & Nercissiantz 1992, 743 ; Gorriz et al. 1995, 3）．サンダーソンによれば，1981年に政府は水の使用料を引き上げようとしたが，農民たちの抵抗と「変化に対する支持者不足」によって失敗に終わった（Sanderson 1986, 95）．水資源省が維持管理予算を

減らしたのはまさにこのときで，その結果，前に述べたような移送効率の悪い設備が出来上がったのである．

ユーザーグループを通じた改革　メキシコの政治と経済のあらゆる側面を自由主義的に改革しようとする動きは，1980年代末にようやく灌漑の分野にも及んできた．政府はそれ以前の段階で，単に料金を引き上げたり，灌漑にかかる費用に比例して料金も上がるような仕組みを通じて水の低価格問題に取り組むことはできたはずであった．だが，このような取り組みでは，それまでと同じように政治的な圧力と戦略的な操作の対象になってしまっていたに違いない．価格操作より遥かに優れた解決策は，灌漑区の管理をユーザーグループ(訳注11)に移譲するということだった．彼らの管理権を大きくする代わりに，水の費用を集める責任もそれまで以上に負わせるのである．この構想は，利害関係者の意思決定への参加機会を増大するという，当時の人々の関心事にうまく符合した．一方で，水の使用者が負担する費用の割合が大きくなるという事実はもちろん強調されなかった．

灌漑区の管理をユーザーグループに移管する作業は，移管前に十分な訓練と会計責任を確立するという賢明な戦略もあって，ゆっくりとした進度で進められた．1994年には，80ある灌漑区のうちで完全に移管が終了したものは38地区，部分的に移管が完了したものは16地区のみであった．とはいえ，水利用者による運営，維持管理費用負担率は80%に達し，1991年時点の57%に比べるとかなり上昇した（Gorriz *et al.* 1995, 13）．

メキシコ政府は，この戦略を何代もの政権にわたって驚くほど粘り強くとり続けた．エヒードの法的地位が変わり，エヒダタリオに土地の売却と抵当化が認められるという劇的な変化と，上に見たような一連の改革が同時に進行したのは偶然ではなかった．こうして，エヒードの商業化（これを「解体」という人もいる）と，長期にわたる経済問題が照らし出した農業部門を抜本的に効率化する必要性に迫られて，何十年にもわたって水資源の乱用を動機づけてきた農業政策をめぐる争いには終止符が打たれた．

（訳注11）　地域の人々からなる灌漑利用組合のこと．

巨大灌漑施設と大規模化への偏向 メキシコの水資源政策の失敗から得られる最初の教訓は，なぜ費用の完全回収を難しくするような多大な資金的負担を関係者に強いる灌漑戦略がとられたのか，という背景の説明に見出すことができる．費用の完全回収ができないことが，灌漑システム失敗の中心的原因とされる．この論理の裏を返せば「政府側の認識と関与」，そして「賢明な水使用者の協力」があれば問題は解決すると考えられるわけである．しかし，問題の根はもっと深いところにある．問題は，その資金源はともかく，あまりに高くつく巨大な「大型灌漑施設」（例えば，ダムや運河など）の建設である．それに加えて，メキシコの場合，最大規模の灌漑施設は小規模な灌漑施設と比べて無駄に失われる水量が大きい (Gorriz et al. 1995, 3)．小さな灌漑施設（井戸，貯水槽，池など）の方が経済的優位性をもつことがあるにもかかわらず[20]，メキシコ政府は代々，大規模灌漑施設の方を好んだ．分配や貧困緩和といった観点を考慮してもしなくても，大規模灌漑施設の建設は政府の関与を必要とする．また灌漑の受益者たちがそもそも貧しく，そこから見込める便益に疑念を抱いているような場合は，政府は少なくとも初期投資の費用を負担しなくてはならない[21]．この前例が一度できてしまうと，それを覆すのは非常に難しくなる．

歴代のメキシコ政府が大型灌漑施設の方を好むのは，近視眼的に水に補助金を出したがるのと同じ理由である．第一に，大型灌漑施設であれば政府は受益者を大規模農家にするかエヒードにするかについて，より強い影響力を行使できる．小型の灌漑施設の整備を小規模融資や技術援助を通して進めることもできるが，そうなれば結局は農民たちが自ら井戸を掘ったり，貯水槽や貯水池の建設のために汗を流し，リスクを負わなくてはならない．第二に，灌漑プロジェクトは農民たちに対して明確に利権を付与することになるので，政府の政治的信用を高めることになる．農民たちに運営費や維持管理費まで支払う義務があるかどうかという議論は，実は灌漑システム全体が利権を生み出す装置になっている，という事実から人々の目をそらせてしまう．他方で，政府が水の使用料を引き上げようと努力すれば，それは反対に政府の政治的信用を減少させることになる．第三に，大型灌漑施設は，非常に分かりやすい雇用機会を与え，請負業者に儲ける機会を提供する公共事業である．メキシコの場合，大型工事を受注したメキシコ系建設請負業の増加が見られたのは，カジェス時代（1924-28）の公共事業が行われたときであった (Wionczek 1982, 396-397)．

最後に，灌漑システム拡張の政治的シンボルとしての役割は決定的に重要である．灌漑システムの拡張は，未利用資源の適切な開発と節約的利用の象徴であるかのように扱われるのだが，実際には取り出される資源の量が増加するだけである．にもかかわらず，水資源が枯渇すると水の利用者たちが非難される可能性が十分ありうる．枯渇が起こるのは，単なる水の過剰利用によるのかもしれないし，運営費を賄うための費用を十分に負担していないからかもしれない．確かに，高価な灌漑設備が農民たちのところに水を運び，政府が運営と維持管理費用の全額を回収する努力をしているのであれば，問題はシステム全体というよりは農民たちの側にあるように見える．しかし必要以上に拡張され，必要以上の費用をつぎ込んだシステムが何を意味しているのか．その背景を理解してはじめて，この問題をきちんと把握できるのである．

意見の対立と管轄の曖昧化　灌漑事業の必要性を正当化しようとする幾重にも連なる理由づけから，なぜ巨大な灌漑施設における経済性や資源の持続可能性に関する検討結果が，灌漑設備の拡張の是非や水利用に課金するかどうかの判断に大した役割を果たさなかったのかが説明できる．水を安くすることは，窮状に喘いでいるエヒダタリオを救うという旗印の下でなら容易に支持できる．実は使用料を支払う余力のある大規模農家も安価な水の利益を享受しているという事実は，あまり目立たない．費用のかかる灌漑設備でも，農業の近代化，食糧自給，国家の自立，貧困緩和，そして政治的安定を理由にその必要性が弁護されてきたのである．

　灌漑が利益分配に与える影響は，とりわけ誤解を招きやすい．メキシコの灌漑への資金割り当てに関する多くの議論や法律，そして規則では「支払能力に応じた課金」の基準が強調されていた．そこでは分配の問題が灌漑区内のエヒダタリオや小規模農家にとって大変重要であることが暗示されていた．この「支払能力」という考え方が，水利用への補助金が所得分配の観点から貧しい人々に手厚い累進的な手法であるかのような誤った印象を与えてしまった．灌漑設備を利用できるようになった農民は，いくら経営規模が小さくても灌漑を全く利用できない農民と比べれば遥かに高い所得を得る「農業エリート」になる．そして実際には，灌漑によって莫大な利益を得るのは大規模農家の方なので，補助金はむしろ所得格差を一層拡げる逆進的な効果を及ぼした．

また，農業政策をめぐる議論は低所得者と大地主のどちらが利益を得るのかという問題に終始したために，水の低料金化が灌漑システムの保持に与える影響については見向きもされなかった．

　バーキンとエステーヴァは，補助金の目的が生産者の意欲を向上させて農業部門を刺激することだけでなく，メキシコの都市労働者に安価な食料を提供することにより，メキシコ産業全体を刺激することにもおかれていたと指摘している（Barkin & Esteva 1981, 3-5）．政府はこれらの目的が同時に達成できるように，補助金による介入が必要と考えていたのだった．持続可能性の観点から見ると，安価な水が生産者の意欲を高める道具に使われていたことは，非常に残念である．メキシコの指導者たちは，自分の気に入った特定の農業戦略を推進するための武器として水への補助金を振りかざしてきたのである．

制度的問題　2つの制度的要因によって，メキシコ政府はバランスのとれた灌漑政策を保つことに失敗した．第一に，長年にわたり水への課金と集金を委託されていたさまざまな機関が，これらの収入をきちんと回収する制度的な動機づけを与えられてこなかった．1930年代末，そして1940年代半ばの2つの時期に，灌漑を担当する官僚たちは灌漑基金の設立を一般財源から切り離す形で推し進め，その基金を通じて使用料を徴収し，灌漑設備の運営，維持管理，補修のための支出を捻出しようとした．それまでのように中央国庫のために料金を一旦徴収した上で，年度ごとに支出金の割り当てを受けるのをやめようとしたのである．このような基金の存在は，灌漑システムに必要な資金を明確にする助けになっただろうし，不十分な料金回収による資金不足と，赤字補填のために持ち出される補助金の大きさを明らかにすることになっただろう．ところが，財務大臣はこの試みを見事につぶしてしまった．ウィオンチェックによれば，「財務・公共融資担当大臣は，農業部門の水利用者からの売り上げを税金として扱うために，2つの時期に試みられた改革を両方とも封じてしまった．水資源分野における公共事業機関の支出をしっかりと統御することがその目的であった」（Wionczek 1982, 403）としている．財務省が支出の権限を握っている旧来の制度では，灌漑当局がより多くの使用料を徴収したとしても，長期的な便益は少なかった．これ以上の使用料を回収しても，灌漑当局の顧客である農民たちの政治的な不評を買うだけだったからである．つまり，灌漑を担当する

機関に予算支出の裁量権が与えられなかったために，当局には灌漑システムを運営し，維持管理するのに必要なだけの使用料を集める動機もなければ説明責任もなかったのである．灌漑当局の役人たちは，政府が灌漑のための資金確保に肩入れするかどうかは，水の使用料回収の効率性とは関係がなく，むしろ上位にある政治経済的戦略に左右されていたことを知っていたに違いない．

　実際，上の2つの時期には，水の使用料を決める機関は灌漑当局から完全に切り離されていた．先に述べたように，1936年から43年までは農業信用国立銀行が水の価格を決定しており，1943年から46年の間に国家灌漑委員会がこの特権を取り返した後の5年間は農業省が価格決定の機能を受け持っていた (Wionczek 1982, 403)．灌漑当局には費用を全額回収する動機が希薄だったのだが，農業信用銀行や農業省の動機はさらに希薄だった．彼らに与えられた任務は農民の所得を増やすことであり，灌漑当局が赤字を抱えたとしても，制度的には痛くも痒くもなかったのである．

　制度的問題の二番目は，灌漑設備の過剰な拡張を説明するのに役立つ．1980年代のある短い期間を除いて，農業の強化を主要任務とする農業省は，農業開発の最も重要な投資先であるはずの灌漑への投資を行わなかった．新設の農業水資源省が農業生産性に役立つ灌漑開発，維持管理，そして価格設定を統括する責務を直接担うことになったのは，水資源担当の事務局が農業省に統合された1980年代初頭の改革期の間だけである．かつての水資源省が，ブラジルの交通省と同様に，「主に，土木建設志向の機関」であったことを理解しておくことは非常に重要である (Cummings & Nercissiantz 1992, 739)．水資源省は，農業分野に割り当てられた連邦予算をいかに効率的に配分して，農業全体の生産性を向上させ，農家の生活レベルを向上させるかという問題に一度も直面しなくて済んだのである．それどころか，水資源省の幹部らは自らの組織のもつ志向性に忠実に沿う形で，政府内での予算獲得争いを通して灌漑システム拡張のためにできるだけ多くの予算を確保することに専念した．農業省は農業省で，水資源省への資金供給が自分たちの行う資金供給への上乗せと見なせる場合に限って，灌漑システムの拡張に関心を示した．1989年になると灌漑局は国家水委員会設立に合わせて農業省から分離された．この分離によって，農業投資全体を見渡した観点から灌漑投資の占めるべき最適な割合を考える責任をもたなくなった灌漑局が，再び灌漑のための資金獲得に向けて政府内での競争に参加

することになってしまった.

4.4 資源浪費に見合わない開発事業

　この章の事例から，政府の官僚たちが一見すると無理な天然資源の搾取を通じて開発事業の資金を調達しようとする傾向がはっきりと示された．インドネシアで見られた念入りな資金洗浄は偶然の産物ではない．サバ財団の例では，木材利権から生じるレントを予算外の投資と政治的支援者を拡大する道具に変えるという，インドネシアの例と同じくらいの抜け目のなさが見られた．ブラジルとペルーの地域開発構想は，人や資本をアマゾンへ移動させるための奇抜な策をもたらした．メキシコの農業戦略は，直接かつ間接的に水に対する補助金の上に立脚していた．これらの事例は，政府・民間の仲介者を利用して多様な資金源から開発事業に資金を流そうとする数々の巧妙なメカニズムを浮き彫りにする．マレーシアのサバ州とサラワク州との比較では，多様な開発事業の実施が資源開発と資金獲得をめぐる取り決めを複雑化するメカニズムを見ることができた．

　この章から明らかになったのは，不適切な資源政策がとられたどの事例の背後にも，特定の政府官僚が敵対する同僚の抵抗を回避したいという動機づけがあった，ということである．ブラジルやペルーのような軍事政権下でさえ，政府内の対立によって屈折した政策がもたらされた．ブラジルの事例では，政府内の対立によって土地の無償提供と様々な補助金をばらまく部局同士の競争が誘発され，ペルーではペルー石油による事業の不正な操作が行われた.

　質の高い事業であっても，近視眼的な競争相手に妨害されてしまう可能性がある．だとすれば，良い事業に資金調達をする唯一の現実的な道は，不適切な資源政策で得られる資金を回すことなのかもしれない．しかし，特筆すべきことは，この章で検討された不適切な資源政策が，客観的に見て適切と評価できるような開発事業に役立てられたことは一度もないという衝撃的な事実である．これらの事例では，無用な天然資源の犠牲が，犠牲を相殺してくれるような適切な開発をもたらさないままに行われた．確かに，よい開発政策のために資金を調達しようとする努力が，結果として悪い資源政策を導くことはある．しかし，われわれが見てきた事例が端的に示すように，現実的にこのトレード・オ

フが起こることはかなり稀なのである．

原注
(1) Yergin (1991) は石油部門の国営化の事例を多数報告している．
(2) これに関しては，Ascher (1984) がペルーの農村部での分析をしている．
(3) サラワクに関するこの部分は，Mochida (1996) の解釈に従っている．サラワクとサバの政治と経済を扱った文献で最も一般的で有用なのは Means (1991) と Crouch (1996) である．
(4) Hurst (1980, 105) と Stesser (1991, 62-63) もこのような状況を報告している．
(5) 「メラナウス」(Melanaus) とは海岸地域に住み，ほとんどがムスリムの人々で大部分が中央サラワクのムカー地域に住んでいる．マレーの文化的特徴を多分にもっている彼らは，概してマレー人の一部として扱われることが多い．
(6) もちろん，こうした事実認識はある程度まであったし，政策対応も時折はあった．1960年代，森林再生計画によって，森林企業は所得税額の半分までを再植林のために保持することを認められていた．公式記録によれば，1970年から75年の間，82万haの土地に18億本の木が植えられたとされている．しかし，植林や天然林の回復が実際に達成されたのかどうかについては疑問の声がある (Gillis 1992, 166)．
(7) ブラジル・アマゾンの経済的可能性に関する分析の中で，Browder (1988, 248-249) は，以下のように指摘している．「産業用木材部門がブラジル経済の中で占める役割は小さいが，成長部門である．……アマゾンでは，地域の6つの州のうちの4州と連邦直轄地で，工業出荷額の25％以上を木材製品に依存している．……ロンドニア州とロライマ州では，工業出荷額の60％以上を木材製品が占める」．しかしながら，アマゾンにおける工業出荷額は，穀物や畜産品の出荷額と比べれば極めて小さい．これを踏まえて Browder (1988, 250-251) は，「このように産業成長の可能性が非常に大きいにもかかわらず……，ブラジルによる熱帯林遺産の管理は，森林破壊を黙認したばかりか，事実上は促進した」と結論する．
(8) ある意味，他の大部分の途上国で見られる農業と比べれば，両方とも大規模である．アマゾンの土壌の貧しさによって，家族経営の農場でさえ少なくとも100 haの土地を必要としたからである．この点については Hecht (1984, 381-388) を見よ．
(9) 自己資本や銀行からの借入金を利用できる高所得の土地所有者は，闇金融からの高金利の借入金に頼らなければならない低所得の入植者よりも，同じ土地から高い利益を上げることができた (Schneider 1995, 23-30)．低金利の資本を利用できる人たちと，できない人たちとの間に結果的に生じた土地の収益性の格差は，裕福な人たちにとってより貧しい人たちの土地を買い上げる動機になる．
(10) もし耕作可能地が入植者たちに与えられていたとしたら，それは超過利潤の移転をしたことになるが，だからといって必ずしも資源利用の持続性が犠牲になるわけではない．なぜなら，個人所有者たちは自らの所有権が保障される限り，現在と未来の利用から発生する価値を最大化する形で土地と資源を管理するインセンティブをもつからである．ところが現実には，アマゾンの大部分を占める貧しい土地は何回かの収穫期を経た後に放棄された．入植者たちはアマゾンの他の土地ではじめか

らやり直すことができたので，新規に取得された土地は，わざわざ手間をかけて管理し，遅れて生じてくる収益を辛抱強く待つに値するような土地とは見なされなかったのである．
(11) 「北部」のアクレ，アマパ，アマゾナス，パラ，ロンドニア，ロライマ，トカンティスの各州，「中西部」のゴイアス，マト・グロッソ，南マト・グロッソの各州．連邦直轄地のブラジリアは除く．
(12) 以下の歴史的な解釈は Wionczek (1982) に忠実に従った．ウィオンチェックの分析は，メキシコ灌漑の政治経済分析の中で簡潔で最も優れたものである．Orive Alba (1960) の文献は，長い間，灌漑当局のトップを務めた人物によって書かれたメキシコ灌漑の公式な歴史である．Tamayo の文献 (Tamayo 1946; Tamayo 1964) は，その当時のより批判的な記録である．政治分析の裏付けは Sanderson (1986) と Castro (1995) の中に見出すことができる．
(13) 「農業近代化」とは，鶏肉，植物油，大豆やソルガムのような飼料作物，青野菜，イチゴなどの生果および冷凍果物，そして冷凍濃縮オレンジ果汁といった，主として土地のものではない輸出志向の作物を育てることを意味した．これらの作物は全て，水の集約的な使用に依存していた．主食に対する需要の増大を満たすため，メキシコ政府は小麦の生産にも力を入れた．品種の改良と，改良された肥料，そして大々的な水の注入を通じて，トウモロコシの収穫よりも小麦の収穫を増加させることに成功したからである．メキシコの小麦農家は，伝統的な食料用作物を作っていた農家と比べて大規模であった．メキシコの農業近代化に関する最も詳細な議論については，Sanderson (1986) を見よ．
(14) カジェスの過剰なまでの政治的支持取りつけ工作を，彼の妄想として片づけることはできない．例えば，1929 年には実際に軍事的な蜂起が起こっているのである．
(15) サンダーソンによって報告された数字は，正確には下記の通りである (Sanderson 1986, 47)．

1940 年 80.0%   1955 年 99.2%   1970 年 92.5%
1945 年 95.8%   1960 年 85.5%   1975 年 76.0%
1950 年 72.1%   1965 年 98.4%   1980 年 59.2%

これらの数字は，農業牧畜への全連邦支出に対する灌漑支出の割合である (Sanderson 1986, 47)．
(16) Tamayo (1964, 141) は，1947～59 年に支払いが運営費用の 45% であったことを報告している．
(17) Wionczek (1982, 401). Hewitt de Alcantara (1976) と Sanderson (1986) はさらに，輸出指向農業に向けられた他の多くの補助金，大規模な輸出指向生産者に有利な技術革新に農業研究の焦点がおかれていること，そして大規模農業が支配的な州に新しい灌漑システムが集中していることを指摘している．
(18) これが，小規模灌漑国家計画 Plan Nacional de Pequeña Irrigación である．Secretaría de Recursos Hidráulicos (1968) を見よ．
(19) この現象は「オランダ病」と呼ばれており，1980 年代前半には多くの関連文献が出版され (例えば Corden & Neary 1982; Harberger 1983)，輸出の増加に伴う通貨の上昇が他の一般商品の輸出を困難にするメカニズムについて述べている．オラン

ダ病が知られる以前の 1970 年代半ばに，メキシコ政府の高官たちがこの現象を理解していたわけではない．ただ，高官の何人かはペソの高騰が生産コストをカバーし得る価格での農産物の輸出を困難にしているという事実に気づいていた．

(20) この主題は Ascher & Healy の中でより一般的な形で詳述されている（Ascher & Healy 1990, chap. 5）．

(21) Wionczek は,「灌漑用ダムと運河をただ建設するだけでは，潜在的利用者の関心を強く惹きつけることはできなかった．国家灌漑委員会は設立されて数年してから，公費でインフラ事業を全て賄うだけではなく，灌漑された土地を実際の価値より低い価格で新たな所有者に販売する必要もあることを明らかにした」と書いている（Wionczek 1982, 397, 引用者訳）．

5章 資源乱用による利益分配

　本章は，富の分配や再分配のために適切な資源開発を犠牲にするような政策を概観し，なぜ大きな犠牲を伴う天然資源開発が分配政策の手段に用いられるのかを問う．特定のグループに経済的利益を与えるような資源政策の裏には政府内部における争いがある，というのが私の主張である．特定の分配戦略に合意できず，他の方法で利益を分配しようとすることが，適切な資源開発を進める上で大きな障害になるのである．利益分配は，すでにとりあげた3つに類型化された事業計画に組み込まれた戦略（1章，p. 28以下参照）の中でも，最もむきだしの政治性を帯びている．ハロルド・ラスウェルは，「政治」とは「誰が，いつ，どのように何を得るかをめぐる攻防」であると定義した（Lasswell 1936）．ここで鍵となる問いは，政府の役人たちが所得再分配を目的に天然資源の操作に乗り出すのは，資源開発の実態が不透明で見えにくいからなのか，そして，彼らは分配パターンの実態を目立たなくするためにさらなる働きかけをしているのか，である．

5.1　資源開発を通じて経済利益が提供されるメカニズム

　不適切な資源政策のほとんど，そして適切な資源政策の多くは所得分配のあり方に影響する．最適とはいえない資源開発をもたらす政策手段は，結果として以下のようなアクターの間での経済便益のやりとりを生み出す．
- 財務省（国庫）
- 資源の開発者と利用者（所有者と労働者の両方）
- 下請け加工業者
- 生産者
- 消費者
- 政府の役人や政治家

表 5.1 民間と公的な資源開発機関の間の利益移転

利益の移転	手段	事例
消費者から資源開発者へ	生産物価格の下限設定	ブラジルのゴム
	代替資源利用の制限	薪炭禁止令，灯油の値上げ
資源開発者から消費者へ	生産物価格の上限設定	エジプトの穀物
	丸太のような原料生産の禁止	ブラジル，インドネシア，リベリアの森林
資源開発者から特定の地域共同体へ	地域社会のための公共事業	チリ・インドの銅，インドネシアの森林
財務省から資源開発者へ	植林への補助金	コスタリカ・フィリピンの森林
	資源開発者のための低利子の政府借款	ブラジル・コスタリカの家畜への補助金
	非合法の（非課税の）資源採掘と杜撰な規制	コスタリカの森林
財務省から資源開発者（労働者）へ	鉱山労働者への高い賃金	チリの銅（特に 1970～73 年）
	過剰な労働者数	チリの銅
資源開発者から財務省へ	過剰な使用料／税	メキシコの石油（1978 年以後）
	政府への配当または強制公債という形での収益の没収	ベネズエラの石油（1982 年以後）
	過大評価された為替相場の下での輸出用資源	インドネシアの森林
消費者から資源開発者と財務省へ	輸入資源への関税	インドの銅
財務省と社会から資源開発者へ	環境規制と環境課徴金の緩和	ブラジル・インドネシアの森林，メキシコの石油

・国営企業経営者と従業員

・将来世代

　誤った資源政策が将来世代を軽視しがちであることは，驚くべきことではない．政府は再生可能資源をあまりに急激に使い果たしてしまうことが多く，ゆえに将来の価格の値上がり益を得ることもできないし，収益を長期的な視野から効率よく投資することもできない．これより目立たない利益移転も含めて，一連の類型を表 5.1 と表 5.2 にまとめた．

　これらの例は，所得分配の機会が，資源育成・開発と資源採掘の両方から提供されていることを明らかにしている．主要な分配メカニズムの一つは資源開発への補助政策である．財政当局はさまざまな補助を提供している．それらは，税額控除，国庫の拠出による低金利貸付，直接融資，資源開発への投入物（例

表 5.2　国営資源開発機関の間の利益移転

利益の移転	手段	事例
資源開発者から加工業者へ	国営加工企業へ強制売却	ホンデュラスの森林
財務省から特定の共同体へ	国家による非経済的な資源の採掘	1980年代初頭のインドの銅,ボリビアの鉱山
	地域社会のための社会事業と開発事業	チリ・インドの銅,インドネシアの森林
資源開発者から加工業者へ	国営加工企業へ強制売却	ホンデュラスの森林
財務省から資源採掘者へ	国有資源の安い利用料,鉱物と原油の掘削に使用料を課さない	チリの銅,メキシコの石油
	国家資源の安い使用料,安い立木伐採権料	コスタリカの森林
財務省から資源採掘者や下請け業者へ	国営開発企業による過剰支出	チリの銅
将来世代から現代世代へ	国営企業の対外借款を搾取するための課税	メキシコの石油
	政府によるあまりに性急な資源採掘・伐採	ホンデュラスの森林(1980年代半ばまで)

えば,苗木,肥料,工作機械など)の無償援助や直接的な資金調達,国営企業が提供する投入物の価格を安く抑えることや,大規模灌漑システムのような政府の建設事業など多岐にわたっている.

　資源開発への補助政策は,以下の2つの側面で資源の利用効率に悪影響を及ぼす.まず第一に明白な影響は,補助金の存在によって採算のとれないはずの資源開発の収益性を確保してしまうことである.効率が産出(アウトプット)に対する投入(インプット)の比率で表されるものならば,補助金は明らかに低効率の原因を作っている.二つ目に,本来は他の用途に用いた方が生産性が高い場合でも,補助されるタイプの開発に向けた用地転換が促進されてしまう.森林から牧草地への転換は,家畜飼育への補助政策がもたらす典型的な結果である.

　政府が公共資源からのレントの確保に失敗するとき,資源開発は特定の利益分配に対する欲求を満足すべく利用される.政府は,量的に過剰であまりに性急な資源採掘を強制したり,高すぎる賃金の支払いや労働者の過剰雇用,消費者に有利になるような生産物の低価格化を黙認するだけでなく,時にはそれらを要求することさえある.

　表 5.1 と**表 5.2** は,所得の再分配が他の目的に動機づけられたさまざまな資源政策によって起こり得ることを明らかにしている.すでに見てきたように,

アマゾン開発の拡張はブラジル軍の地政学的戦略や国内の人口圧力の地域的偏りを軽減するために推進された．しかし，アマゾン開発を牽引した主要な政策の一つは，牧畜経営への補助金であり，その大部分は，大きな影響力をもっていたサンパウロの商売人を富裕にすることに貢献した．メキシコの灌漑政策は，非常に包括的な農業開発戦略の一部であったが，結果としては安価な水を受け取ることのできた大農場を潤すことになった．同じように，インドネシアの森林政策や木材製品産業への補助金は，その産業に関わっている労働者と経営者の両方を潤した．いかなる経済政策も，一部の人々を犠牲にして他の人々を潤すものであるとすれば，そこには必ずと言っていいほど分配上の影響があり，そうした政策の背後には分配上の動機を見出すことができる．

　本章では，所得と富の再分配を偶発的または副次的に引き起こす政策よりも，再分配そのものを目的に実施される資源政策に焦点をあてる．分配への関心に突き動かされた政策は，「効率と分配は分けるべき」というジョン・スチュアート・ミルの原則（2章参照）を公然と拒む政府の姿勢を反映している点で興味深い．ミルが問うているように，政府が恩恵を与えたいと考える人々を生産プロセスには触れない方法で潤すことができるとき，なぜ生産部門の効率をわざわざ犠牲にするような方法がとられてしまうのだろうか．

　コスタリカの土地と森林の事例は，わざと杜撰なレベルに設定された規制や実施体制が，いかに将来世代を犠牲にして現在世代を甘やかしてきたかを浮き彫りにしている．植林計画は利権漁り（レントシーキング）の機会を作り出し，高いコストをかけて失敗しただけではなく，目的とは裏腹に一部の天然林の破壊を促した．

　チリとインドにおける銅採掘の事例の対照は興味深い．チリでは，1970年から73年頃に銅資源からの収益が一般財源から国営事業労働者へと再分配がなされたが，これは銅の生み出す莫大なレント（チリでは外資を稼ぐ筆頭手段）をめぐり，何十年にもわたる闘いを引き起こした．この闘いによって国営企業はしばしば資本不足に陥り，資源開発戦略は歪められてしまった．他方，インドの事例では鉱床が低質だったにもかかわらず操業が継続されたのだが，その唯一の根拠は，その仕事なしでは絶望的に貧しくなってしまう労働者の賃金を維持するためであった．だが，この目的を達成するにしても，各世帯に直接的な形で富を移転したほうが，経済学的にも，また天然資源開発の適切性の観点からも明らかに効率的であった．

ナイジェリアの石油の事例は，石油製品に不当に安価な値段をつけるという大きく歪んだ政策がさまざまな分配目的に役立つことを明らかにする．燃料が低価格であることで，石油の大量消費地域は優遇されただけでなく，軍部を含むさまざまなグループの利益になる密輸の機会が作り出された．国営石油企業の低い透明性が，政治的説明責任を問われない大規模な再分配を可能にしたのである．

5.2 資源乱用による利益分配の事例

5.2.1 コスタリカでの森林の換金：将来世代から現在世代への利益移転

1980年代のコスタリカで起こった森林減少は，将来世代に損害をなすりつける形で所得水準を上げようとした経済刺激策の結果であった．1970年代の終わりから1990年代初めまでのコスタリカの経済情勢は，近隣諸国での内戦で地域の貿易が中断していたために悪化していた．緊縮経済を促す国内外からの圧力を前に，コスタリカ政府は間接的な経済刺激策に訴えた．それらの政策の多くは，性急で持続不可能な資源搾取を補助する政策であった．加えて，分配をめぐる闘争が，農産物輸出を担う新しいグループと低所得農家との間に勃発した．どちらの側にも，コスタリカ政府内の異なった部局がそれぞれ後ろ盾となっていた．コスタリカの事例は，「環境保護」という名目が，政策の持続不可能性を隠してしまうという気のめいるような例でもある．コスタリカは自然保護に熱心な国として世界に名高く，肝心な観光産業を支えるためにも「評判」は非常に重要であった．そのため，他のラテンアメリカ諸国と同じくらいの森林減少を経験しているときでさえ，コスタリカは自然保護を十分に考慮している国であると見なされていた．さらに悪いことに，内閣は輸出促進と貧農への土地分配との衝突に対して，特に政策を講じるわけでもなかった．それぞれの立場を堅持する政府内の各部局は，土地，特に森林地帯を，性急かつ無謀なやり方で管理下に置き，好き放題に開発できたのである．

背景 1980年代のコスタリカを統治した諸政権は，経済安定化計画の遂行と，地域貿易の衰退によって引き起こされた不景気への対処という2つの課題

をこなさなくてはならなかった．コスタリカ政府は，必要不可欠な無償資金援助や貸付を得るために，米国政府，IMF（国際通貨基金），世界銀行が提示する安定化と自由化のガイドラインに従わなければならなかった．1980年代中頃，モンヘ（Monge）大統領はIMFの借入予約協定（Standby Agreement）(訳注1)に調印し，米国政府によるカリブ海地域開発構想（Caribbean Basin Initiative）が要求する自由化条件の受け入れを承諾した．いずれの計画もコスタリカ政府に積極的な輸出促進戦略をとらせるものであった．構想は市場価格での為替レートの保障など自由化をもたらす部分もあったが，輸出志向型の活動に補助金を出す可能性も含んでいた．包括的な補助金撤廃を目標とする構造調整プログラム（Programa de Ajuste Estructural I: PAE I）に対して設けられたこの例外は，産業部門と農業畜産部門の両方で今日の特権階層の一部を形成し，新しくて勢いのある輸出企業集団を生み出した（Brenes 1991, 292）．1988年に当選したオスカール・アリアス大統領は，世界銀行との間でもう一つの構造調整プログラム（PAE II）に調印したが，これは関税，現存の補助金，通貨の過大評価をそれぞれ減らす努力を拡張するという約束であった．PAE IIは型通りの市場自由化パッケージであったが，農業輸出部門に対して追加的なインセンティブを含む点が特徴であった．この新政策の下でトウモロコシ，米，豆の消費に対する補助金は減少したが，農業輸出部門はその間も政府の大きな支援を得ていた（Brenes 1991, 294）．ここで新たにもち上がったのは，さまざまな補助金にありつこうとする農業輸出企業家と，新しい農地への再定住と農場権を得ようとしたかつてのプランテーション労働者や貧しい農民との間の分配をめぐる争いであった．

アリアス政権は，政策立案者らが経済再活性化の必要性をようやく認識した頃に，財政面での政府の役割を低下させなくてはならなくなった．政府の財政的役割を減らすためには，国のプログラムである低利貸付を含めたさまざまな補助金事業を廃止しなくてはならない（Brenes 1991, 295）．国営銀行には資本が注入されたものの，景気の全体的な低迷と地域全体を覆っていた社会不安により，収益の見込める事業の数はまだ限られていた．決定的だったのは，経済活性化に用いることができた従来の常套手段が大幅に少なくなっていたことで

（訳注1）　メンバー国がIMFの課す条件（コンディショナリティ）に従えば特定の期間（通常1～2年），事前に決めた額まで借り入れることができることを定めた協定．

ある.森林部門の崩壊を省りみない,度を過ぎた森林開発が行われてしまったのも,景気刺激策を死にもの狂いに求めたためである.

ここで自然保護に熱心な国として名高いコスタリカの評判に疑問を投げかける森林政策の4つの側面を指摘したい.それは,牧場経営への補助金(現在は廃止された),国有地に生育する木材の低価格,植林の名目で創設された欠陥の多い補助制度,そして,性急で無謀な開墾を促した矛盾だらけの土地区分である.ブラジルでそうであったように,農産品輸出業者と低所得農民との間の分配をめぐる対立は,それぞれの理由で土地を意のままに転換することに躍起だった政府関係機関を巻き込むことになった.これらの補助金や土地区分政策は,森林から他の土地利用への転換がすでに適正なレベルを超えていたコスタリカで,さらなる森林破壊を引き起こした[1].また,ブラジルと同じように,土地使用権は国から民間の資源開発業者へ移る中で,資金の大部分も国庫から資源開発業者へと流れた.

牛の牧場経営　コスタリカにおける牧場への補助金はブラジルのものと類似している.しかし,ブラジルとは異なり,コスタリカの政策には地政学的な動機はなく,「地域開発のため」という理由づけもなかった.被害は資金の無駄使いにとどまらなかった.森林から放牧地へという,経済的,自然環境的,そして社会的にも見返りの少ない土地利用への転換は,天然資源を破壊した.補助金なしでも牧畜それ自体の経営から高い収益が見込める場合,牧畜は土地利用の最良な形態かもしれない.しかし,補助金を受けている状態ですでに採算性がないとすれば,牧畜は明らかに間違った土地利用法ということになる.

牛の牧畜振興は利権を生み出す手段であり,特定のコスタリカ人の所得を増やすための道具として作り出された可能性が高い.1970年代の牧畜に対する融資は,ほとんどが国有化された金融部門からのもので,その額は農業向けの融資を超えていた.1982年までには,牧畜への融資は全ての政府融資の23%を占めるに至った (Lutz & Daly 1990, 16).最も重要なのは,これらの融資のほとんどは本格的な牧畜には一度も使われなかったということである.このことは貸し倒れの数の多さからわかる.返済がなされなかったのは,融資された資金を牛の牧畜に投資せずに消費に向けてしまったからである.1985年末には,畜産事業は不良債権の70%以上にも及んだ.小規模牧場主の債権不履行の割

合が28.3%であるのに対して,大規模な牧場主や農家の割合は63.1%に及んでいた(Lutz & Daly 1990, 16-17).

このような債権不履行の状況に直面し,大統領は自らの農業改革政策の一環として,小中規模の畜産事業者を対象に債務返済期限の延期を提案した(Ley Fodea: Ley Fomento al Desarrollo Agropecuarion 農業と牧畜の発展促進法).一部の政治家は大規模牧場経営者の利害を代弁して圧力をかけたので,結果的に大規模経営者らが主要な受益者となり,国営銀行から返済延期のための特別融資額のほぼ半分を受け取ることになった(Baltodano *et al.* 1988, 46-48).幸い,この再延期策(Ley Fodea II)は国会を通らなかった.「再延期策はコスタリカの構造調整貸付の規約に違反する」と世界銀行が反対したことが理由の一つであった(Lutz & Daly 1990, 17).

安い伐採料 1980年代に国有保全林で伐採業者に課されていた立木伐採料は驚くべき安さであり,それは製材所に引き渡される丸太がもつ価格の3%に過ぎなかった(Abt Associates 1990, 69).現場との関わりがほとんどなかった政府の森林局(Direccion General Forestal: DGF)は,違法伐採を防ぐ手だてをほとんど何も講じなかった.要所で行われた木材運搬トラックの検問では,ほんの一部の車しか検査されなかった.コスタリカの資源政策に対する包括的調査には次のように記されている.「検問は役人の収賄など,多くの理由でうまくいかなかった.政府高官は,自分たちが計画している政策や取り締まりを前もって公表したが,それは明らかな政治目的をもっていた.あるときは,有力紙が夜間の丸太運送を阻止するための検問所が設置される日時と高速道路の場所を明かす記事を載せたくらいである」(Abt Associates 1990, 68).

行政面での貧弱さは,森林局にとって行き過ぎた伐採を許容する事実上の「戦略」になっている.森林に対する規制を意図的にゆるめることはなくても,弱い執行力は政府のレントの取り分を減らし,特定の人々に利権漁り(レントシーキング)の機会を直接に提供していたからである.

伐採業者が本格的に事業を展開するためには,森林地に対して十分な支配力をもっていなくてはならない.コスタリカの一部地域では,農民が森林に対して慣習的な伐採権をもち小規模で林野利用をしていたので,大規模な商業伐採は制限されていた.だが,1986年の森林法は,コスタリカのいくつかの地域

で正式な土地所有権の事前取得を必須にするなど，伐採許可を得るための必要書類を厳格化し，これが農民に対する締めつけになった．ブルガーマンとサラス・マンデュハーノ（Bruggermann & Salas Mandujano 1992）によれば，バラ・デル・コロラド（Barra del Colorado）の野生動物保護地では，そこに暮らす農民の多くが，政府との間に有利なコネをつくるか，財源に恵まれた伐採業者と契約することでしか木々を伐採できない事実を発見した．当然の帰結として，商業伐採業者は，この状況を利用して金銭的なうまみを得たのである．

利権漁り（レントシーキング）としての植林誘引策　利権獲得の機会を求める動きは植林事業にも及んだ．コスタリカにおいて1979年から90年代初期までに実施された植林誘引政策は，また別の意味での経済刺激策であった．政府は，議会での野党やIMFのような国際的な資金供与機関からの厳しい批判もあり，植林に対して予算をつけることに慎重であった．だが，植林事業の予算は通常の予算確保によらず，税額控除に頼る予算の枠外からの赤字支出で賄われたのである．具体的には，特定種の樹木の植林と引き換えに，植林業者は5年間に及ぶ税額控除を認める証書を受け取ることができた．そして証書はコスタリカ証券取引所において取引可能であった．

政府は，この植林誘引政策を国内の材木需要を満たし森林被覆率を回復するために計画したと主張した．しかしながら，規定では植林するべき樹種（特にグメリナやユーカリ種のような成長の速い外来種）は明記されていたものの，税額控除の対象となる植林場所までは明示されていなかった．そのため植林業者は，最も安上がりな種を選び，その種の生育に適さないような土壌や気候的条件の土地に植林することができた．植林の経験がほとんどない業者こそが，この誘引策をうまく利用した．企業が不適切な木々を植林し，植林後の世話を怠るなど，この制度を悪用しているという苦情は多かった．一部では植林のために，原生林が伐採されてしまった例もあった．実際になされたわずかな植林も，原生林が提供する社会的便益や生物多様性を埋め合わせるほどのものではなかった．こうした批判を受け，アリアス政権は植林誘引策をより適切なものに改変し，小規模農家に彼らの土地にある樹木を保持させるために，少額の交付金を与える「森林保持」へと政策を切り変えた．これは経済的な魅力を保つのに十分なだけの誘引を提供してプラスの外部性を増すという論理に沿うもの

で，レントを追い求める人々がよこしまな気持ちで制度を悪用したくなるような多額の報酬を出さない政策であった．

ブラジルやコスタリカの牧畜補助金のように，この植林補助策は社会全体から見て経済的に正当化できないような財源移転をもたらした．ブラジル政府では，指導者の一部がアマゾン開発計画を国防と経済発展を理由に正当化したが，コスタリカでは，「環境保全」という，それ以上に偽善的なレトリックで利権漁りが正当化されてしまった．

曖昧な土地規制と「オープン・アクセス」 コスタリカの森林について最後に触れておきたい側面は，政府内の意見の不一致である．ブラジル同様，コスタリカは長い間，特に国家経済が景気後退期にあるとき，土地に飢えた農民の圧力にさらされてきた．ブラジルでもそうだったように，農地改革機関（Instituto de Desarrollo Agrario：IDA）は，コスタリカに包括的な土地区分制度がなかったことを利用して，個別に存在していた土地利用区分制度のどれにも配慮しない定住政策を立案した．森林局は，本来「どの土地を森林として保持すべきか」を決定する独自の土地区分制度をもっていた．だが，他のいかなる政府機関も，森林局を森林管理者と認めて，その土地区分に従おうとはしなかった．林地を使って開発事業を目論んでいた他部局は，森林局が定める林地利用の規制を無視した．例えばIDAは，他の土地区分によれば「森林」として保全されるべき土地で堂々と農地開拓を実行した(2)．包括的な土地区分制度を確立できなかったことは，コスタリカ政府にとって土地利用規制を強制しない便利な口実となった．こうして，森林は多様な政府機関に自由に開放された「オープン・アクセス」の状態になった．公に定められた管轄範囲が曖昧だったために，さまざまな機関が自らの支配権を確立しようと，互いに競い合う状況が生まれたのである．

5.2.2　チリにおける銅の利権：財務省から労働者への利益移転

チリの国営銅企業である"Corporación Nacional del Cobre"（Codelco コデルコ）は，他の国営鉱物企業と比べて能力もあり誠実であったにもかかわらず，高圧的な政府の規制に経営をひどく妨害されてきた．コデルコ社は利益を最大化するインセンティブを奪われていたので，積極的な費用節約策をとる理由が

なかった．そのため，アメリカやカナダの競合企業に対するコデルコ社の費用面での優位は大幅に低下した．コデルコ社は何度か賢明とは言えない投資判断をしたり，長期的な発展や技術進歩，環境保護などを犠牲にして生産拡大に力を入れたりしたこともある．資源採掘の最適なタイミングを無視して，投資戦略や採掘率を決定することもあった．その気になればチリの銅資源を拡張できた決定的な時期に，コデルコ社は資本不足のままにおかれていた．多くの犠牲を伴い，複数の政府機関から敵対視されながら自らの投資計画を推し進めようとしたコデルコ社は，益々無責任な組織になった．これら一連の問題は，1970年代初頭のアレンデ政権(訳注2)の利益分配戦略に端を発している．

背景 世界的に見ても最大規模の銅会社であるコデルコ社は，典型的な国有化政策から生まれた(3)．国有化を加速させたのは，6章のベネズエラの事例もそうであるように，多国籍企業からレントを回収し，十分な投資および生産を維持したいという思惑であった．銅の国有化に関する白熱した論争は，外国の銅企業が資源レントを牛耳っていた頃に始まった．だが，1960年代の終わりにいよいよ国有化が差し迫った頃には，多国籍企業に課された銅の鉱区使用料と税は，レントをきちんと回収する上で非常に効果的になっていたし，国際価格の低迷に加えて国有化の兆しが強まったため，外国企業は生産拡大投資を躊躇するようになっていた．

こうした事情を考えると，チリ政府はコデルコ社に潤沢な資本を与え，自由にさせることで銅産業を再活性化させるべきだったと思えるかもしれない．しかし実際は，1970年にアレンデが選挙で勝利したとき，最初に銅が生み出すレントにあやかったのが鉱山労働者だったために，財務省とコデルコ社は対立することになった．そして，銅山労働者の側が勝利したことで，国有化以前の状況と比べて政府のレント回収が減少に転じるという状況になってしまった．

チリにおける「銅の国有化」はエデュアルド・フレイ中道左派政府（1964-70）のもとでほぼ成し遂げられた．政府と企業との間の長い交渉の結果，チリ政府は会社を支配するのに十分な量の株をアメリカ企業（アナコンダ社，セロ

（訳注2） 1970年代チリにおいて社会主義国家建設を目指したアレンデ政権は，1973年ピノチェトによるクーデターによって短期間で崩壊．アレンデは虐殺され，その後，軍部独裁が1990年まで続くことになる．

社，ケネコット社）から買い上げた．その協定は同時に，政府の長期的な選択肢として海外企業を完全に買収することも可能にした．アメリカ企業は自社株を帳簿価格以上の価値で引き受けてもらうのと引き換えに，投資と生産の両方を拡大させるための投資をしてくれる個人や企業（大部分が国際銀行とチリの投資元からの資本）を探すことに同意した (Geller & Estevez 1972). 暫定的に始まった共同事業は，チリ産銅の競争力を維持するために労働者の賃金を制限しながら，2つの新しい巨大な鉱床（アンディナとエグゾティカ）での事業を始めるのに十分な投資を集めた．数十年の間，組合は銅部門での労働者の賃金を他の主要な肉体労働者層をはるかに上回る水準に保つことに成功していた．また，鉱山が外資系企業に所有されていたため，チリ政権は代々，企業との賃金闘争において鉱山労働者組合を支援してきたのだった．

　組合はフレイ政権の国有化の取り組みを強く支持したが，重要な転換点となった1970年の大統領選挙の際には，かなりの数の組合が極左連合の支援にまわった．実際，銅鉱山労働者はチリで最も過激な集団であり，アレンデ大統領は，右派や中道派だけではなく極左派との隔絶をどのように回避するかという点で悩み続けた．アレンデ政権は銅の問題については非常に急進的な立場をとっていた．政府はアメリカ企業が保有していた残りの持株を憲法改正により即座に国有化し，従前に合意していたアメリカ企業の資産価値を認めなかった．企業がそれまでに獲得した「超過利潤」は鉱山の価値よりも高いとアレンデ大統領は主張した．

　アレンデ政権下での銅産業の展望は複雑なものであった．アレンデが政権の座についてすぐの頃，アンディナとエグゾティカで生産が始まった．フレイ政権期におとずれた世界的な銅の高値で蓄積された大量の外貨準備の保有もプラスの要因として働いた．他方，アレンデ政権の時代になると，世界的な銅価格の下落，フレイ政権期の金融安定政策による国内の景気後退，そしてアレンデの政権獲得に対する財界からの強い反感がマイナスに働いた．だからこそ，政府支出の増加，信用貸付の拡大，賃金の引き上げという「ケインズ経済学的な」政策の組み合わせによる経済の活性化は，時期的にも政治的にも魅力的だったのである．アレンデは低所得層の支持者と中所得層に対して，経済の回復が「独占企業」以外の全ての人々に利益をもたらすことを納得させようとした (Ascher 1984, 240-248). アレンデ政権の経済政策担当者らは，どういうわけか

5章 資源乱用による利益分配

表5.3 チリ政府の銅による外貨収入の合計 (100万米ドル)

年	収入	年	収入
1965	121.5	1972	25.7
1966	197.3	1973	19.2
1967	178.7	1974	190.6
1968	172.5	1975	176.5
1969	223.9	1976	351.9
1970	267.9	1977	353.2
1971	39.1	1978	316.4

このような経済活性化が急激なインフレを引き起こすことなく実施できると確信していた．資源の国有化によって，それまで外資企業や国内の経済界のエリートの手に渡っていた剰余金がチリの生産能力拡大に投入される速度は，賃金上昇が喚起する財の需要増加よりも速いペースで進むと彼らは考えたのである．

結局，資源が生み出すレントの大半を獲得したのは鉱山労働者であった．財務省の予算局は，政府の外貨収入として表5.3の数値を報告した[4]．世界的な銅の安値と鉱山の経営効率の低下が1971年から73年にかけての歳入の低さにつながったものの（Baklanoff 1983, 8-9），誰もが認める受益者は鉱山労働者であった．彼らの賃金は物価上昇率をはるかに上回る速さで上昇したのである（Allende 1985）．

軍は1973年9月にアレンデ政権を転覆させた後，ピノチェト将軍による政権を打ち立てた．同政権は，ただちに銅のレントの取り戻しを緊急課題とした．軍事政権がその気ならば，賃金構造を劇的に変えられることは明らかであったが，まずは巨大な鉱山の複雑なコスト構造を把握し，統制するために適切な監視体制をつくり出す必要があった．政府は国営銅企業に代わって主導権を握り，ストライキを廃止する一方で，財政面の監督をさらに強化することを主張した．アメリカの銅会社との補償問題が解決しかかっていた1976年に，ピノチェト政権は新たな組織としてチリ銅委員会（Cochilco：コチルコ）を発足させ，そこに銅部門全体の監督を任せた．政府は銅会社（現在のチリ国営銅会社）を統一的な国営企業として再編成し，銅鉱業の主要な運営権限を与えた．これらの政策によって，1974年までに国庫への利益の流れはどうにか回復された（表5.3参照）．本部のスタッフには，1976年以前に財務省の監督局で働いた経験のある多くの役人が送り込まれており，財務省と非公式のつながりができていた．

とはいえ，政府はコデルコ社に自治を認めることに全く満足していなかった．コデルコ社では，6つ以上の組織が運営上のさまざまな側面で監督責任をもっていた．まず第一に，取締役会が会社の運営方針を決定する．取締役会は，元々は議長を務める鉱山大臣，そして財務大臣，コデルコ社の総裁，3人の直接代表（そのうちの一人は，軍の将軍もしくは上級レベルの将校でなければならなかった），銅労働者連合の代表者1人，そして，国家銅管理協会の代表者より成り立っていた．第二にコチルコは，国営・民営にかかわらず，大小の銅鉱業と加工における監視を担う機関であり，政策立案における権限は弱かったものの，監視と政策立案の役割を担っていた．第三に，鉱業省は全ての鉱業部門に対して一般的な政策方針を示し，採鉱に関わるインフラのための予算配分をする権限をもっていた．形式上，コデルコ社は鉱業省の「監督下」でコチルコの定めるガイドラインに沿って運営される．第四に，コデルコ社はチリ最大級の輸出業者として莫大な利益を上げている企業であるが，資本支出については政府の計画協力省による検閲と承認を得なければならない．第五に，財務省はコデルコ社の取締役会に代表者を送るだけでなく，コデルコ社の財務取引の全てを入念に監視する．最も重要なことは，外国からの借り入れ案も含め，コデルコ社の包括的な予算案を財務省が承認する立場に置かれていることである．そして最後に六番目の監督組織として，大統領府があげられる．大統領府には確かに公式な監視権限はないが，さまざまな形でコデルコ社の方針に対して大きな影響力を有している．例えば，コデルコ社の総裁を任命するのは大統領である．1989年までピノチェト政権は共和国の大統領に対する忠誠を確固たるものにするために，コデルコ社のトップ経営陣を選び，定期的に代えてきた．同政権の最後の年まで，2年ごとのローテーションのもと，現役の軍人がコデルコ社の総裁の職についていた．大統領は，銅鉱山労働者組合と銅管理組合により推薦された取締役の候補者を選ぶ権限も有していた（República de Chile 1976; Codelco 1992）．

　これらの監視体制以外に，コデルコ社の事業運営には，次の3つの重大な制約が課されていた．

- コデルコ社に採掘が許される鉱床は，1976年のコデルコ社設立当時に操業中，あるいは開発中であった鉱床に限定されていた．チリ国内の他の多くの地域が銅事業を展開する上で非常に有望だったにもかかわらず，この

方針は貫かれた．コデルコ社には自社の所有地の鉱床開発さえ許されてはいなかった．
- コデルコ社は，銅の採掘や加工以外の事業に多角化することをおおむね禁止されていた．数少ない例外は，チュキカマタ（Chuquicamata）銅山に関連したトコピーヤ（Tocopilla）の電力発電施設や，そのほとんどが失敗に終わった硫黄酸化物のような副産物開発などのわずかな試みだけであった．新法が制定されれば，コデルコ社は新たな銅鉱床の開発に参加できることになるかもしれないが，20年以上もの間，同社の経営は主に銅生産と販売に限られており，調査と新規鉱山開発，他の製品開発は民間部門に委ねられていた．
- コデルコ社は，余剰資金の使途について裁量権をほとんどもたず，毎年の利益は全て政府に譲渡せねばならなかった．運営予算と資本予算は，財務省の許可なしでは執行できなかった上に，予算はコデルコ社の経営陣が望んでいた額よりかなり少ないことが多かった．

同様に，コデルコ社は海外からの借り入れに関して裁量権がほとんどなく，主体性も無きに等しいものであった．これは，対外融資の要請にあたって特定の認可を得ることが義務づけられていたことと，コデルコ社の資本予算承認の両方について，財務省が強い影響力をもっていた結果である．

他方で，コデルコ社は他の多くの発展途上国で国営資源開発会社を悩ませてきた政府の介入からは，比較的自由であった．例えば，同社には具体的な操業上の決定に関してはかなりの自主性が認められてきた．サンティアゴに本部を置くコデルコ社の本部経営陣は，事業拡張のための投資額や重要な労働政策を除けば，4つの主要な鉱山全てに対して操業上の裁量権をもっていた．コデルコ社はまた，政府の介入をほとんど受けずに自社の生産物を販売することができた．財務の他に，銅のマーケティングに関してもほぼ純粋な形で商取引が行われた．他の国の石油セクターで時折起こるような地政学上の政府の決断が大きな役割を果たすようなことはなく，銅は国際市場価格で販売されていた．

だが，資本支出，経営の多角化，剰余金の保有，そして外部資本の勧誘に対しての裁量権があらゆる段階で大きく制限されていたため，コデルコ社の事業範囲は政府の効果的な監視と統制の対象に収まったのである．

厳しい規制の代価 コデルコ社に課せられた重い足かせは，経営指導陣の活力や革新力を抑え込み，最も精力的な経営者たちにとって会社を魅力のないものにした．以下に見るように，政府は銅ビジネスの経営能力より政府への忠誠心が強い経営陣を送りこんでいた．コデルコ社の経営本部の振る舞いは，「事業会社」というよりもむしろ，一つの省庁であった．取引環境の変化に対応する柔軟性が限られている上に，銅産業開発にさらなる投資が必要なときでさえ，銅鉱専門家は財務省のマクロ経済重視の役人に押さえ込まれてしまう．コデルコ社からの時宜を得た投資への承諾要請に対しても財務省は耳を傾けないし，毎年の利益を全て手放さなくてはいけないことで，コデルコ社側には管理運営の費用を節約しようとする組織的なインセンティブがなくなった．それでも全体として見れば，コデルコ社は厳格な管理体制により，典型的な準国営の資源開発企業よりもはるかに高いレベルで業務を遂行していたのである．

コデルコ社は新しい鉱床開発に対する制限のために，二種類の代価を払わなくてはならなかった．一つ目の明確な代価は，良質で収益率の高い鉱石の存在する新しい鉱坑の開発が遅れてしまうことであった．長年，他地域の鉱山の方がコデルコ社の既存の鉱山よりもはるかに有望であることは知られていた．しかしながら，コデルコ社への規制と，銅部門を再び民営化することは政治的に無理だったため，これらの鉱床は未開発のままにおかれていた．資源が非常に豊富なエスコンディーダ（Escondida）鉱床が初めて開発されたのは，1980年代の終わりになってからであった．その開発は，コデルコ社自体を民営化せずに銅部門を再民営化するという政府主導の事業として，民間企業連合の手で行われた．こうした代価が認識されたことで，コデルコ社の管轄地域内での開発禁止も，最近になってようやく緩和された．

二つ目の代価は，政府による規制の陰で，良質の鉱石を採掘し続けたコデルコ社側の巧妙な手口であった．立証は難しいものの，非常に興味をそそる報告は，1980年代後半にコデルコ社がチュキカマタに近い「ラス・パンパス」銅鉱床を開発するため，名称と会計報告を捏造したという話である．ラス・パンパスを「チュキカマタ北」（Chuquicamata Norte）という名称にすりかえることで，その開発費用をチュキカマタの方に負わせることにより，コデルコ社は委任地域外での鉱床開発に対する規制と，財務省の予算に対する縛りをかわすことができたのである．

1985年から87年の予算をめぐる対立　コデルコ社は1980年代の中頃に，政府による公の監視下でも財政当局の規制をかわすことができることを見せつけた．そのときコデルコ社は，世界最大規模の露天銅山であるチュキカマタの重要な設備拡大の真っ只中にあった．鉱夫はまず最上級の鉱石を採取しようとするので，一つの鉱床における鉱石の質は，通常，時間とともに劣化する．そのためにチュキカマタの設備拡大は，コデルコ社の生産コストの低減を維持するためには必須であった．この長期的な拡大計画は1981年に政府の認可を受け，財務省は，年4億米ドルに近い投資となる5カ年計画（1984-88）を承認した．

しかしながら，世界銀行やIMFとの間に投資を全般的に節減するという公約を結んでいたために，財務省はコデルコ社の年間投資額を1985年と86年について3億米ドルまで抑えなくてはならなかった．この削減により，コデルコ社の最大施設であるチュキカマタの拡大計画は脅かされることになった．これはコデルコ社の経営陣や第三者には大失敗として映った．ところが，鉱業省の明らかな後ろ盾の下で，コデルコ社は1985年には3億6900万米ドル，そして1986年には3億7800万米ドルを費やし続けた（World Bank 1989, 24）．チリの増え続ける対外累積債務が，コデルコ社から財務省に対してできるだけ多くの米ドルを提供させる強い根拠になっていたことが重要な背景であった．

1986年になると状況は変わった．というのは，この年にコデルコ社によって開始された投資の一部は，財務省や計画局に認可されていない事業に向けられたからである．1985年における超過的な投資は，翌年の1986年には明らかになっていたはずであった．高額な投資の継続を阻止するような国際協定の縛りは何もなかったのである．1986年の投資歳出が公に判明すると，コデルコ社は1987年の投資を3億米ドル以下に急激に減らすことを余儀なくされた上に，超過支出もしくは故意に会社の投資活動を不透明にしたという理由により経営陣は解任された．チュキカマタを拡大するにあたって，この投資削減は設備の稼動を約1年半遅らせるという非常に深刻な結果をもたらし，後の投資計画の一貫性にも大きな影響を与えた．もし1985年から87年の変則的な投資パターンが起こる前にコデルコ社と財務省との間の係争が解決されていたなら，銅開発はずっと効率的かつ効果的に行われていたであろう．

これまで見た一連のエピソードは，第一に，コデルコ社のトップ経営陣が（おそらく総裁と共に）財務省を2年間無視できるほどの影響力をもっていた

ことを示している．一般にはコデルコ社の経営陣は「財務省の手中に収まっていた」と言われていたが，この期間のコデルコ社の意思決定を見ると，財務省の政策課題よりコデルコ社という会社としての利害が明らかに優先されていた．しかし，結局は，財務省の権威と政府内での政治的な影響力，もしくはその両方がコデルコ社を凌駕し，コデルコ社の自治に向けた試みを大きく妨げた．1987年のコデルコ経営陣の解任に対する解釈の中で最も有力なのは，財務省がコデルコを戒めることで，将来の一層強固な服従関係を打ち立てようとしていた，というものである．

この解釈は，当時，政府が銅採掘に関してほとんど経験のない人たちを経営陣に据え，その後，代わりに送り込んだチームも同じように経験がなかったという事実に立脚している．決定的な理由を一つに絞ることは不可能であるが，上のパターンは，自分たちの影響力を増やすために，わざと運営能力をもたない人や，会社に対する忠誠心がない人々を経営陣に選ぶことで，会社の自治を阻む策略と符合している．コデルコ社は販売目標を大幅に割り込み，二代にわたる経営陣の業績は不十分であるとの評価が下された．1989年には，代わりに経験の豊かな経営陣が選ばれた．一連の出来事には固有の教訓が含まれている．つまり，監督当局は国営企業の組織的利益を優先しそうにない経営者を送り込むことで当局に忠誠になるよう組織を仕向けるが，専門的な経験の乏しい経営者に頼るこの戦略は，短命でコストが高くつく．

1985年から86年の予算をめぐる衝突は，財務当局が天然資源部門から余剰を引き出すこと以上のものを求めていたことを示している．財務省が認めた予算は，資源レントのみならず，合理的な資源開発のために必要な資本まで召し上げてしまうものであった．財務省の役人は，コデルコ社の予算削減がもたらす問題の深刻さを認識していたに違いない．

コデルコ社の賃金と効率性　銅の利権分配をめぐる対立は，財務省が勝利してもなくなりはしなかった．創業以来1989年の軍事政権の終焉まで，コデルコ社は，軍に基盤をもち闘争的な労働者を力で抑えこむ反大衆的な政治体制の下で経営を進めてきた．ピノチェト政権下でのチュキカマタでは，鉱山の戦略的重要性からストライキが禁止されていたし，1981年から83年にかけてエル・テニエンテ（El Teniente）で起きた数回のストライキでは，結果的に賃金の上

乗せはほとんどなされなかった．銅鉱山労働者連合が1983年に全国でのストライキを呼びかけたことがきっかけとなり，政府はチュキカマタとエル・テニエンテを軍の統制下においた．1983年から89年の間，ストライキは起こっていない．

　それでも鉱山労働者連合は屈しなかった．実際，労働者が打撃の大きいストライキを起こしうることは十分認識されていたので，チリ政府は鉱山労働者の要求をいつも気にかけていた．労働問題をめぐる緊張は，政府とコデルコ社側の方針の食い違いや，この重要分野に対する政府の影響力をよく表している．政府にとってみれば，解雇や賃金闘争によって引き起こされるストライキは，財源に巨額な損失を与える．それゆえ，ピノチェト政権下においてさえも，政府は労働組織との対立を嫌がり，対立が避けられなかったときにのみ自らが直接介入したのであった．それとは対照的に，効率性や生産性を基準に評価されていたコデルコ社の経営陣は，長期的な費用の面を重視した．確かにストライキや一時的な生産削減は，コデルコ社の経営陣のマイナス評価につながるが，その損害は会社の経営に対するものよりも，政府の財政政策に対するものの方が大きい．同様に，高い人件費は政府の財政基盤を脅かす以上にコデルコ社の長期的な効率を脅かした．政府は，コデルコ社からの収入のみならず，ますます多角化する輸出やコデルコ社以外の銅の歳入もあてにできたからである．

　コデルコ社の抱えた労働問題は，古典的なプリンシパル・エージェント問題(訳注3)である．企業は政府とは異なる目的や優先事項をもっている．政府は当然のように雇用や賃金水準を定める裁量権をコデルコ社から取り上げた．コデルコ社の労働者に関する方針は，大統領や閣僚が関与する重大な案件である．コデルコ社の役員は，このように権限の外にあることについて責任をとることはできないので，その当然の結果として労働効率に関する説明責任はほとんど生じない．

　とはいえ，政府はそれでも銅の生産コストを気にしていた．だからこそ，銅山労働組合と直接的な対立をせずに賃金を減らすため，他の方法に訴えたのである．コデルコ社に対しては拡張を拒否しておきながら，他の事業者には大規

（訳注3）　プリンシパル（依頼人）とエージェント（請負人）との間の関係に起因する問題．通常プリンシパルとエージェントの利害は異なり，エージェントは自分に都合のよい行動をとる．これを防ぐためにプリンシパルは多様な契約の形態を工夫して対応する．

模な銅山を開放することにより，政府はコデルコ社並の賃金や雇用保障を必要とする労働者を増やすことなく，銅部門の拡大を成し遂げた．コデルコ社の労働者は，多くの業務部門で新興の民間鉱山事業の労働者に比べて2倍の賃金をもらっていたのだ．

コデルコ社は，時には自ら，そして時には鉱業省を通じて，資本の欠乏に対する不平と同時に，過剰な数の労働者を抱え込んでいる問題に対する不平を公にしている．コデルコ社の労働力過剰に対する不平は，「首切り」は困難という理由から費用を極限まで切りつめずに済ますための言い訳にもなっている．しかし，高い生産コストは，コデルコ社の業績や名声を傷つけるだけでなく，海外の競争相手がコスト削減を進めるシナリオの下では，組織の長期的な安定と生き残りを脅かす．人件費が高いことが分かると，コデルコ社の管轄圏外での銅生産が拡大される合理的な根拠になってしまうため，コデルコ社自身もまた，政府が課してくる諸制約の中で人件費を安く抑える策を見つけようとしていた．結果として，コデルコ社は第三者と契約を結ぶことにより，労組の軛（くびき）を逃れる独自の戦略を採用した．つまり，約2万6000人の労働者を常時抱える一方で，民間企業におよそ1万7000人の労働者を供給させるのである．それら民間企業は，今では，それぞれの組合を作り，より高い賃金を要求してはいるものの，銅山労働者連盟の大きな影響力に守られた正社員と同等の賃金水準までにはなっていない．皮肉なことにコデルコ社は，高い労働コストが生み出す脅威から組織を守り長期存続を図るために，自らの部分的な民営化を進めなくてはならなかった．

過激な行動や政治活動を理由に600人以上の労働者をリストラしたにもかかわらず，労働者側とコデルコ社・政府側の経営者側との間の衝突は，予想よりもはるかに少なかった．その原因は，ピノチェト政権下で特定のストライキに対する禁止令が出されたことや1983年に軍事統制が敷かれたことだけではなく，政府がコデルコ社の社員数を劇的に削減しない決定をしたことにあった．銅部門における賃金が，チリで労働組合をもつ他の部門に比べかなり高く維持されていたことも効いていた．要するに，余分な雇用を削減する機会をあえて放棄することにより，政府はストライキや他の衝突の発生率を減らし，労働者との関係を穏和なものに維持したのである．

コデルコ社を圧迫するコスト　1985年には，アーネスト・ティロニ（Ernesto Tironi）を筆頭にしたチリの著名な経済学者チームが，外国資本投入を通じた新しい鉱床開発と，コデルコ社の保有する鉱床を大幅に拡大する場合とを比較し，非常に説得的な費用便益分析を行った（Tironi & Grupo de Minería CED 1985）．ティロニは，生産に対する国家規制のイデオロギー論を持ちだすことなく，政府が外国資本の再投入を推進することで成し遂げる銅部門の部分的民営化よりも，コデルコ社を拡大する政策のほうが経済的に見てはるかに魅力的であるという結論を出した．控え目な推計によれば，100万米ドルの投資をしてコデルコ社の銅鉱床を開発すれば，15から20年で4億7000万米ドルの産出高になる一方で，コデルコ社以外の銅鉱床の開発をすると2億米ドルしか生産しないとされている．純収益という観点では，コデルコ社の拡大政策では1億米ドルの投資で年間2200万米ドルを産出するのに対し，コデルコ社以外の銅鉱床では，同じ額の投資で110万米ドルしか生み出すことができない．その主な理由は，コデルコ社の費用面での圧倒的な優位性（銅生産1ポンド（約453g）当たり70セントに対してコデルコ社は40セント）にあった．コデルコ社の強みは資源量の豊富な銅鉱床と，もともと持っていた社会基盤，そして規模の経済であった．さまざまな価格変動幅や割引率をとった複数のシナリオを考えてみても，コデルコ社の拡大政策をとった方が資本収益率ははるかに優れているという計算結果が出た（Tironi & Grupo Minería CED 1985, 196-197）．

　この分析は，チリの全体的な投資額を増加させるために外国資本を誘引する利点は錯覚に過ぎないことも明らかにした．というのは，国際的な鉱物資源開発会社により集められた資本のほとんどが，国際金融機関，鉱物消費型の多国籍企業，そして設備供給会社からのものであり，チリの国営銅会社に資本貸付を行うのは，それらの会社だからである．次に，出所がどこであれ，外国の投資は，IMFや世界銀行のような国際金融機関や国際機関が定めるチリへの貸付限度に対してマイナスの評価になる．すなわち，チリの対外債務が貸付限度に近いときに行われる外国投資は，外国資本投資の総額に対して，何も追加していることにならないのである．

　ティロニの分析が歴史的に見て正確であったかどうかはともかく[5]，コデルコ社は拡大政策をとった方が得策であったという見解を否定するのは難しい．したがって，その当時に入手できる情報から判断して，政府が外資企業を奨励

してコデルコ社の拡大政策を放棄したのは，重大な政策上の失敗であったといえる．

政府の戦略には，民営化へのイデオロギー的な思い入れも含め，複合的な動機があった．他方で，政府の役人の中には，コデルコ社の経営陣と銅鉱山労働者の双方がレントを摑み取ろうとしている中で，政府が銅レントを本当に統制できるのかどうか，疑う者もいた．銅部門を民営化し，コデルコ社の活動を既存の銅鉱山の運営だけに制限することは，要するに国営企業をある程度の規模に削減し，労働者の賃金を全体的に削減することを意味していた．結局，政府はコデルコ社の労働者と民間企業の労働者との間に賃金格差をめぐる対立を引き起こさずに，多大な機会損失という犠牲を支払ってコデルコ社を段階的に廃止させることを選んだ．

1990年になると，チリ政府はこの戦略の少なくとも一部を取り消した．コデルコ社は，前述の自社所有地内の未開発銅鉱のみ開発が許されるという制約から自由になり，外国企業との合弁事業もできるようになった．1990年代中頃には，コデルコ社は，1980年代に苦しめられた単年度の許認可制度に代えて，複数年にわたる投資予算の下で事業を展開しつつあった．これらは歓迎すべき改革であり，財務当局と国営企業との対立が緩和された証であった．一連の改革は，逆に言えば，それまでのやり方がいかに問題の多いものであったのかをかえって露呈したのである．

軍の取り分　チリの銅利権をめぐる分配闘争が残した最も永続的な負の遺産は，コデルコ社の銅輸出からの収入の10%を直接軍隊に譲渡するという取り決めであった．1960年代のフレイ政権下に成立したこの税は，1980年代にはコデルコ社の納税総額の3分の1にもおよび，今日でもコデルコ社を悩ます問題になっている．というのは，「会社が軍に資本提供をしているという事実」を理由に，隣国における操業許可がなかなか下りないからである[6]．軍用に歳入を取り分けることが今なお続いているという状況には，型通りの予算手続きを回避したいというチリの大統領と議会の意思が顕著に表れている．この取り決めを定めた法律は，軍が政治を独占する前の文民政府の下で制定されたのであるが，軍事予算の是非を毎年議論して正当化する面倒を省いて，軍の割当分を自動的に歳出させる点で，大統領，議会そして軍にとって政治的に便利なシ

ステムであった．一度法律が可決され，チリの政治経済システムの一部として見られるようになると，行政府も立法府もこの部分の軍事支出についてはもはや説明責任を問われることはなくなった．

5.2.3 ヒンドゥスタン銅株式会社に見る雇用の代償

インドのヒンドゥスタン銅株式会社（Hindustan Copper Limited：以下，ヒンドゥスタン社）の事例もこれまでの議論と関連している．鉱石がすでに枯渇していたにもかかわらずヒンドゥスタン社で銅生産を継続する決定がなされたのは，銅採掘が行われている地域での鉱山労働者の賃金を維持するためであった．1980年代半ばまで，ヒンドゥスタン社は国家予算を食いつぶす赤字企業の筆頭であった．インドにおける銅鉱石の質は，カナダ，チリ，アメリカ合衆国，ザンビアなどの他の国のものと比べると極めて低質であった．しかも1ポンド生産するのに2米ドルかかるインド国産の銅が，1ポンド当たりおよそ1米ドルかそれ以下で購入できる輸入銅と競争しなくてはならなかった．要するに，インドの銅生産は全く割に合わないものであった．

1987年までは，輸入銅はインド国内でも国際市場価格で購入できたので，ヒンドゥスタン社は必然的にそれと競争せざるを得ず，結果，国営企業は大赤字を抱えていた．政府の国営企業局は，1979～80年期においてヒンドゥスタン社をインドにおける第三番目の負債額をもつ赤字企業として名指しした[7]．しかし，ヒンドゥスタン社は，自国の自給率を確保すべきだという国家安全保障の名の下に事業の継続を許可され，損失分は中央財政に補ってもらっていた．その意味で，納税者から銅鉱労働者へ再分配が行われていたことは明らかであった．インドの銅鉱は，特に生計を立てる代替策を欠いている国の最貧地区であるビハール（Bihar），マハーラーシュトラ（Maharashtra），マディヤ・プラデーシュ（Madhya Pradesh）に集中している．1988年には，インド全体の人口の39％が国の定める貧困線以下であったのに対して，ビハール州では53％もの人々が貧困線以下であり，マハーラーシュトラとマディヤ・プラデーシュの比率はそれぞれ44％と43％であった（Government of India, Planning Commission 1993）．銅鉱が存在する地区における状況はさらにひどいものである．農業は非常に貧弱で，人口の大半は経済の主流から取り残された人々（いわゆる，部族民（アーディヴァーシー））である．これらの荒れ果てた地域で金属鉱石が多く見つかるのは

偶然ではない．銅，鉄や他の鉱物の密度が高い土壌は農業に不向きなのである．

こうした暗い面がある反面，インドにおける銅の価格設定は間接税の一つの形を示す啓発的な事例でもある．1980年代後半以来，財務省とヒンドゥスタン社は，インド産業界と消費者に対して国際価格の2倍になる関税障壁を打ち立てる共通の動機を見出した．重税が課された輸入銅価格に合わせて自社の銅の販売価格を上げることができたヒンドゥスタン社は，一夜にして「利益を上げる」企業へとなり変わった．財務省は，インドが輸入するおよそ70%の銅の輸入関税を徴収した．ヒンドゥスタン社は，不経済な採掘を続け，産業省の声高な反対をはねのけて国家安全保障の旗印の下，関税を「正当化」したのである．

ヒンドゥスタン社を支えた理屈 純粋に経済的な観点から見ると，インドが現存する鉱山を閉鎖し，必要とする銅を全て輸入すれば，インド経済が改善することは間違いない．ヒンドゥスタン社の鉱山の中にはあまりにも非生産的なため，どんな経済的根拠をもってきても継続の理由を見つけられないものがある．インド銅株式会社（ICC: Indian Copper Corporation）は1990〜91年におよそ300万米ドルの損失を出した．これは，ヒンドゥスタン社の総利益がおよそ2000万米ドルで，政府への負債が1000万米ドルであることを考えると非常に大きな損失である．インド銅株式会社は，労働者の強制解雇を避けるために，利益の見込めない銅山採取場をわざわざ開発する可能性さえある．「インドでは鉱山は閉鎖できない」とさえ言われる中で会社の経営が続けられている．国内生産は，銅の輸入を減らし外国為替浪費の防止に役立つとよく言われるが，これは説得力に欠ける．というのも，ヒンドゥスタン社の鉱山は自らの設備を輸入に大きく依存しているからである．さらに，外国為替貯蓄が生み出す折角の経済的利益も，銅を国際価格の2倍以上の費用で生産していることや，故意に高く設定された銅価格による経済的損失に呑み込まれてしまっている．

赤字鉱山の事業継続と，それを支える補助金投入とを正当化する上でもちだされたのは，経済面とは別の2つの論点である．第一の論点は，銅生産の少なくとも一部を自給自足することはインドの国家安全保障のために欠かせない，という点である（Rao & Vaidyanath 1987, 27-28）．インド国防省は，必要な銅の大部分をヒンドゥスタン社から購入することを義務づけられているのだが，銅

の国内生産がインドの「戦略上の自立自給」に大きく寄与しているのかどうかは明らかではない．国防省自身は，国内の銅生産を要求していないし，おそらくは銅の購入に追加的費用を使うよりは，ミサイルや戦車のような物資購入に当てることを望むだろう．また，銅備蓄量が底をつくほど長期にわたる戦争が起こるという話や，インドに銅や他の戦争物資が入らないような効果的な封鎖がなされるという筋書きはほとんど現実味がない．

　第二の論点は，本章の中で中心的な焦点，つまり，鉱山は明らかに労働者の雇用に役立っているという点である．インドにおける採掘労働者の賃金はアメリカ合衆国の労働者に比べ 20 分の 1 であるが[8]，鉱夫の大多数にとっては，採掘と同等の賃金を得る機会が他にない．鉱山地区に住む人々の経済的な暮らしに関心を寄せている役人が，貧しい彼らに所得をもたらす唯一の方法を賃金操作に見出すのも無理はない．政府が鉱夫の世帯にヒンドゥスタン社の賃金と同額分を直接支給し，鉱山を閉鎖して予算を節約することは理論的には可能である．これは，生産活動を歪めることなく分配上の正義を達成すべきというジョン・スチュアート・ミルの命題に見事に合致する．しかしながら，インド議会，あるいは州政府が，このような政策を実施するとは考えにくい．そもそも，これらの地域における鉱山労働者以外の世帯の所得は惨めなほど低く，歴代政権は彼らの所得を上げようとしてこなかった．インドでは，雇用こそ所得を代用し基本的ニーズを達成してくれるものであった．したがって，採掘という生産的とは言えない仕事でも，それがなければ所得がさらに低くなってしまう家族にとって，労働省は守り神であった．労働省は，雇用を満たし続けなくてはならない圧力によって，本来は財務省，議会，そして内閣が対応するべき分配の役割を引き受けてしまっている．直接的に所得移転を行う体制ができていないために，分配問題を解決する次善の策として天然資源開発を犠牲にした非生産的な雇用が生み出されているわけだ．

　他方で，これらの鉱山施設の最も重要な問題は高い賃金それ自体ではない．1990 年から 91 年のインドでは，給料や賃金の総費用に占める割合は，チリの 22% と比較すると 17% に過ぎなかった．労働者を雇い続けることによって，高価な設備，燃料，利息の支払いなどを伴う鉱山の赤字経営を続ける政策こそ重大な失敗であった．銅の自給自足よりも雇用の確保こそインド銅株式会社が赤字鉱山の経営を継続させている本当の原動力であり，これが高い銅価格を通

じて社会全体の福利損失につながっている.

背景 ヒンドゥスタン社は，1967年に公営企業として設立された．目的は未開発地域であるラージャスタン州のケトリ（Khetri）とコリハン（Kolihan）（以下，まとめてケトリと総称する）の鉱床を調査・開発するためであった．ヒンドゥスタン社の誕生は，チリの銅やベネズエラの石油の事例に見られるように，川上での生産過程の維持を目的とする国有化と類似していた．1962年の中国との軍事衝突，1965年のパキスタンとの軍事衝突がきっかけとなって，国産銅の生産を増やすべきという議論が強まった．当時，銅はビハール州のガートシラーにあるイギリス所有のインド銅株式会社がわずかに産出していたに過ぎず，大部分の銅は輸入されていた．他の物質で銅を代替する努力はなされていたものの，それでも1962年では7万8000トン，1965年では6万2000トンが輸入されていた．ケトリ開発は，埋蔵されている銅の鉱石等級や大きさが不確かであるにもかかわらず，国家安全保障上，優先度が高いとされた．政府の幹部も，この事業が経済的に見合わないと考えていた可能性が高い．1970年代後半に確認された実際の銅の埋蔵量は，当初ケトリ開発を推し進める前提となった推定埋蔵量の40％に過ぎないことが判明している（Rao & Vaidyanath 1987, 27-28）．

ヒンドゥスタン社がケトリでの採掘や加工を計画している時期に，インド銅株式会社はビハールで良質鉱のみを採掘していることを非難されていた．長期的な視野に基づく銅の安定供給を犠牲にして豊かな鉱脈を急いで採掘する慣行は，民間企業から見れば経済合理的であったのだろう．しかし，インド政府はこれを容認できなかった．インド政府は，鉱山の経営をできるだけ引き延ばし，長期的な生産高を最大化することを望んでいた．このため，1972年にインド銅株式会社は国有化され，ヒンドゥスタン社の一部に位置づけられた．高品質な鉱石を選択的に開発せずにインド銅株式会社を経営しようというのは，赤字操業をさせようとしているも同然と見なされた．だが，政府は国産銅の増産が必要であるという観点と，良質鉱の採掘だけを続けた場合に銅は枯渇するであろうという保全の観点から，その方針の正当性を主張した．

このように，1970年代のヒンドゥスタン社はガートシラーで小規模な鉱山基地を経営しながら，ケトリ鉱山の開発を急いでいた．国債によって，ヒンド

ゥスタン社はケトリにあるいくつもの鉱山施設を充実化させたのだが，実際の供給量からして不必要に大規模であることが後に判明し，高いコストをかけた割に生産量は見合わなかった．さらに，技術者の側にその土地固有の条件に関する経験が不足していたために，重大な過失がもたらされた．インドで最も経済的に遅れているいくつかの地域では，採掘要員の専門技術もなければ，規律のとれた労働規範もなかった．

1980年代になって，ヒンドゥスタン社はようやく自らの鉱山の生産性の低さと，極端に高い生産費という重荷を自覚する．1988年以来，ヒンドゥスタン社の執行部は経営の最高責任者の支持を得ながら，インド銅株式会社の2つの鉱山を閉鎖するよう要求してきた．しかし，労働省を代表とする政府側は4000～5000人の雇用を維持するために，この申し入れを拒否してきた．採掘基地によっては，縮小したり操業を停止したりしたことで生じた暇な労働者に給料を支払っていたのだが，政府はそれでも労働者が退職するまで雇用したいと考えていた．

10年間以上にわたって作業の中断がなかったのは，ヒンドゥスタン社による対立回避的な労働政策の成果であると言える．銅採掘者たちは12の異なる組合に加入し，その多くは政党にも所属しているが，ストライキを引き起こすような賃金闘争や解雇は発生しなかった．インド国民会議と提携したインド国民金属労働者連合は，完全雇用を保つという大枠の中で高い生産性を上げるよう忠実に専心している．ヒンドゥスタン社施設でのゼネストのきっかけとなった労働者と経営者の対決の後，ヒンドゥスタン社は1980年に「共同諮問委員会」を作った．会社のあらゆる問題は，まず労働者の代表らに相談されるようになった．その結果，対立は減少し，それに合わせて経営者側が賃金や過剰労働を引き下げようと強く出る可能性も低くなった．たとえ政府側がこれらの費用削減を許可していてもである．

損失から「**利潤**」へ　ヒンドゥスタン社が赤字である間，ヒンドゥスタン社の経営者と政府との間の衝突は慢性化していた．政府が毎年インドの国営企業を「病んだ産業」と激しく非難していたため，一般にもそのようなイメージが流布していたが，ヒンドゥスタン社に対して赤字鉱山の経営を続けるように要求していたのは，まさに政府であった．政府，特に労働省の主張によって，ヒン

ドゥスタン社の役員会が出した「生産性の低い鉱山を閉鎖すべし」という勧告が拒否された後，ヒンドゥスタン社の多くの取締役は辞職した．経営者らのフラストレーションは理解できないわけでもない．彼らは，赤字操業の「不効率」を厳しく非難され続ける傍ら，もう一方では損失を抑える努力を政府に阻止されていたからである．数年間にわたって，ヒンドゥスタン社の経営者らは，議会に赤字の原因を尋問されなければならなかったし，資源会社なら天然資源を容易に利益に変えることが出来るはずなのに，ヒンドゥスタン社が儲からないのはなぜかという不名誉な審問も受けた．施設を近代化するために政府や海外融資をとりつける十分な信頼性が会社にないことについても非難を受けた．

　ヒンドゥスタン社の財政事情は，鉱業省と財務省がヒンドゥスタン社の提案を含めた新解決法を政府に嘆願してから数年が経った1987年に好転した．この提案とは，ヒンドゥスタン社に銅の販売価格の上乗せを認めることで操業費用を回収しようというものである（Rao & Vaidyanath 1987）．この提案は，銅の価格よりもヒンドゥスタン社の生産への投入費用の方が急速に上がっている点を主張した．鉄，亜鉛，石炭のような鉱石では，銅よりも2倍から4倍の価格の上乗せが認められていること，しかも，ヒンドゥスタン社の苦しい財政状態は，企業としての失敗というよりもエネルギー価格の高騰といった自らの手に負えない条件に由来していることが提案の根拠であった（Rao & Vaidyanath 1987, 137-138）．しかし，この提案は新古典派経済学者なら誰でも疑問に思う点については全く触れていなかった．つまり，費用が高いときには，会社は操業を停止すべきかどうかということである．また，他の金属の価格体系の歪みが，銅価格の歪みの正当化に用いられることの問題性についても触れていなかった．むしろ，この提案では「ヒンドゥスタン社が経済の枠の外で取り組まなくてはならない課題を考えれば，問題はヒンドゥスタン社を最大限効率的に運営し，なおかつ，その努力が報われるようにする方法である」と主張された．したがって，銅の価格は設備容量の効率的な利用を前提として，目標収益率を確実に保障するレベルに設定するよう提案された．提案が実行された後は，銅の価格をヒンドゥスタン社の投入費用の増加に合わせて調整しなければならないが，その調整はヒンドゥスタン社に対して効率性と能力の発揮を促す圧力をかけるためにも，少しずつ進められるべきものとされた[9]．

　このアプローチは，産業省と商務省の両方から反対された．商務省は，一国

営企業の操業費用に基づいて価格を設定するのを嫌った．産業省の方は主要な工業原料の価格がまた一つ上がってしまうのを嫌った．両省からの圧力により，政府はこの直接的な価格決定方式を採用しなかった．結局，ヒンドゥスタン社の銅価格は，輸入された銅の価格に関税と鉱石金属商事会社（Minerals and Metals Trading Corporation：MMTC）への手数料を加えたものに基づいて商務省の価格委員会が設定する上限価格のままで維持された[10]．しかしながら，輸入関税を決める権限をもっていたのは財務省であった．財務省は，国際価格が高い状況下にあった1987年時に関税をつり上げ，その後はほとんど調整を行わないことで，結果としてヒンドゥスタン社に対して銅価格を実際よりも上乗せする処置をとった．要するに，ヒンドゥスタン社が現状の低い効率性のままでさえ利益を出せる水準に関税を設定するのが現在のならわしなのである．

　ヒンドゥスタン社が「儲かる」ようになったため，企業としての格づけはBからAランクに格上げされたのだが，堅実な経営を評価されたことも格上げの理由の一つである．他の多くの国々に比べ，インド政府は全ての国営企業にかなり干渉していたのだが，ヒンドゥスタン社への干渉が少なくなったことは一つの見返りであった．もう一つの見返りは，ヒンドゥスタン社が鉱業省との合意で，政府にお伺いを立てる必要のない投資の限度額の上限を高く設定できるようになったことである．

　政府内の勝者と敗者　1987年のヒンドゥスタン社による価格設定や財政上の取り決めによって，銅開発事業は国庫財源を浪費する存在から，利潤を生み出す存在へと生まれ変わった．ヒンドゥスタン社が，もはや補助金を必要としなくなり，輸入銅に課された関税が収益を生んだからである．財務省は，非自由主義的なやり方への反感が高まる中，利益を生むことを理由に保護主義を正当化できた．国庫にはMMTCの関税支払いに加えて，1989年以降になると輸入許可証を得た銅の大口消費者によって支払われる高い関税（140%にも上る輸入税）が転がり込んだ．1990年の時点で，関税は年間総額でおよそ1億8000万米ドルにのぼった．国防省はヒンドゥスタン社の銅の購入を義務づけられた政府機関の一つであったが，銅に対して余分に支出しなくてはならなくなったため，予算の使い道に関わる主導権の一部を失った．ちなみに，国防省の銅消費はインドの銅消費のおよそ12%を占めていた（Rao & Vaidyanath 1987, 122）．

労働省はヒンドゥスタン社の損失を見えにくくすることに成功し，それによって鉱山における労働力過剰の問題を隠すことができた．一方で産業省は，先述の1987年の取り決めで大きな損失を被った．この取り決めで，価格を歪ませる産業投入物に銅も加わり，産業部門の自由化を推し進める動きが阻止されてしまったからである．ヒンドゥスタン銅開発の事例は，より効率的な産業成長を促進しようとする開発政策が新たな税収入を得るための犠牲になった点において，インドネシアの石油や木材の事例で見られた結果とは逆のパターンになった．

資源レントなきレント獲得　国内の天然資源レントがマイナスであるにもかかわらず生じる，特殊な形のレント獲得行為を考察してみる価値はある．政府と資源輸入に関わる国営企業との間で生じる問題は，通例，資源レントそのもののコントロールについてである．これに対して，インド政府とヒンドゥスタン社の間で生じた余剰収益の支配権をめぐる問題では，国営企業と交わされている契約に含まれるレントへのアクセスや，希少な供給物の購入を可能にする特権の獲得が焦点になった．政治的あるいは個人的な理由で契約をせまる鉱業省の圧力に屈したくないという理由で，少なくとも2回，何人かの主要な取締役が辞職している．特定の政府役人によるこれらの圧力は，ヒンドゥスタン社が外注する設備，サービス，施設の建設に利権がからんでいることを反映している．それゆえ，ヒンドゥスタン社の事例では資源産物につけられる高すぎる価格を通じて，収益が消費者の側から特権にあやかることのできた契約企業へと流れた．

　ヒンドゥスタン社の財政状態を保護するために設定された輸入税から生じた余剰分は誰が手にしているのかという問題も，上の点と深く関連している．MMTCは商務省の下で運営されている国営企業であるが，最近の自由化政策がとられるまでは，銅の輸入に加え，他の金属の取引も独占していた．MMTCは，世界市場で安価な銅を購入し，インド国内で高く販売することによって「金のなる木」になることができたかもしれない．しかし，政府はMMTCの販売価格を国際価格と関税とにしっかりと連動させたため，大量の余剰を得ていたのはMMTCよりもむしろインド財務省の方であった．MMTCに残されたのは，費用の回収分と売り上げの手数料分だけである．この価格設定によって，

MMTC は損失こそ免れることはできたが，うまみの大きいタナボタ的な利潤にあやかることはできなくなった．1980 年代後半，ヒンドゥスタン社の職員らは，MMTC を介さずに銅を直接輸入するための承諾を得ようとした．1989 年までにインド政府は大規模な民間の銅消費者に対して銅の直接輸入を認めるようになったが，ヒンドゥスタン社は MMTC を通じて輸入された銅を購入し続けるように要求された．この政策によって，ヒンドゥスタン社は輸入銅と国内で生産された銅を混在させることができなくなり，国際市場価格と国内価格との差に乗じた余剰を得ることができなくなった．結局，全体として見れば，財務省は MMTC とヒンドゥスタン社の両方が銅の輸入から生じるレントを直接得られないようにしたのである．

思い通りにならない川下生産の多角経営　1980 年代の初めから，ヒンドゥスタン社はタロージャ工場での鉄鋼棒の製造で下流部門産業に参入して，その脆弱な立場を強化しようとした．この川下での多角経営に見られた新たな側面は，工場に原料として供給されたのが国産の銅ではなく，輸入銅だったことである．1990 年から 91 年にマハーラーシュトラでこの工場が稼働し始めると，この工場からの生産は，30％ 増加したヒンドゥスタン社の金属生産のほとんどを占め，前年度と比べて 45％ 増加した売上高の大部分を占めた (Hindustan Copper Limited 1991, 5)．タロージャ工場の経営はよそから見ると順調で，他のヒンドゥスタン社の工場よりも規律正しい勤労の文化があるように見えたが，それでも複数の報告によればタロージャの事業開発は 7 年間にも及ぶ深刻な遅延に直面していた．

損失を生む構造をもつ資源開発事業を行う国営企業にとって，川下での活動は，一時的な収益しかもたらさない関税保護に頼らずにプラスの収益を生む生産活動の機会を与えてくれる．実際，輸入銅を基礎とした川下での多角経営は，国際銅価格や関税の下落に対するリスクヘッジにもなるし，銅を原料とする電極価格が下落すれば，ヒンドゥスタンの国産銅生産の収益の下落を補うに十分なだけタロージャでの利益を増やしてくれる．しかしながら，この多角化戦略には，インド政府が直面する外国為替準備金問題が生み出す大きな危険性が伴っている．ヒンドゥスタン社は，輸入銅を購入するための国際通貨を入手できるかどうか確信をもてなかったのである．ヒンドゥスタン社の加工部門でさえ，

政府によって作り出された「不自然な」経済環境に依存していた．さまざまな形状で輸入される銅に課される関税や外国為替入手の可能性によって，生産過程の生み出す利益が左右される．一貫して低い輸入税が課されれば，タロージャは利益を生み出せなかっただろう．1991年初めの外国為替の危機的な状況のため，政府はタロージャの生産に必要な銅の輸入ライセンスを一切認めなかった（Hindustan Copper Limited 1991, 6）．

ただ，ヒンドゥスタン社はもともと割に合わない銅鉱床を扱っていたので，川下生産過程における多角経営は確かに大きな利益をもたらした．ヒンドゥスタン社の経営陣はこれらの川下部門での達成を誇りに思うかもしれない．しかし，本質的な問いは，なぜ国営資源開発会社が，特に民間部門に主導権を握らせようとしている政府の下で，輸入された投入物(インプット)の金属加工に関わらなければならないのかということである．国営部門があえて川下の生産過程に取り組むようになったのは，経済に利益をもたらすためではなく，国営企業の経営者がヒンドゥスタン社の不自然で脆弱な支払能力を改善したいと考えていたからであった．

費用節約インセンティブの欠如　ヒンドゥスタン社は財政面では安定していたが，保護された環境ゆえの甘えから費用を節減する機会をやりすごし，費用の割高な施設の閉鎖や，思い切って効率の良い鉱床を開発することができずにいた．「儲かる」企業となることで，ヒンドゥスタン社は「病んだ企業」にリストされているときにさらされていた厳しい監視や介入から自由になった．とはいえ，ヒンドゥスタン社の経営陣は，依然としてあらゆる局面で関連のある政府省庁や企業の顔色をうかがうことにエネルギーを費やしたし，ヒンドゥスタン社と政府との間の境界を無数の政治家の干渉から防衛することに躍起になっていた．根本的な問題は，民間部門にさえ深く介入している政府であるから，国営企業に対してもオーナーとして当然のように介入してくることである．アイヤーは次のように述べている．「オーナーとしての役割は，いつの間にか経営者としての役割にすりかわってしまう．各省庁は，あたかも取締役会の上に立つ最高経営者であるかのように振る舞う．それと同時に，オーナーとしての役割は，次第に政府の役割に同化していく．各省庁は，オーナーとして行動しているときでさえも"政府"として振る舞う傾向がある．つまり，"政府"の

権限はあらゆる役割に浸透するのである」(Iyer 1990, 49)．

このように，ヒンドゥスタン社は鉱山の赤字経営を続けるという効率の悪さを抱えただけではなく，費用節約の機会に反応しようとさえしてこなかった．生産過程の低コスト改善や自己資金による短期返済可能な投資など，長い間認識されてきたエネルギー効率化の手段も無視しつづけてきた．エネルギーコストを 10% 以上節約するだけで成果はすぐに上がっただろうし，1 カ月以下という短い返済期間のささやかな投資を行うことで，さらなるエネルギーの節約ができていたに違いない．

誰にも分からない真の利益　政府とヒンドゥスタン社の間の複雑な取り決めは，間違った政策が生み出すコストを覆い隠している．国内銅生産がそれにつぎ込まれる経済コストに値するのかどうかは不透明であるが，これはその気になれば検証できる問題である．むしろ，国内銅生産にかかる真のコストを不透明なままにしていることが，政府の重大な責任放棄となっている．透明性の欠如によって政府は銅貿易の保護主義政策の説明責任を負わなくても済むからである．価格の設定を市場に任せない管理価格制度は，銅部門での投資に対する純収益を不透明にし，銅使用者の投入物比率を歪めている．「自給自足と外国為替準備のため」という主張は，経済のある部分を自給自足にすることに伴うコストを明確にした上で展開されているわけではない．また，現在の自給自足のレベルが国家安全保障の備えとして適切であるのかどうか，あるいは，暗に割増されている外国為替レートは理に適ったものであるかどうかも明らかにされていない．国家安全保障と雇用の問題を担当する政府機関は，銅の価格設定に直接たずさわることがなく，労働省も銅の高価格が生み出すいかなるコストを負担しないため，「支払い意思額」(訳注4)に基づいて，これらの優先順位をきちんと評価するような仕組みは今のところない．

優先課題を明確にする　政府による銅の部分的自給自足政策は，国家安全保障の問題が深刻だった状況下で始まったが，そのときは国家による経済活動への介入が受け入れやすい時期であった．それ以来，政府の銅戦略は定義が不明確

(訳注 4) "Willingness To Pay" (WTP) のことで，個人が財やサービスを得るときに，それに対して支払ってもよいと思う最大金額．

な自給自足概念，労働力削減の忌避，必要な資本分配への躊躇などの矛盾を映し出してきた．鉱業省とヒンドゥスタン社の間で合意された中心的な政策目標は，限られた予算の範囲で生産高を最大化することであった．これは，同省と会社側によって最近交わされた定款規約の中で，生産目標の達成に極端に重きがおかれていることからも分かる．ただし，この目標はインド産業に安価な銅を提供することとは明らかに対立してしまっている．

その気になれば，インド政府は2つの方法によってより高い効率性を達成し，国内価格を引き下げ，適切なレベルの自給自足を追求することができる．第一に，政府は理にかなった安全・危機のシナリオのもとで生じる必要不可欠なニーズだけを反映した自給自足のあり方を定めることができる．インド国内での既存の見積もりによれば，銅の輸入中断が国家安全保障や経済一般に影響を与えるのは，防衛産業と発電機器の生産を脅かされたときのみである．しかし，この2つの最終用途は銅の国内需要の20％足らずでしかない．1980年代半ばから後半にかけて，自給の目標は50％だった（Rao & Vaidyanath 1987）．その後，自給目標はヒンドゥスタン社が全ての鉱山を稼働させた場合に生産可能と想定されたレベルに設定された．このように自給を限定的に定義すれば，生産量はより低いレベルに設定できるはずである．仮に銅の国内生産を20％に引き下げれば，ヒンドゥスタン社は生産力の乏しい鉱山の大部分を閉鎖し，費用を大幅に削減できるだろう[11]．さらに，ヒンドゥスタン社の銅価格は輸入銅の価格設定に大きな影響を与えてきたことから，費用削減がもたらす国内価格の引き下げは，インドで消費される全ての銅価格を引き下げることになるだろう．確かにこの政策をとると，より多くの銅の輸入が必要になるが，これはたいした障害にはならない．銅の輸入代替を積極的に進めるのは外国為替準備のため，という議論の説得力は弱いからである．世界平均の2倍も高い費用の下で，国内生産を正当化するには，外国為替プレミアムを非常識に高いレベルに設定しなくてはならない．

自給の重要性と最適値を判断するための最善の方法は，必要な銅の自給レベルと，より高くつく国産銅にどのくらい支払う意思があるのかについて，国防省の判断に頼ることである．これは，ヒンドゥスタン社の価格を輸入銅の価格と切り離し，購入する銅の価格や分量について国防省がヒンドゥスタン社と直接交渉できるようにすれば可能になる．また，大きな国内生産力の維持が防衛

上の重要事項であると国防省が信じるのであれば，他の国営企業が生産する高価な銅を購入する際には補助金を与えればよい．しかし，もし国防省が必要な銅の幾分かを輸入で賄うと決定すれば，それは国内生産に補助金を支給するよりも，銅に対する支出を節約する方が軍備に資すると国防省が判断したことになる．

有益な銅開発に資金調達できないという失敗 第二の戦略は，経済的見地から唯一存続可能な銅鉱床であるマランジカンド・コンビナートを拡張することだ．有識者やヒンドゥスタン社の経営者の中には，2億5000万米ドル（1980年代半ば現在）の投資でマランジカンド施設を拡大すれば，インドの低コスト銅生産を著しく拡張できたかもしれないと主張する者もいた．インド銅株式会社の中で最も効率の低い鉱山を段階的に閉鎖すると同時にマランジカンドを拡大すれば，ヒンドゥスタン社の総費用を国際基準まで引き下げることが可能である．「大きな投資が必要になるとしても，マランジカンド拡大による収益増は非常に魅力的である」とヒンドゥスタン社の職員たちは主張してきた．この野心的な拡大の道を進めなかったことは，戦略機会に応えようとしないヒンドゥスタン社側の問題だったと言えるのだが，責任の大半はむしろ政府にある．マランジカンドでみられた展開は，インド銅株式会社とケトリ施設のたどった経験を考えると皮肉にも逆行している．インド銅株式会社とケトリのケースでは，政府は収益の上がらない鉱山の経営を続けさせようとしたのだが，マランジカンドのケースでは，政府は効率的な鉱山の拡大に融資することを拒否してきた．融資していれば，かなりの外国為替が節約でき，高い銅価格が生み出す経済的歪みを避けることができたかもしれない．にもかかわらず，インド政府はマランジカンド拡大に融資をしなかっただけでなく，ヒンドゥスタン社拡大のための海外融資の調達も許可しなかった．いずれの選択肢も，財務省の承認が必要だったのだが，仮にヒンドゥスタン社がインド政府から融資を得ると，財務省は国庫の新たな流出源を抱え込んでしまうことになる．また，財務省が交換可能通貨を生み出さないような国営企業による海外からの借り入れを自ら許可することは稀である．このように，たとえマランジカンドが拡張されても，ヒンドゥスタン社は主要な輸出業者にはならないので，財務省はヒンドゥスタン社に対して国際借り入れに関するいかなる特権も与えなかったのである．

5.2.4　歪んだ価格と密輸を通じた分配：ナイジェリアの石油

　ナイジェリアの石油浪費問題は，アフリカの資源開発の中でも最大の悲劇であり，多くの重大な政策の誤りがこれをもたらした．1971年に国営石油会社の前身が発足して以来，ナイジェリアの石油政策はさまざまな特徴をもってきた．かなり安く設定された国産石油製品の価格，過剰な生産，高慢な官僚政治，汚職，不透明な財政管理，混沌として絶えることのない内閣改造，非効率的で持続性のない川下産業の開発，不必要に危険な探査や生産活動への関与などである．1992年に報告された世界銀行と国連開発計画による共同調査では，「誤った政策，不適切な価格設定，過度の投資，怠慢，蔓延する汚職によって生じたナイジェリアの経済・財政上の失費は，年間25億米ドルに及ぶ」と推定された (*Newswatch* 1993, 27)．莫大な外国為替の源になっている年間およそ100億米ドルの石油を輸出している経済にとって，この額はあまりにも大きい．

　上記の問題のいくつかは，開発戦略を遂行する過程で作り出されている．具体的には3章で触れた，安価なエネルギーに頼る誤った工業化政策である．だが，ナイジェリアの石油を「分配」という観点から見ると，より深い洞察を得ることができる．ナイジェリアの工業化は，中央の財務省や州財務省を通じて石油レントを全て回収し，それを投融資することで，より効率的かつ持続可能な形で行うことができたはずだった．工業化自体がナイジェリアにとって無駄の多い企てであったのかどうかという問題は別として，国の石油埋蔵量を急速に枯渇させてしまうような低価格政策を通じて産業を支援する政策は，工業化政策としては大いに問題があった．結局，石油の掘削と精製を担っていたナイジェリア国営石油会社（NNPC）が資本不足に陥ったことによって，ナイジェリアの産業はあてにできない不安定な石油生産にふりまわされることになった．石油政策の失策の中には，開発政策を遅らせてしまうものもあった．特に軍隊に財源の多くが流出していたという事実は，分配という政治的課題が工業化政策と対立していたことを示している．さらに，今なお農村が大部分を占める国にとってエネルギー集約的な工業化は，それ自体が都市居住者と工業地帯を優遇していることになるのに，そうとは分かりにくい分配戦略になっていた．

　工業化政策は，ラゴスにある主要な産業集結地や，さまざまな地域に分散している巨大プロジェクトに補助金をまいて急速に都市化を推し進めると同時に，「地域間の競合を和らげる」(Gelb 1988, 235) というバラバラな政策の組み合わ

せから成り立っていた．最もひどい例は，原料供給地から遠い場所に位置していたヨルバ地域のアジャオクタ製鋼所への補助金である．1980年代の初めに資金供給を受けたアジャオクタは，30億米ドル以上（Auty 1990, 188-189, 232-233）を呑み込み，今もなおフル生産を達成できていない．

背景 ナイジェリアの石油は，国営企業によって管理されている．この国営企業は，構造上はインドネシアのプルタミナと似ているが，1970年代半ばにプルタミナを再編成したような徹底的な改革を一度も経験したことがなかった．ナイジェリア国営石油会社（Nigerian National Oil Corporation）は，1969年に設立された．この会社の任務は，基本的に探査や生産には直接かかわらず，海外の請負業者との取引を行うことであった．また，プルタミナと同様，ナイジェリア国営石油会社は国内精油，マーケティング，石油化学産業に力を入れてきた．

これまで紹介してきた他の主要な石油輸出国に比べ，ナイジェリアは国民1人当たりの収入が相対的に低いにもかかわらず，国の資本をリスクの高い石油開発にあててきた．プルタミナとは異なり，ナイジェリア国営石油会社はナイジェリア国内で経営している国際石油企業の地元系列会社の株を，経営権を握るのに十分なだけ（通常は60％）保有してきた（Ikein 1990, 9-10; Ahmad Khan 1994, chap. 4）．したがって，ナイジェリア国営石油会社は単なる料金徴収係というよりも合併企業の共同経営者であった[12]．ナイジェリア国営石油会社とナイジェリア政府は，ナイジェリア国営石油会社の資本が実質的に探査や生産に投入されていたことが原因で，大きな危機に直面することになった．アハマドによれば，ナイジェリアの政策決定者は1970年代のメキシコやベネズエラのように，石油部門の完全国有化に向けて動いていた（Ahmad Khan 1994, 71-72, 91-92）．そこで制約条件として考えられていたのは，国有化のためのコストと経営技術不足だけであったが，1980年代になり，合併が財政危機を必然的に伴うことがようやく理解された．1993年には，国際石油会社にリスクを負わせるという分担生産を取り決めた新政策が出されたことから，このリスクを背負う愚かさは明確に自覚されたようである（Ahmad Khan 1994, 74）．このようにナイジェリアは，メキシコやベネズエラと同様，国家資本を石油開発の上流部門に投資するという危険を冒した．他方でナイジェリア国営石油会社は，インドネシアのように海外の石油会社（ナイジェリアのケースでは，およそ12社）

の経営下におかれた事業運営にかなり依存していた．外国の石油会社の参加によって，石油会社自身が石油レントを呑み込んでしまう可能性は低下したのだが，他方でナイジェリア国営石油会社が使用料の徴収官としてではなく共同経営者として参加したことが，債務に伴うリスクと反動を拡大した面もあった．

分配のさまざまな次元　1967年から70年のビアフラ戦争(訳注5)の後遺症が尾を引き，国内の至るところで続いている民族間の緊張を考え合わせると，ナイジェリアにとって分配問題が重要なのは明らかである．ビアフラ戦争は，各地域にある農産物，木材，鉱物，石油といった富の地域間分配が主な原因で引き起こされた．イボ族の暮らす東部地方が，農産物を輸出している北部や西部に比べて相対的に貧しかった頃には，北部と西部地方は，各地方の経済貢献に相応しい政府予算の割り当てを主張した．1960年代に東部地方で石油が発見された時，北部と西部地方はそれを理由により多くの予算を確保した（Bienen 1985, 19-24；Gelb 1988, 223）．

しかしながら，部族や地域間の問題は，石油政策を立案する上で考慮されるさまざまな要因によって非常に複雑化した．最もわかりやすい問題は，都市と農村の格差である（Bienen 1985, 23-24）．石油政策は都市居住者にとって明らかに有利になる．農業に関わる利害は，常に民族や農産物の違いに沿って分断されていたが，それが連邦政府のレベルで問題として取り上げられることはあまりなく，ゆえに経済全体を脅かすこともなかった．石油の富によって，農業部門は典型的な「オランダ病」(訳注6)による衰退を経験し，農業部門を代弁してくれる政治権力を裏づける経済基盤も弱体化したのだが，都市住民の方は説得的な経済的要求を突きつけることができた．このような背景で石油ブームに乗じて実施された性急で効率の悪いインフラや教育制度への莫大な投資のため，ナイジェリアの石油が生み出す富は，国民の実質賃金の上昇にほとんどつながらなかった（Gelb 1988, 83, 255-256）．この失敗が，政府に燃料と食糧の価格を安

（訳注5）　ナイジェリアの東部州がビアフラ共和国として独立しようとしたことを発端に勃発した内戦．東部州での石油の発見，宗教の対立，そして部族間の摩擦が原因とされ，1967年7月6日から1970年1月まで戦闘状態が続いた．

（訳注6）　オランダが北海油田を発見したことにより，通貨価値が上昇し，輸出工業製品の競争力がなくなってしまったという問題．資源の発見が，かえって経済を停滞させるような状況を指す．

く維持させる大きな圧力になった．価格の上昇を政府が容認したときにはいつも暴動が起こり，価格抑制の圧力に拍車をかけた．

驚くべきことに，他の主要な石油輸出国に比べ，ナイジェリアでは石油労働者自体のレント獲得に対する執着は弱いようである．ナイジェリアで政治組織や経済需要を形成する上では，職業の違いよりも，地域や民族の違いの方が重要であった．さらに，ナイジェリアの産業労働従事者は大家族のネットワーク内において応分の義務を果たさなくてはならない（Adesina 1994, 61）．だから石油労動者の収入は広い親族のネットワーク内に分散されるのである．したがって，問題は個々人の石油労働者にもたらされる賃金そのものではない．問題は，ナイジェリアの海岸油田生産のほとんどを占めるニジェール・デルタの主要な石油生産地域に暮らす人々にどれだけの石油収入が分け与えられるのかであった[13]．ナイジェリアの他の産業労動者に比べて石油労働者の賃金が高いことは疑いの余地がないが，石油労働者の数は相対的に少なく，合理化が進められる以前の段階で1万5000人にすぎなかった．また，ナイジェリアの石油は多国籍企業との合弁事業によって生産されているため，メキシコの石油会社ペメックスの労働者たちが受け取ったような法外な利益を石油労働者が受け取れないように，賃金や汚職に対して一定の規律が賦課されていた．

1960年の独立以来おおむね軍政をとってきたナイジェリア政府にとって，分配上の最後の難題はいかにして軍への資金調達を確保するかであった．ビアフラ内戦の最中，軍隊は20倍に拡大し，最も有能なイボ族の役人の多くが失われた．内戦後も，軍隊は拡大したままに維持されたが，正規の予算を通じて長期的な資金を確保するのは困難であった．軍は莫大な予算配分を要求したが，もはや独立戦争やビアフラ戦争のときのような英雄的な立場ではなかった（Bienen 1985, 52-54）．そのため，軍は国内に強い支持基盤をもたない状態で，援助ドナーや金融機関からの圧力に対抗しながら，実のある軍事予算を維持しなくてはならなかった．

軍は，3つの経路を通じて石油が生み出す収益を享受してきた．第一は極めて合法的な中央予算からの配分である．ナイジェリア軍が受け取る予算額に対して異議を申し立てる者は多いかもしれないが，防衛予算は中央予算を通じて他の優先事項との総合調整を図りながら内閣と立法議会のレベルで決定されるべきことに議論の余地はない．第二は，以下に述べる「専用口座」を通じた不

透明な額の予算外配分である．第三は石油の密輸を通じた大量の資金である．この金額は，予算外資金以上に不透明である．驚くべきことに密輸は，燃料の価格を下げる圧力になっている．密輸を行う理由の多くは，燃料が国際価格で市場売買されたとたんに成り立たなくなる．軍が石油の密輸で受け取っている利益は，正規に輸出していれば得られたであろう利益をふいにするだけでなく，安価な燃料価格によって老朽化した施設の更新が遅れ，自然環境まで犠牲にしてきた．こうした背景は軍政府が国内燃料価格の不当な安さを大目に見てきた理由を理解する上で非常に重要である．国内価格が安いために，密輸業者は精油製品を近隣諸国に密輸することで大きな利益を得てきた．密輸の量は，少なくとも国内総消費の10%に達することもあった（Lewis 1996, 90）．

国内価格への補助金　政府がインフレーションに合わせた燃料価格の調整を渋ったため深刻な政策の失敗が明らかになったのは1980年代中頃である．1970年代初めから，政府は石油が豊かな国の国民として，ナイジェリア人には安価な石油製品への権利があるという期待を人々に植えつけていた．1980年代半ばまで，石油に基づく燃料のすべての小売価格を設定できる政府は，3年から4年間続けて給油所段階でのガソリン価格を一定のままにした．名目価格は3〜4年ごとに値上げされたのだが，それは世界市場で実質価格が着実に下落していた事実を隠していた．

1978年以来，燃料価格を上げようとしたあらゆる試みに対して，ナイジェリア労働評議会が率いていた労働者の組合，学生，商社グループを含んだ暴力的なデモが引き起こされた（Nuhu-Koko 1993, 3）．しかし，1986年以後，補助金を用いた価格補助の大きさは深刻なレベルに達し，そのまま維持された．深刻なのは補助金の大きさであり，価格補助がIMFと世界銀行のコンディショナリティの履行を脅かしていることであった．ナイジェリアのガソリン，ディーゼル油，燃料油への補助は，ベネズエラのそれを2倍以上上回る大きなものとなっている（Ahmad Khan 1994, 128）．燃料補助の大部分は，都市の消費者の便益となったが，ガソリン，ディーゼル油，燃料油の価格が加工費さえ賄えないくらい低かったので，精油所は資本不足となり，十分な産出さえままならなくなることが多かった．国内の燃料不足は，燃料価格の上昇と同じくらい一般大衆の不満の種になった．推計によれば，1990年代の初めから毎年，ナイジ

ェリアの財源のうち 19 億米ドルが燃料補助金に費やされていた（ESMAP 1993, xix）．

　なぜ，弾圧的なはずの軍政が燃料や輸送価格の増加に対する都市の暴動を看過していたのだろうか．それは，暴動が「背後で操られている」雰囲気があったからである．例えば，1990 年代初め，政府は燃料運搬車や給油所にある政府記章をナイジェリア国営石油会社のものと取り替えるように命じたり，ナイジェリア国営石油会社が燃料価格を上げたと宣伝したりして，一般市民がナイジェリア国営石油会社の施設に抗議するよう促した．West Africa 誌（1994, 1753）は，1994 年 10 月，このコミックオペラのような状況を以下のように描写している．

> 10 月 1 日の国家独立記念日に，1 リットル 3.25 ナイラーのはずだった給油所にいたナイジェリア人は途方に暮れた．価格は予告なしに 1 リットル 15 ナイラーになっていた．政府はいかなる価格引き上げも否定し，1 日もたたないうちに石油資源大臣であるエチベットが価格引き上げは無許可のものであると述べた．この言葉をナイジェリア人はかなり割り引いてとらえた．ナイジェリア国営石油会社（NNPC）は，国内で生産される燃料の全てを管理していた．そして石油会社の唯一の供給源がナイジェリア国営石油会社である以上，その許可なしには価格を上げることはありえなかった．ともかくナイジェリア国営石油会社にとって，非常勤の会長であるエチベットに無断で価格を上げることなどありえなかったのだ．

　自ら進んで大きな損失を被っているところを見ると，政府は収入の最大化以上に分配の問題を重視していたことが分かる．もちろんナイジェリアが，1980 年代半ばまで対外債務と財政赤字によって余儀なくされた一連の緊縮経済政策の下にあったことも関連している．石油ブームは主に都市住民のための教育やインフラへの莫大な投資の増加をもたらしたが，1980 年代後半になると，政府による直接投資には期待ができなくなっていた．燃料価格の引き上げは都市住民にとっては一層耐えがたいものとなったのである．

　政府にとって国内の燃料価格を低く抑えたいもう一つの根拠は，地域間の分配問題への配慮である．すでに述べたように，地域の問題は基本的に連邦政府の予算配分に左右されてきた．ビアフラの離脱と内乱はニジェール・デルタの石油地域や東部（イボ族）地域全般をなおざりにしたことで引き起こされた．地域間の分配はあまりに硬直的に行われたので，例えばニジェール・デルタ州（Delta 州と River 州）にナイジェリアの主要な精油コンビナート 3 つのうち 2

つまでを設置しても，この地域の人々の怒りは収まらなかった．低い燃料価格は都市（主にラゴス）に住む人々に有利ではあったが，それは同時にナイジェリア国営石油会社と政府にとって収入減を意味し，連邦資金の配分に対する地域ごとの利権争いを抑えることになった．仮に，政府が中央財政に石油レントを一手に集めることができていたら，資源の富をもっと直接的な形で地方に再分配する問題に直面しなくてはならなかっただろう．国内すべてのナイジェリア人に対して石油製品を徹底的に引き下げた価格で購入させる政策は，直接的な予算配分問題を露骨に目立たせることなく，石油を生産しない地域へ石油の富を再分配する効果があった．

しかし，燃料補助金が及ぼした再分配への影響は，価格引き上げ反対の暴動がそれでもなぜ起こりやすいのかを教えてくれる．まず，密輸は無視できるような規模の活動ではない（*Platt's Oilgram News* 1984）．*Oil Daily* 誌（1984, 10）によると，1日当たり10万バレルの精油が密輸によって失われている．密輸がなければ，年間10億米ドルの追加収入がもたらされていたことになる．それゆえ，なぜ軍事政権がそこまでの流失を黙認してきたのか全く不思議である．燃料価格を上げれば，国家収入を増加させるだけでなく，密輸も減少させることができたはずだからである．

重要な点は，密輸の収益が国内価格の低さに依存しているということである．もし，ナイジェリアの石油製品がカメルーンやその他の近隣諸国で見られる国内価格のレベルにあれば，ナイジェリアの精製ガソリン，燃料油やディーゼル油の密輸は，購入と販売という単純な行動ではなく，精油所からの窃盗や流用というような危険な行動を必要としただろう．したがって，密輸業者には国内石油製品価格を低くしておく強いインセンティブが働くのである．そこで問題となるのは，誰が密輸業者なのかということである．軍事政権は個人や数名の外国人を死刑に処される密輸罪で定期的に起訴している．しかし，これは誤解を招く表面的な芝居である．軍自体が密輸に深く関わっているからである．ルイスは，以下のように結論する．

> 石油の密輸は，おおむね軍人の上層部と一部の民間人の手によるものであった．軍のトップは，時折，自分たちの関心のある企業との間で超法規的な契約を取り交わしたが，もっと典型的なのは，タンカーを借り上げ，それらを国営石油会社のターミナルで内密に満杯にすることであった．何億米ドルもの国家収入がこのようにして失われ

た．さらに，精製された燃料へ投入され続けた国内補助金と流通差額によって，アフリカ金融共同体諸国（CFA）との間に多大な燃料価格の開きが生じていた．活発に不法取引されるナイジェリアの燃料は，国内消費の少なくとも10％の割合を占め，近隣諸国に流出した（Lewis 1996, 90）．

フォレストも次のように報告している．1993年に「ナイジェリア国営石油会社は，独断で6400万米ドルもの支払いを行った．表向きは，ナイジェリアの燃料不足を緩和するために，ラゴスにつなぎ止めたタンカーに石油製品を蓄える計画に融資するということであった．この融資は，燃料の密輸に関与していた会社から調達された．この会社は，軍政権とも密接に関連していた」（Forrest 1995, 248）．石油の輸出に対する軍の統制は，インドネシアにおける初期のプルタミナや，他の国の国営石油会社に対してもあからさまに行われていることだった．ナイジェリアでも秘密裏の活動を通じて同じ結果を得ようとした軍隊があらゆることに手を出したため大被害がもたらされた．独立後に高い評判を得たインドネシア軍に比べて，ナイジェリアの軍に正当性と統一性が欠けていたことが「行き過ぎ」の原因であった[14]．

透明性の欠如と大統領の自由裁量　ナイジェリア国営石油会社の汚職は慢性的で広く知られた問題であるが，政府役人の単なる不正行為として片づけるにはあまりにも複雑である．もし，ナイジェリア国営石油会社と石油省の会計報告にわずかでも透明性と説明責任があれば，ナイジェリアで見られるような石油関連の汚職は起こり得ない．インドネシアのプルタミナで見られた不透明さを連想させる要素の一つは，透明性の欠如が大統領に行動の柔軟性を与えていたことである．フォレストは，次のように述べている．

> 莫大な収入は，広く分配されるべき連邦予算としては扱われず，いくつかの特別な口座で管理された．これらの資金の規模と用途に関連する決定は，財務省ではなく，大統領によって行われることが多かった．この慣行が連邦予算配分の体制をむしばむ傾向にあったという事実は別にしても，説明責任の欠如は財政上の不正行為に対するうわさや疑いの温床となった（Forrest 1995, 248）．

中央財源から流用された石油レントに対する大統領の支配について，ナイジェリアがインドネシアと全く異なっていたのは，特別口座の資金が開発よりも分配目的の事業に注ぎ込まれたことである．

資金流用と安い国内燃料価格がナイジェリア国営石油会社にもたらした直接的な結果は，メキシコのペメックスと同様に，絶え間ない資金不足である（Forrest 1995, 248）．1990年代半ばまでに，ナイジェリア国営石油会社はナイジェリアで操業している国際石油会社から10億米ドル近くの借金をしていたために，事業中止の脅しを受けて合弁事業に関する契約の見直し交渉に追いつめられたり，ナイジェリアで開発を続けようとする多国籍企業の意気込みをくじいたりした（African Development Consulting Group 1996）．ナイジェリア国営石油会社の状況は政府の重い課税から生じたのではなく，ナイジェリア国営石油会社（と政府）の潜在的な財源が一般の消費者に流れていたから生じたものである．

ナイジェリアの事例における驚くべき逆説は，石油政策の抱える問題がはっきりしていたにもかかわらず，一連の「豪腕な独裁者」の軍政が，それにほとんど取り組んでこなかったことである．いくつかの政権に見られた弾圧的な性格と，そんな軍政に対してすら頻発した武力蜂起がナイジェリア国家内部の不和を表わしている．ナイジェリア政治の鋭い観察者の一人であるフォレストは，長く軍事政権によって支配された国家に対する言及としては一見奇妙な次の結論を出している．

> 政治的・経済的分権化の度合いが高かったにもかかわらず，中央政府が脆弱で，その政治力や経済の管理能力が不十分にしか発達しなかったことには多くの理由がある．そこには，政治エリート，軍の高官，官僚エリートの間の団結や調和が欠如していることや，政治的不安定，国家機関の権威の衰退などが含まれている．
> 植民地独立期にできた中央政府内の空洞が，よくまとまった土着階級や安定した軍部・官僚同盟によって埋められることはなかったのだ（Forrest 1995, 250）．

このように，ナイジェリアでも天然資源が特定の政府役人に操作された他の多くの事例と同じように，政府内部に存在する不和と政策目標の競合が誤った動きを引き起こす動機になっていた．

5.3 分配目的に利用される資源

この章で扱った複数のケースでは，資源開発事業に分配が重要な目的として組みこまれている．たしかに政治指導者たちは，政治的支援を当てにして特定

の分配政策を選択することもあろう．しかし，分配そのものが目的になっているという見方も妥当である．もちろん，ときおり貪欲さが顔を出し，政治的迎合が生じることもある．本書の4章で触れたサラワクの森林の事例は，サバと比較するために紹介したのだが，政治的なえこひいきが露骨に表れた事例である．コスタリカでの無分別な牧場補助金や再植林計画は，特定の主要産業や会社に便益を与える利権漁り（レントシーキング）と政治的保護の手段として厳しく批判されている．しかし，他の事例では，広い範囲の人々に利益をもたらすことが，特定の人々から政治的支援をとりつけようとする動機と同じくらい強く作用していた．コスタリカで見た森林開墾や伐採を野放しにする緩慢な規制は，将来世代を犠牲にした政策であったが，国民全体の経済機会と可処分所得を増加させたいという政府の動機を反映するものでもあった．

　インドの後進地域からきていた銅山労働者は，個人や地域として特に政治的資源をもっていたわけではなかったが，非生産的な鉱山の経営を通じて間接的に経済的支援を受けていた．ナイジェリアでは，経済的便益をいかに適切に地方へ分配するかが，あらゆる政権の中心的な課題であった．それは，政治的支援をとりつけることや政権維持という意味合いからではなく，地域間の釣り合いが多民族国家としてのナイジェリアの性格を決定するからである．チリの銅部門における主要な分配問題は，莫大な銅の富のうち，政治的に力を持つ銅労働者の手元にどれくらい残るのかということであった．これは，組織化された労働者の経済的見返りはどうあるべきかという大きな問題の一部である．この問題は，ナイジェリアにとって地域間分配が重要であるのと同じように，チリにとっても中心的な問題であった．一連の事例に共通する論点として示したいのは，「分配」というのは単に政治家や役人による政治的策略や経済的自己増殖として単純に片づけられるべきものではなく，さまざまな資源開発事業に重要な形で組み込まれた目的になっているということである．

　この章の事例では，開発戦略の追求という動機づけやこじつけがなくても，分配工作が顕著に見られることを示した．開発戦略は分配に常に影響するが，開発とは無関係に分配自体が追求されることもある．この章の初めに私は，分配政策をあからさまに政治的なものとすぐ見なしてしまう危険性について述べた．このことが意味するのは，開発戦略に見せかけることのできないような，分配そのものを目的として行われる天然資源乱用は，それを正当化してくれる

他の「見せかけ」を必要とする，ということである．コスタリカでの土地や補助金の巧妙な操作は，それに対応するブラジルの例よりあからさまであった．というのも，ブラジルはアマゾンの開拓を公の理屈にしていたからである．強制的な開発戦略の代わりに，お粗末な再植林プログラムを実行したコスタリカの役人たちは，「環境保全」というごまかしの理屈をもちだした．これまで見てきた複雑な回避工作や動機を曖昧にするような行動の中でも，もっともひどいのがナイジェリアの石油部門である．そこでは，政府が国営石油企業に価格設定の身代わりをさせ，密輸が軍人の重要な収入源であるにもかかわらず，軍が石油密輸業者を起訴するといった不条理劇が展開されている．

　天然資源開発を通じた分配は，残念ながら汚職を招く傾向が極端に強い．当初の動機は事業に組み込まれた目的の達成にあるかもしれない．しかし，何百万あるいは何億米ドルの資源レントや国庫資金の浄化は，利権漁り^{レントシーキング}や私腹を肥やすための資金流用源として政府役人や民間人を強烈に誘惑する．

　天然資源開発による分配が複雑なのは，誰が最終的な利益を手にするのかという争いが，政府内の利益の流れの支配をめぐる闘争と並行して起こるためである．政府指導者の強力な支援者に対して伐採権が付与されたサラワクの単純なケースを除き，分配をめぐる戦略はさまざまな政府当局を互いに競合する立場におき，国営企業と中央予算当局との間にも対立をもたらす．競合は非常に政治的で，個人間の争いになるものも多く，その結果として政府当局や企業は天然資源を効果的に管理する力を失ってしまう．政府内の分配に関するこのような対立は，長期間にわたって禍根を残す．20年間以上が費やされたチリの銅会社コデルコ社と財務省の間の対立は，コデルコ社に新たな鉱床の開発を認めるという形でようやくおさまった．

　ここであげたさまざまな事例は，天然資源の乱用を通じて行われた分配戦略が，より効率的で簡便な別の仕組みを通じて達成できなかったのかどうかという疑問にも洞察を提供している．

　まずは，この章で取り上げたさまざまな事例と4章で取り上げたサラワクの事例で，主な受益者（と犠牲者）が誰であったのかをまとめておこう．

- コスタリカ：大牧場の経営者，再植林補助金から利益を得ている会社，土地を与えられた小規模農家，商業伐採者（犠牲になったのは将来世代の所得獲得機会である）．

- チリ：組織化された高賃金の銅労働者．彼らは銅利権に関連する収益を，国庫と競合して勝ち取ったり失ったりしていた（経済的損失はチリ人全体と特に将来世代に及んでいる）．
- インド：経済的に貧しい層の銅労働者と低所得者，国営企業との契約に絡んでいる一部の起業家，国営企業の職員（インド人消費者の全てを犠牲にしている）．
- ナイジェリア：都市住民，特に石油を産出しない地域で高所得を得ているエネルギー使用者，石油部門での汚職に関わる事業家，一部の軍（適切な開発であれば利益を得たであろう油田地域と将来世代を犠牲にしている）．
- サラワク：政府指導者層の協力者（森に暮らす低所得の住民と将来世代を犠牲にしている）．

インドの銅の事例においてのみ，分配がより公平な社会に近づく方向で行われたといえる．ただし，この事例でも，インドの経済全体をゆがめる銅の価格政策によって何百万という低所得のインドの人々が経済発展から疎外されたと議論することもできる．

これらの事例は，利益分配の追求が他の方法ならば避けられるか，あるいは少なくとも抑えられたかもしれない大きな犠牲を伴ったことも示している．コスタリカの優待課税制度は必ずしも土地や森林を犠牲にする必然性がなかった．すでに1章で述べたが，コスタリカが1970年代から80年代にかけて失った林業の損失は40億米ドル以上であり，国民1人当たりに換算すると1000米ドル以上の損失であった．これが，コスタリカの潜在成長力を25～30%抑えこんだために，経済成長は通常よりも年1.5%から2.0%低く抑えられた（Solorzano et al. 1991, 4-5）．コデルコ社を抑えつける代償として生じたチリの経済損失は2億7000万米ドルに上ったと言われる．企業が銅の利権にしがみつくのを別の取り決めで防止すれば，チリの最も経済的な鉱床を開発する機会を逃さなくて済んだかもしれない．同様にサラワクでの特定集団に対する政治的優遇は，伐採権ではなく，中央の財源を通じて行うことができたはずである．結果として生じた森林減少が，利権漁り（レントシーキング）に成功した人々の経済的能力を高めた事実をもはや嗅ぎ取ることはできなかったし，経済の拠り所を奪われてマレーシアの他地域に比べて落ちこぼれてしまった人々がいたこともうやむやになった．ナイジェリアは最も悲惨なケースで，驚異的に豊富な石油埋蔵量から長期的な利益

を享受できないままここまできた．このままだと，21世紀にはナイジェリアは石油輸入国になってしまうかもしれない．

原注
(1) 信頼できる土地利用分析によれば，コスタリカの約60％の土地は森林として維持されるべきである．実際，現在の森林面積は国土の20％未満である．これについてはAbt Associates (1990) とLutz & Daly (1990) を参照．
(2) この衝突に関しては，Ascher (1993b) が詳細に考察している．
(3) チリにおける銅の国有化を最も包括的に扱っているのは，アレンデ (Allende 1985) の論文である．また，国有化以降の問題を最もよく要約しているのは，Fortín (1984) とTironi (1977) である．
(4) 銅による国内通貨の歳入はごく少額で，1970年には合計1000ペソにしかならなかった．表はMéndez (1979, 311) のものである．
(5) 民間に開発されたエスコンディダの鉱床の豊かさは，鉱石の質に関するティロニの予想を越えるものだった．
(6) 1996年7月15号の News File に載った，コデルコ社取締役副社長のJuan Villarzúの報告によるものである．
(7) これは企業としては手痛い結果を招く．つまり，赤字公営企業の上位10社は，黒字企業の上位10社と同様に，公営企業局の年報「公営企業調査」において詳細な特集が組まれてしまうのである．
(8) 1987年当時，インド銅株式会社の1人当たりの鉱石採掘量は1.2トン，ケトリの採掘量は2.0トン，マランジカンドの採掘量は37トンであった．これに対して，アメリカの坑内採取の平均は16トン，露天掘りの平均は45トンであった．マランジカンドの1人当たりの採掘量はそれ以後アメリカの水準にまで達し，その生産能力はフル稼働している．銅の精錬においては1トン当たり，アメリカでは18時間／人の勤務に対して，ケトリとインド銅株式会社にあるインド施設では60時間／人の勤務を必要としていた (Rao & Vaidyanath 1987, 79)．
(9) ラオとヴァイダナヤの報告では，ひとたび銅の価格に目標投資収益率を考慮した調整を行ったならば，その後の銅価格の値上げは投入コストの増加率の半分だけに留めるべきとしている（投入コストの上昇率は，名目で年間10％である）(Rao & Vaidyanath 1987, 138)．
(10) ヒンドゥスタン社の職員たちは，通商産業省の価格決定会議に参加していない．この会議では，毎月輸入された銅の陸揚げ費用，国営鉱物輸入会社MMTCのサービス料金，および関税を計算することによって輸入銅の価格を決定する．この決定過程に銅価格の柔軟性はほとんどない．ヒンドゥスタン社の銅は，ここで決定される価格と同じ，あるいはより低い価格で販売されなければならない．実際，ヒンドゥスタン社で供給されている銅の価格は，輸入銅の価格と同じである．
(11) 現在操業中のヒンドゥスタン社の鉱山基地では，地質の状態が多様で鉱石の品質も異なることから (Mining, Geological, & Metallurgical Institute of India 1989, 93-94)，採掘にかかる費用は基地による．つまり，現在操業中の鉱山のうちいくつかを閉鎖

することで，ヒンドゥスタン社の平均費用を引き下げられるのである．ビハール州にあるインド銅株式会社で最も収益の低い鉱山が最初の対象となるだろう．インド銅株式会社が生産する銅金属のうち，ケトリは36％を，マランジカンドは39％を占めるが，ビハールではインド銅株式会社の3つある鉱山基地の中で鉱石と銅の生産量が最も少ない上に（25％以下である），鉱石の品質採掘の効率も悪い（Hindustan Copper Limited 1991, 2）．ヒンドゥスタン社のある年の国内生産が，例えば35％とすると，インド銅株式会社の鉱山を全て閉鎖したとしても，ヒンドゥスタン社は銅の平均費用を引き下げ，収益を増加させれば依然として国内総供給の4分の1以上を生産できる．

(12) 生産分与方式（プロダクション・シェアリング方式）による契約は確かにいくつか存在する．しかし，それらがナイジェリアの生産に占める割合は10％以下である．様々な契約の形態に関する分析については Ahmad Khan（1994）を参照せよ．

(13) ナイジェリアの石油のおよそ70％はニジェール河口の三角州沿岸部で生産されており，30％は沖合部で生産されている．

(14) 統一性の欠如については，オトボが次のように述べている．「軍事組織は何人かの軍人とその取り巻きによって支配されているために内部分裂を起こしている．ナイジェリアのエリート集団の記録するところによれば，北部の少数部族は南部の人々やキリスト教軍人たちと同様に差別待遇を受けている．こうしたことから，軍事組織内部は正当性や忠義心，および団体としてのプライド意識を欠いてきた．組織全体が個人的な権力とえこひいきの温床と化してしまったために，指導者を交代させるという制度的手段は妨げられていた」（Otobo 1995, 50）．

6章 資源乱用による財源調達

　この章では，インドネシアの木材の事例で見られたパターンが逆に展開するケースを考えよう．スハルト大統領は，予算当局の反対するような開発事業に資金を調達するために資源レントが国庫に入らないように操作していた．だが，国庫はいつも損をするわけではない．不適切な天然資源政策のおかげで，従来型の税制度では引き出せなかったような富が国庫にもたらされることもあった．もちろん，国庫によるレントの獲得は常に資源の不適切な利用を生み出すわけではないし，国庫は政府が管理する土地から資源レントを徴収して当然である．レントに応じた資源の使用料が明確でしっかりと徴収されれば，政府は資源乱用を抑制できる．しかし，レントを得ようとする他のアクターの巧みな策略によって，資源管理は最適とは言えない結果に至ってしまうことが多い．なぜ，どのようにして，これらの策略が生じてくるのか．本章では，政府の巧みな動きの背後にある動機と，広い文脈の中で状況を理解するための事例を考察したい．

　前章までに，国庫が天然資源の開発・採掘から財源を抽出する方法を見出していく事例を見てきた．ペルーやベネズエラ政府は，財源を搾り出そうとして自国の国営石油会社に重税を課し，資本不足に陥らせた．チリ財務省は自らの国庫に多くの現金を残しておくために，国内の銅企業への投資資金を極度に減少させてしまった．インドでは国内の銅企業の財政状況を改善するために行われた価格調整が，同時に，銅に対する高い輸入関税を正当化する仕掛けになっていた．これら価格調整と資本不足が結果として生み出す歪みは，財源調達が元々の動機となっている事例と同じくらい深刻である．しかし，予算当局が適切な資源開発を犠牲にしてまでレントを召し上げようとする理由は，これまで見たものとは大きく異なる．インドの事例は例外としても，これまで扱った事例は，予算当局と彼らを出し抜こうとする役人たちとの間の争いに端を発していた．

この章では資源レントを搾り取ろうとする動機がより明確に働いている事例を中心に扱う．これから見る一連の事例は，政府内の部局同士の争いに勝つというよりも，従来の課税手段を使わずに国庫に資金を流したいという思惑を映し出している．だが，資源開発による財源調達工作は政府機関や国営企業の財源を食いつぶすので，結局は部局同士の争いが生起することも多い．

6.1 資源開発を通じた課税メカニズム

よく見られる巧みな工作には次の5つの類型がある．

1. 政府は個人や地域共同体などの資源利用主体の所有権を侵害し，資源レントを国のものとする．その結果，今は細々と資源にアクセスしている個人や地域共同体といった利用主体も，将来使用できる見込みに不安を感じるようになり，向こう見ずな資源採掘に走る．自らの資源が過去に政府に横取りされたことがあったり，将来の没収が予想されると，資源利用者は資源の長期的な育成や保護に投資したがらなくなる．

    第二に，政府の管轄下にある資源は，政府や権利を保有する業者によって，急速な開発の圧力にさらされることが多い．加えて，資源開発や資源採掘を計画する政府の官僚や国営企業の職員は，地域の人々や共同体に比べて開発を持続的なものにする熱意が希薄であるのが通常である．地域の人々なら，自分たちの資源から利益を確実に享受できると考えれば，資源の長期的な持続性を保つことに注意するであろう．これとは対照的に，長期的な持続性という基準は，政府や国営機関の役人の地位や報酬には，ほとんど影響を及ぼさない．

2. 国のマーケティングボード(訳注1)の機能は「安く買って高く売る」ことである．生産者余剰を手にするために，資源の買い取り価格を下げるマーケティングボードは，結果として資源の育成を抑制することになる．資源採掘による収益を維持する必要性から，業者が資源の開発を無理に急ぐこ

(訳注1) 生産者価格の設定や買付企業の許認可，あるいは全国的規模における需給調整を担う組織で，協同組合に比べて強制力をもつことが多い．第二次世界大戦を契機に，多くの農産物輸出国で取り入れられた．国際価格の短期変動に備えた生産収益の備蓄や病害対策など，生産者の保護を目的とする一方で，政府による国内買い上げ価格の決定や国内流通と輸出の統制を通じて，輸出収入源および財源の確保に利用される場合がある．

ともある．
3. 政府は輸入原料や加工物への高い関税を正当化するために，国内の資源生産を保護して内外の価格差を作る．このような状況は，ブラジル（石油）やインド（石油と銅）など石油や鉱物資源を産出する国々で確認できる．
4. 国が販売する資源を原材料とした財には，政府の手によって市場価格よりも高い値段がつけられる．これは直接的には国内の資源開発の歪みにはつながらないが，代替資源の搾取率に歪みをもたらす．例えば，石油を原料とする生活用燃料が高くなれば，石炭や薪の使用量が増え，森林減少率は燃料価格が市場で決まる場合よりも大きくなる．
5. 政府は国営資源開発企業から資源レントを獲得するだけにとどまらず，国営企業に対して税まで課すことがあるために，企業は海外から借り入れをしなければならないほどの窮状に追いこまれる．政府のこの戦略は国営資源開発企業を資本不足に陥らせ，結果として資源を最適レベルで開発できなくさせてしまう．こうした政府の動きは財源の搾取をかわそうとする国営企業を，なりふり構わぬ投資や資源開発へとかき立てる．

国庫に財源をもたらすことを目的とした天然資源乱用の論理は，国庫を迂回しようとして生じる資源乱用の論理と類似している．第一に，資源採掘過程を通した資金浄化工作が，通常の課税手段がさらされるような公の目を回避できる確実な方法として使われている．中央の財源を増やそうとする官僚の政治的目論見からすると，課税による分配工作はあまりに分かりやすい．だからこそ，あからさまな課税が典型的にもたらす政治的コストなしに財源を得られるような，間接的メカニズムが魅力的なのである．第二に，天然資源の乱用を通じた課税方法は政治的弱者を犠牲にしている．ここで弱者とは，経済的に弱小で慣習的な資源使用権に頼って暮らす人々や将来世代のことである．

以下で天然資源の乱用を通じた5つの課税手段について概観し，それぞれの条件や政治的論理を照らし出してくれる事例を考察していく．

6.1.1 民間人や地域共同体の所有権の没収

所有権は経済力の基盤である．したがって，資源からの収益を上げる最も手荒い方法は，法的に確立されたものであれ，慣習的に確立されたものであれ，

所有権を没収してしまうことである．政府は多様な口実を作って公然と所有権を取り上げる．しかし，それと同じくらい重要なのは，資源使用権にさりげなく制限をかけることで，結果として政府に富をもたらすやり方である．例えば，保全区域として指定された土地での一年生の農作物栽培を規制するといった具合に，資源開発の権利に制限をかけるのである．もし，この規制のために従前に権利をもっていた人々が土地を手放さなくてはならなくなったら，今度は別の人がその土地の開発権を得るために政府にお金を払うかもしれない．あるいは，政府が直接に開発を手がけ，その収益を独占するかもしれない．「所有」とは本来，さまざまにありうる潜在的な利用法を束ねたものである．したがって，「規制」とは，程度の差こそあれ，所有権没収形態の一種なのである．

　政府高官から見れば，問題は，いかにして所有権全体の枠組みを傷つけたり，政府の政治的基盤を危険にさらさずに所有権を没収して，規制をかけるかである．以下の事例から，これに関連した3つの戦略が示される．すなわち，(1)没収や規制を正当化するために，もっともらしい大義をもちだす，(2)政治的影響力の小さい人々の使用権に絞って没収の対象にする，(3)巧妙で間接的な手段に頼る，である．

　もっともらしい大義　没収や使用権の制限を正当化するためにもちだされる大義には，皮肉にも資源保全の権利や環境権が含まれていることが多い．最も頻繁にもちだされる政府の主張は，「地元の人々が無秩序に資源を採取するので地域の資源が劣化している」というものである．人々による資源採取が長期的にどのようなインパクトをもたらすのかも知らず，政府機関は特定地域を「公有地」や「保護・保全地域」に指定する．この指定によって土地は政府管轄下におかれることになり，それまで行われていた慣習的な利用は制限される．ところが政府は，そうした土地の中で国営企業や民間企業に開発権を付与し，結局自らの手で資源を取り出す．インドネシア政府が1960年代末に地元民の伝統的な権利を犠牲にしておきながら，外島地域の森林すべてを接収したのを思い出そう．このパターンは多くのアジア・アフリカ諸国と同じように，ラテンアメリカの全域でも起きている (Cárdenas, Correa, & Gómez 1992)．昔から地元の人々による鉱物採掘の伝統があった地域においてさえ，政府が地下資源に対する独占的な権利を主張するといったことは途上国ではよくある．地元の人々が

没収の対象とされる資源を過剰利用していない場合であっても，政府は誰にも邪魔されずに自ら資源にアクセスできるように，人々の利用権を前もって規制する．鉱物の露天掘り，石油の大規模掘削，木材の伐採やプランテーションへの転換のために，地元の人々は追い出される．

経済的に弱い人々から資源を没収するのは，政治的弱者が狙われるのと同じ論理だ．彼らは「上からの」利用権の規制に対して抵抗する術をもっていないからこそ狙い撃ちされるのである．しかしながら，人々の手強い抵抗が功を奏することもある（Peluso 1992）．資源の強引な収奪が高くつくほどの抵抗が見られるようになれば，政府は没収をあきらめるかもしれない．他方で，経済的弱者の採取できる資源量はもともと限られているという理由で収奪の標的にされるケースもある．また経済的弱者の使用権を制限する理由として，生態系保全が引き合いに出されることもある．現実において地元の人々の採取能力が低いのは，高度な技術をもたず，消費ニーズも限られているからである．斧を持った農民やつるはしを持った鉱夫は，商業的な木材や採掘会社よりもはるかに小さな規模でしか資源を採取できない．大きな資源レントを得るのに大規模な採取が必要になれば，政府は環境保全を引き合いに出して資源を一旦没収した後に，資源採取の主体を商業的な開発業者に移すことで歳入を増やすことができる．合法であれ違法であれ，新たな開発特権と引き換えに商業的採掘者から料金を集めれば，資源レントにあやかることもできるわけだ．

資源開発の規則を公に定めるという巧妙な没収の方法もある．ほとんどの慣習的な利用権は法律に則った公式なものでないために，政府はあからさまに没収を口にする必要がなくなる．利用権を確立するための正式な書類を要求しさえすれば，正式な登録ができない貧しい人々はそれまで持っていた権利を無効化される[1]．こうした巧妙な仕掛けは，コスタリカのような自由で民主主義的な国家でさえ公然と行われている．

6.1.2 マーケティングボード

政府は買取価格を操作し，資源を自由に販売する権利を制限することで，資源採掘者の手に落ちるはずの利潤を横取りすることもできる．買い取った政府系機関が自らの顧客に低価格で売れば，資源採掘を行った人々の犠牲の上に顧客が援助されていることになる．ただし，国庫が資源レントを得るには，やは

り「安く買って高く売る」という戦略になる.

　政府の役人は，元々は原材料生産者や国内消費者を守る目的で存在していたマーケティングボードを通じて，上のような策略を追求する．1954年の時点で経済学者のピーター・バウアーは政府が容易に歳入を増やす目的で，マーケティングボードを操作して生産者を裏切るであろうと予測していた (Bauer 1954, 321). そうなれば価格を安定化させるマーケティングボード本来の機能は害されることになる．国営企業はまず生産者たちに対して最低価格の保障，円滑な供給と安定した価格，そして輸出品に対しては高い価格を約束するなどして懐柔策に出る．政府は必需品の不足や物価の大幅な値上げから消費者を一定程度守ることを約束するのだが，そのような政府の市場介入を正当化するために民間部門を「暴利の貪り」としてやり玉にあげることも多い．ここで介入の対象となる商品とは一般的に米やパン，燃料などで，これらの必需品は民間の莫大な消費支出を伴うので，政府にとっては収益の対象として魅力的であった．それゆえに，多くのマーケティングボードは前述の「約束」を裏切ってきた．ここでマーケティングボードが国内売上や輸出売上から余剰を引き出している最も露骨な事例を挙げよう．

　ペロン政権時代 (1946-55) のアルゼンチン輸出促進機構 (Argentine Institute for Trade Promotion) は，穀物と牛肉の国内購入と海外販売を統括していた．ペロンはこの「機構」を牛肉と穀物を独占しているヨーロッパ勢力に対抗するための愛国的な施策として導入した．前政権のときまでは大規模生産者らがマーケティングボードを支配しており，穀物の政府買取価格は概して国際価格よりも高かった．ところがペロン政権下での機構は一貫して穀物の購入価格を低く抑えた．小麦に至っては国際価格の半額以下に叩かれていた (Randall 1978, 101). このようにして機構に集められた資金は，海外の運輸・通信会社の買収に回され (Randall 1978, 77), アルゼンチンの実業家向けの低金利借款に当てられた (Ascher 1984, 54-56).

　二つ目の例はエチオピアである．いわゆる社会主義革命の後に，軍主導の革命政権はエチオピア南部地域で広範囲に見られた借地制を終わらせる徹底的な農地改革を講じた．1975年の「農村地公有化宣言」によって，それまで大地主との借地協定に苦しめられていた貧農のために，土地所有権の大規模な見直しが進められた．著しく国家統制主義的な国において，国家機関が農業部門で

大きな役割を果たすことは驚くべきことではなかった．だが，小規模農家が生産高を伸ばして大きな利益を目前にしたちょうどその時に，政府は生産された食料を農業販売公社（Agricultural Marketing Corporation：AMC）に売るように農家に義務づけてしまった．そして AMC はその食料を消費者に転売したのである．この点についてメジステブは以下のように述べている．

> 公的な買取価格と小売価格の間には大きな差があるので，潜在的には AMC の活動は政府の財源になる．……しかし，近い将来に AMC の活動から十分な財源が生み出されることはないだろう．なぜなら農業生産全体のうちで市場取引されるのは 12％ 以下にすぎないからである．……さらに十分な保管・輸送の施設がないために，AMC の活動は制限されている．最後に，農業生産物の市場取引の大部分は，いまだに個人の商人によって行われており，彼らは AMC よりもかなり高い額で農民と取引する．…… AMC に効果があるとすれば，それは買取価格の統制を通じて，農民が生活に必要な最低限の生産レベルを超えて生産するインセンティブをかえって殺いでいることである（Mengisteab 1990, 109）．

これは，市場に流す余剰生産物を減らしたり，個別の商人に売り渡したりすることが農民たちに可能だったことを示す重要な指摘である．しかしながら，「革命政府」の支持をとりつける上では農村の貧農に手厚くするよりも都市住民の食料価格を下げる方が重要であった．そのため，AMC は供給を確保する目的で益々高圧的な手段に訴えるよう命じられ，農家や協同組合に強制的な割り当て量を課すようになった．この働きかけは，AMC への供給に対する農民の抵抗，それに対する AMC の締めつけ強化，そして生活ニーズ以上の生産をしたがらなくなる農家，という悪循環をもたらした．悲しむべきこのパターンは，旱魃や交通システムの遮断ともあいまって，エチオピア飢饉^(訳注2)の一因になった．

生産者の利益を取り上げてしまうマーケティングボードの及ぼす経済的影響の中でも顕著なのは，天然資源を育成・開発し，適切に利用する人々のやる気を減退させてしまうことである．密輸も，通常の輸出税と収益税のような経済全体にもたらされたはずの利潤を無駄にしてしまう．さらに加工が可能な資源の場合には，原材料生産と加工の間に政府が介入してしまうことで，追加生産

（訳注2）　1984〜85 年にサヘル地域一帯を旱魃が襲い，北エチオピアを中心に重大な飢饉が発生し 100 万人近くが死亡した．政府の無能さや，隣国エリトリアでの紛争が問題をさらに深刻にしたという見方もある．

への動機はさらに低下する．

6.2 資源乱用による財源調達の事例

6.2.1 メキシコの石油：分配から課税へ

　本書で見てきたいくつかの国営企業は，中央政府の予算の縛りをかいくぐるために海外から借り入れをしていたことを思い出そう．インドネシアのプルタミナは1975年まで過度に借り入れをしていたし，ベネズエラの国営金属加工企業（CVG）も70年代末までそうであった．これらの機関の借り入れ能力は，強大な石油輸出の潜在力を背景とした見かけの信用によって過大評価されていた．こうした借り入れの結果，国庫は石油開発以外の支出の削減を強いられることになった．実際には，富は国庫から国営企業，その従業員，そして事業の協力者へと流れていた．対照的に，メキシコの国営石油会社であるペトロレーオス・メヒカーノス（Petroleós Méxicanos：以下，ペメックス）の場合には，富が国営企業から国庫へ流れるという逆のパターンが示された．1978年初頭，メキシコ政府はペメックスに対してあまりに高い税金をかけたため，ペメックスはそれを満たす目的で中央政府に代わって海外からの借り入れをする道具と化してしまった．ベネズエラのPDVSA（本章コラム参照）とペルーのペルー石油がそうだったように，ペメックスは結局資本不足に陥り，健全な事業運営ではなく，裁量権の拡大を目的とした投資をするようになった．

　一般の人々のペメックスに対するイメージは驚くほど否定的である．競争力がなく，政府の手に負えない傲慢なならず者といったイメージである．確かにペメックス自身の抱えている問題を軽く見るべきではないが，実はペメックスは被害者でもある．ペメックスの事業は，安いエネルギーを国内産業に提供し，財政赤字や不透明な支出を補塡しようとした政府によって歪められてしまった．石油労働者が石油利潤を取りすぎていることを放置したことも，さらなる歪みの原因になった[2]．世界中のあらゆる国営企業がそうであるように，これらの利益誘導のメカニズムは間接的で不透明であった．ペメックスを飼い馴らすための種々の仕掛けは，ペメックスを政府の財源搾取に対してさらに脆弱にした．これはペメックスの側に深刻な負債を生み出し，結果，ペメックスの生産能力が犠牲にされた．

背景 メキシコ政府は，産油国の中で最も早い 1938 年から石油採掘の支配を確立している．一方で，1940 年代から 73 年の石油価格急騰までの間，国内の石油とガソリンがあまりに低い価格に抑えられたので，ペメックスは慢性的な資本不足に陥った．70 年代には膨大な石油埋蔵量（80 年までの段階で世界 5 位の埋蔵量）が確認されたが，ペメックスは財政的・技術的能力不足のため 75 年まで原油の探査や生産ができなかった．メキシコは 70 年代前半まで石油の純輸入国だったのである．石油輸出の好機であった 74 年ですら，メキシコの石油製品輸入額は輸出額を 3 億米ドルも上回っていた．

ペメックスが資本不足に陥ったのは，政府が経済成長を維持するために人々の消費を減らそうとしなかったためである．1938 年の国有化から 1970 年代初頭まで，政府はインフレーションを抑制し，目覚しい経済成長率（1940 年から 70 年まで毎年 6%）を維持し，政治的に有力な支持者には重税を課さずに，むしろ利益を与えるようにした．まるで手品のようなこの成長に代償が伴わないはずはなかった．経済成長は安価な炭化水素エネルギーによって支えられ，経済構造は見かけよりもはるかに脆いものだった．国産ガソリンの価格は採掘と精製の費用のみを反映しており，石油そのものの価値や石油の代替費用は考慮されていなかった．ディーゼル油やトラクター燃料などの農業用燃料はさらに手厚い補助金を受けていたが，一般に燃料の利用者が貧しいことが原価割れの価格を正当化する理由になっていた．インフレーションが総じて緩やかなときにも，政府は上昇する費用に見合うだけの石油の値上げを渋ったために，ガソリンでさえも加工費をかなり下回る価格で売られていた．このように，1974 年以前のメキシコの石油政策は，法外に過小評価された天然資源の犠牲の上に成り立つエネルギー集約型開発戦略として分類できる．「再分配」の名のもとに正当化されたディーゼル油や農業用燃料への補助はともかくとして，産業用燃料の価格を低く設定することは，エネルギーを使用する産業や消費者に向けた事実上の補助金になる．だが，石油エネルギーの需要と利用を歪めずに恩恵を振り分ける手段は他にもあった．

経済成長がどうにか維持できたのは外貨の借り入れと，税金を低く抑える政策があったからである．メキシコの財務省は，民間銀行に義務づけられた高額の中央銀行預け金にますます頼る形で公共支出を賄っていた（Teichman 1988, 38）．連邦税と社会保障保険料の収入が国内総生産（GDP）に占める割合によ

って測られるメキシコの「課税努力」は，1970年ではたったの9.9%であり，その数字は国際標準をはるかに下回っていた[3]．それでも30年前と比べれば税収は大幅に引き上げられており，税徴収の厳格化と所得税率の上昇を強く反映している（Gil Díaz 1990, 254-255）．すでに民間部門の指導者たちは高い税負担に不満を漏らしていた．エチェベリア大統領（1970-76）の国家統制的な政策は財源確保の必要性を加速させた．このことに加えて，税を所得の再分配の手段に用いるかどうかの白熱した議論が企業側の不安を煽った．企業側のエチェベリア大統領に対する今までにない反発を見れば，全面的な税制改革が強硬な抵抗を招くだろうことは明らかだった．

　経済成長を支える資金を調達する他の選択肢は，対外借り入れか，輸出の増加であった．しかし，メキシコではナショナリスティックな傾向が強いため，1970年代以前までは海外からの借り入れという手段は不人気であった．石油は自国の産業発展のために使われるべきであり，輸出すべきではないと考える集団はペメックスの中にもいた（Teichman 1988, 59）．したがって，メキシコ政府は借り入れをしたり，税金をかけたりといった型通りのやり方ではなく，国内の石油価格を下げることで将来世代が使えたはずの天然資源から「前借りする」方法をとったのだった．このようにして資金提供を受けた事業の収益性が高く，その収益が将来世代のために新たに投資されていたならば，こうした手法も適切と言えただろう．しかしながら，メキシコの安価なエネルギーに頼った経済成長は結果的に，石油を無駄使いし，効率の悪い産業を生み出し，1970年代から80年代にかけての金融混乱の発端となった．このように，1974年以前の戦略は1つの再配分のケースであり，1974年以前の世代が将来世代からの再配分を受けたと見なすことができる．オスカル・グスマンは「石油産業を金融危機の淵まで何度も追いやってきた石油製品の実質価格の絶え間ない下降は，価格システムを通した消費者への所得の移転とも考えられる．周期的にペメックスに訪れた生産上，財政上の危機は，石油産業が消費者を補助していたという考え方を裏づける」と結論している（Guzman 1988b, 414）．

　1973～74年の世界的な石油価格の高騰はペメックスの状況を劇的に変えた．その当時にようやく確認されたばかりの巨大な埋蔵石油が輸出用としてにわかに注目されるようになった．輸出の準備をするために，政府は1973年にペメックスに対して国産の石油製品の大幅な値上げを許可した．同じ年に，政府は

ペメックスの 30 億ペソ（およそ 3 億米ドル）の負債を弁済し，ペメックスの信用は大幅に改善された．ペメックスは海外からの借り入れを通じて資金を調達し，事業の拡張を開始した．そして 1979 年にはペメックスの収入のほとんどが輸出売上に依存するようになった（1976 年の 15% と比較して 56% になっていた）．

1976 年に権力の座についたロペス・ポルティーリョ大統領は，付加価値税[訳注3]の役割に焦点を当てた税制改革に乗り出してはいたものの，企業部門を安心させる上でも本格的な増税ができずにいた．他方で，ポルティーリョはエチェベリア政権から引き継いだ多くの財政課題に直面していた．具体的には，補助金で損失補填をしなければ立ちゆかないくらい肥大化した国営企業，実質賃金改善への高い期待，社会福祉への責任の増大などであった．これらの課題に応えるために，効果的な緊縮財政を短期間に集中させて実施したポルティーリョは，その後，公共支出を劇的に増加させた．

ペメックスと事業拡大戦略 政府支出への需要が高まる中で起きた石油ブームは，近視眼的であるとはいえ，ポルティーリョに何をすべきかをはっきりと教えてくれた．ポルティーリョは 1976 年に親しい同僚であるホルヘ・ディアス・セラーノ（Jorge Diaz Serrano）をペメックスの社長に据えることで，ペメックスを「やる気のない輸出会社」から「メキシコの成長のエンジン」へと変える目覚しい変革に着手した．エンジニアであり，かつ石油起業家でもあったセラーノは，ペメックスとの契約とアメリカの石油業界との深いつながりから財をなした人物であった．前任者がメキシコの石油埋蔵量を控えめに推計し，石油の増産にも消極的であったのとは対照的に，セラーノはメキシコの石油埋蔵量を過去の推計よりもはるかに多く見積る推計値を報告して論争を呼んだ．彼は 6 年間で石油の生産量を倍増，つまり 1 日当たり 225 万バレルを生産する計画を受け入れさせることに成功した．メキシコの石油化学製品の生産を 3 倍にすることを提案したのも彼である（Teichman 1988, 60）．1979 年末に再び世界の石油価格が上昇すると，彼は 1982 年の生産量を 1 日当たり 400 万バレルに設定すべきであると提案した．

（訳注3） 各取引段階の付加価値を課税標準として，物品やサービス等に課される税のこと．

セラーノは，石油価格の上昇はいつまでも続くわけではないと主張し，メキシコが高価格の好機を活かすためには，生産量を増やすことが非常に大事であると考えた．「石油はトマトやパイナップルのようなものだ．消費されるか朽ちてなくなるかのどちらかである」(Teichman 1988, 64) というのはセラーノの有名な言葉である．ペメックスを拡大するためには，オイルダラーを豊富にもっていてメキシコの石油埋蔵量の潜在性に魅力を感じてくれる海外の民間銀行からの資金調達が必要であると彼は認識していた．好調な石油輸出から得られる収入の増加で，石油産業の拡張のために調達した海外債務の返済ができるとセラーノは主張した (Teichman 1988, 61)．そこで彼は外貨保有を強化すると共に，ペメックスが生産力を保つために石油収益のいくらかを再投資にまわせるよう政府に圧力をかけた．ポルティーリョも当初はこの案に賛成した．タイチマンの考察によると「もともと大統領の経済計画は3つの段階を必要としていた．一つ目は（対外債務を返済し）危機を脱するためにオイルダラーを使う，二つ目は企業の合理化を行い，三つ目に成長を加速するという段階である」(Teichman 1988, 66)．ポルティーリョとセラーノは共に，メキシコがより高い生産量での新しい均衡に到達し，ペメックスも持続可能な財政状況に移行できると考えていたようである．

これらの期待に反して，「メキシコ発展の梃子」と目されたペメックスは，3つの大きな問題に直面した．第一に，ペメックスの財政を適正規模に収めておく機会は，急速に増大していた中央政府の財政支出によって失われてしまった．第二に，ペメックス自身，目の前を通り過ぎていく膨大な富を管理する能力に欠けていたため，説得力をもって資金を要求することができなかった．第三に，ペメックスの存在価値が新たに見出されたことが，他の政府機関の官僚の反感を買い，管轄権をめぐる役人同士の争いが引き起こされてしまった．

政府の過剰支出とペメックスの迎合　ポルティーリョは石油収入や海外からの大規模な借り入れを通じた資金調達によって多くの国内産業に補助金を出すと同時に，社会事業を大幅に拡大して急速な経済成長を試みた．1977年には連邦政府がペメックスの利潤の59.4%を得ていたのだが，1978年の増税で1979年にはその数字が92.6%に上昇した (Guzman 1988a, 390)．この水準はポルティーリョ政権を通じて保たれた．このように，政府はペメックスの拡張に直接

融資せず，むしろ高い水準で国際的な借り入れをさせるために，ペメックスを放し飼いにしていたのである[4]．

ところが，他の国営石油会社もそうであったように，政府は地中に埋蔵された石油の価値を十分に評価せずに利益を計算していた．地中の石油は国民を代表して政府が所有していたものである．ペメックスの「本当の利潤」は石油の真の価値に見合う料金をペメックスに負担させた上で計算されるべきものであった．ペメックスの職員は連邦政府の利益収奪に強くは反発しなかった（Guzman 1988a, 390）．むしろ問題だったのは，ペメックスの予算のうち，どれだけがペメックス自身の事業経営と生産能力の拡充に割り振られたかである．

1981年まで，ペメックスから政府への利益の引渡しは事業の障害にはならなかった．ペメックスの投資予算は十分すぎるほどで，政府に税を納めたからといって事業経費が不足してしまうこともなかった．ペメックスの支出が，ポルティーリョとセラーノとの懇ろな連携に牛耳られているのは明らかだった．ペメックスの支出はその意味で，開発や利益再配分を目的とする予算外支出の古典的な特徴を備えていた．

ペメックスが手がけた悪名高い開発の例に，チコンテペック油田がある．この油田の開発は，埋蔵量に関する専門的な査定の見通しが暗く，他に開発すべき油田があったにもかかわらず計画された．ポルティーリョ政権以前のペメックスのアナリストは，チコンテペック油田の埋蔵量を70億バレル相当と見積もり，他の油田よりも高い開発コストとリスクを伴うと結論していた．にもかかわらず，セラーノは潜在的な埋蔵量は莫大で，おそらく1000億バレルはあろうとほのめかしていた（後にペメックスはこの予測を取り消し，180億バレル以下という新しい見積もりを出した）．チコンテペック油田の開発は，2万3000人以上の油田開発労働者と地域全体での15万人以上の雇用機会の創出，また35万人規模の都市を作り出す好機を意味していた（Grayson 1980, 72）．さらに，石油労働者はメキシコの中で最も高給の産業労働者であるにもかかわらず，ペメックスは従業員の家族のためにそれまで以上の惜しみない手当てを与えた．従業員の家族のために学校，病院，物品販売所まで運営した．膨大な歳入があったために，ペメックスの幹部職員は直接的に，あるいは石油労働者組合を通して，ふんだんに資金を使用することができた．

ペメックスの会計は極度に不透明であった．石油収入を維持するために行わ

れた粉飾は，架空の給与支給から，強力な石油労働者組合である STPRM (Sindicato de Trabajadores Petroleros de la Republica Mexicana) のための水増し建築契約まで多岐に及んだ．STPRM はペメックスの契約の半分を請け負っており，契約社員の給与の 5% を手数料として取り上げていた (Teichman 1988, 70)．また，ペメックスの契約の 85% が競争入札なしに結ばれていた (Ramírez 1981)．結局，収賄容疑でセラーノは投獄され，ポルティーリョも失脚を余儀なくされた．

ペメックスは生産に役立たない支出を続け，組織は肥大化していった．1980 年までに，ペメックスの拡大だけのために連邦投資予算の 4 分の 1 以上，メキシコの輸入の 45% が消費された．1977 年に出されたペメックス 6 ヵ年計画ではペメックスの 1982 年の負債は 1976 年当時より 40% 低く抑えられ（25 億米ドルから 15 億米ドルへ），さらに総収入の 30% 近くの黒字を生み出すはずだった．ところがふたを開けてみると，1982 年の終わりにはペメックスは 252 億米ドルの負債を抱えていたのである (Guzman 1988a, 396-397)．

思い描いた青写真と現実との不一致によって，メキシコの金融状況はさらに不安定なものになっていった．金融不安の主要な原因は，石油の富を経済への刺激剤と社会福祉の両方に使うという政策に由来していた．政府の産業開発や社会事業への支出，そしてペメックス自身の膨張はインフレーションと外貨準備高の減少をもたらした．ポルティーリョがペソ切下げを拒否したことによって外貨準備高が益々減少するのと同時に，メキシコの輸出産業は競争力をどんどん失っていった．

この間，能率が悪かったとはいえ，ペメックスの生産能力は劇的に拡大した．原油の生産は 1979 年後半から 82 年にかけて毎年 23.1% ずつ増加していった．グスマン (Guzman 1988a, 397) は「1977 年から 1982 年の間にメキシコの石油産業の生産能力が，歴史上かつてないほどの発展を経験したことについては疑いの余地がない．メキシコは 1970 年代に現れた生産輸出国の中で最も速く成長した国の一つであった」と結論する．

ペメックスの敗北 外貨準備高の浪費を埋め合わせるだけの石油収入が得られる前の 1981 年春に，世界の石油価格は下がり始めた．「石油価格の上昇は一時的なものにすぎない」と言ったセラーノが正しかったことが皮肉にも証明さ

れたのだが，その転機はあまりにも早く訪れたのでペメックスは膨大な資本支出を埋め合わせることができなかった．1981年の輸出高はペメックスとメキシコ政府が200億米ドルを見込んでいたのに対して，実際のそれは143億米ドルにすぎなかった (Guzman 1988a, 393)．大統領は石油拡張計画への投資を制限する決定をしたが，セラーノはあからさまに反対した．大統領への反逆とペメックスの財政悪化を理由に，ライバルたちはセラーノ追放運動に乗り出した．

　セラーノは石油価格がまもなく下落することを知りながら，ペメックスの収入を維持しなくてはならなかった．彼は1981年5月に同年7月の生産を1日当たり290万バレルにすることを発表した (Teichman 1988, 105-107)．この計画が大統領の非公式な了承を得たものだったかどうかは分らないが，明らかにポルティーリョの公式見解とは食い違っていた．経済閣僚らは大統領と政府に対する反逆であるとして計画を糾弾した．1981年の春に石油の買い手らがペメックスの提示する価格での購入をためらい始めたとき，セラーノはメキシコ産の原油価格を下げるか，生産目標を大幅に下回る生産量で甘んじるかの選択を迫られることになった．彼は原油1バレル当たり4米ドルの値下げをする方を選択した．大統領と協議をしなかったというでっちあげの理由で，ポルティーリョはセラーノを1981年6月に解任した．

　その直後に，石油生産についてセラーノの論争相手であった天然資源省のホセ・デ・オテイサが，ペメックスに対して原油価格を1バレル当たり2米ドル上げるように指導した．一部の買い手は注文を取りやめてしまい，ペメックスは再び値下げする8月までの1カ月以上の間，1日当たり80万バレル分の収入を失うことになった．この失政によりメキシコは10億米ドルもの損失を被った (Guzman 1988a, 393; Teichman 1988, 108)．

　ペメックスの無力化　こうした政策の失敗がメキシコとペメックスに長期的に及ぼした影響は複雑である．ペメックスが官僚的な闘争に敗北してからというもの，通常の手続きに則って予算を獲得してきた各省庁は，ペメックスがセラーノ時代と同じくらいの権力を二度ともてないようにした．それは，3章で見たインドネシアの事例のように，複数の省庁の管理下にペメックスを置くのではなく，ペメックスを資本不足の状態にして無力化するというやり方で遂行された．

1979年から81年の時期をよく観察すると，国営企業は利益を政府に譲渡するからといって必ずしも資本を減らしているわけではないことが分かる．むしろ注目すべきは，会社が自由に投資や支出を行う権限を与えられているかどうかという点である．だからこそ，ペメックスと対抗する官僚たちはペメックスの投資予算を抑制することに集中した．ペメックスによる設備投資の要求にもかかわらず，ペメックスの投資予算は，最も高かった1981年の95億米ドルから，1989年には20億米ドルにまで引き下げられた．専門家の間では，ペメックスによる投資は年間40～60億米ドルの幅に落ち着くべきという合意が広く存在していたが，実際の投資は1985年から96年まで毎年20億から35億米ドルしかなかった（PEMEX, Memoria de Labores, various years）．

　ペメックスは外国からの借款を確保するためにしばしば利用された．そしてセラーノが追放された直後の時期を除いて，ペメックスが借り入れた資本の多くは税金という形で，そのまま政府に譲渡された．1980年代の間，重債務を抱え信用がなかったメキシコ政府に足を引っぱられながらも，ペメックスはいつでもどこからでも可能な限りの借り入れを行った．メキシコ政府は時折会社の信用を高く見せるためにペメックスの資本状態を改善した．しかし基本的なパターンとしては，1980年代の残りの時期を通して，ペメックスの投資予算は着実に削減されていったのである．ペメックスに大規模な投資が必要であるとするメキシコ大統領の度重なる声明にもかかわらず，メキシコ政府は国内で税収を上げる努力をあまりしなかった．ハードカレンシー〔訳注：金，または金の裏づけのある貨幣と交換可能な通貨〕の確保を渇望していた政府にとって，ペメックスの資本に手をつける誘惑は抑えがたいものであった．グスマンは「ペメックスは……国の負債総額の3分の1に責任があった……1982年までにペメックスの財政状況が急速に悪化したことで，自己資本率はわずか25％まで下がってしまった」と指摘している（Guzman 1988a, 395）．

　国際金融機関がメキシコ政府に対する直接融資に慎重になった1982年以後にも，ペメックスに関しては国際金融機関が設定した「公的債務枠」[訳注4]を超えた額の融資が継続された．それはあたかもペメックスが政府とは全く別に存在する組織であるかのような扱いであった．10年前のプルタミナのように，

　（訳注4）　対外債務のうち，政府，公社・公団などの政府系企業，地方公共団体および政府系金融機関などの借り入れなどの債務．

ペメックスは不十分な経営資本や投資資本を維持していくために短期の借り入れを頼りにしていた．しかし，プルタミナが自らの大胆な投資に対する統制をかわすために短期の借り入れをしたのに対して，ペメックスの短期借り入れは，事業をどうにか維持するための苦しいものであった．

資本不足の代償 ペメックスが要求した投資資本を得られなかったからといって，相対的な見地からペメックスが資本不足に陥っていたことにはならない．ペメックスの確認埋蔵量が減少したという事実もなかった．現在の生産率を保てれば，あと50年は採掘を続けることができるはずである．石油価格の低迷や資源の枯渇が予想されるときは，投資の取りやめすら正当化されるときもある．だが，ペメックスが資本不足に陥っていることを示す証拠はあまりに多い．製油所の深刻な能力不足は，無鉛ガソリンを必要とする環境保護プログラムの実施を妨げ，古くて効率の悪い製油所の稼動年数を引き延ばすことになった (Werner 1993)．石油化学部門の開発では 5，6 年におよぶ事業進度の遅れは一般的であったし，設備不十分のため石油化学部門の解散を検討したほどである (*Chemical Week* 1988; Werner 1993)．石油輸送システムの質の悪化は，石油の無駄だけでなく，深刻な環境問題と安全上の問題も引き起こした (Smith 1992)．ペメックスは，メキシコ産の天然ガスを受取地域へと輸送する設備を欠いていたため，メキシコは莫大な量の天然ガスを輸入してきた．1980 年代を通して，メキシコの歴代大統領はペメックスが油田探査目標を達成できなかったことを叱責したが，他方でペメックスの投資資金が不十分であることも認めてきた[5]．1992 年から 97 年の間，政府に承認されていたペメックスの投資計画は 20 億米ドルになるはずで，資金の 40％ は国内で調達されるはずであった（*Oil & Gas Journal* 1994, 21）．しかし，実際にはペメックスは毎年約 5 億米ドルしか国内の資金を使うことが許されず，国際機関もペメックス全体の資本状況を懸念していたため，国際的な融資を確保できないこともあった．例えば湾岸戦争の前や最中など，国際的に混乱した状況下で石油供給が縮小したときも，メキシコは国際価格の高騰という好機を増産によってうまく利用することができなかった．メキシコは OPEC（石油輸出国機構）のメンバーではなかったので，価格高騰によるタナボタ的な利益を得る機会があったはずなのだが，供給体制が硬直的であったために機を逸してしまったのだ．もしペメックスが国際価格の一時的

な上昇を利用しようと既存の施設で急速に石油をくみ上げようとしていれば，使用された油井の回復能力を低下させることになっていただろう．

ペメックスが恒常的な資本不足に陥るのは，官僚政治機構がペメックスをきつく束縛しているからだけでなく，財務省にとってペメックスの資金の流用が容易なために，結果として投資資本に制限がかかってしまうからである．『ラテンアメリカ・エネルギー警告』は，この問題を次のように見る．

> 石油産業における公共支出が滞るのは，財務省が承認ずみの拠出を渋るところに問題がある．これに加えて，財務省は度重なる財政危機のたびにペメックスに支出を抑制するよう圧力をかけてきた．ここ数年，ペメックスは政府に承認された公共支出の額よりもかなり少ない額しか運用できていない．維持管理や安全面といった分野での支出の少なさが特に目立つ（*Latin American Energy Alert* 1996）．

1990年代の初めになっても，国庫のための財源確保という動機はペメックスを縛りつけておきたいという動機づけと並存したままだった．またミゲル・デ・ラ・マドリッド政権（1982-88）とカルロス・サリナス政権（1988-92）の4年間の時期に，中央政府の技術官僚たちがペメックスの腐敗と非効率性に対して不信感をもっていたことも，ペメックスから資本が収奪される理由になっていたと考えられる．

予算当局とペメックスの「和解」?　1992年に200人が死亡したグァダラハラのガソリン爆発事故(訳注5)ではペメックスがすべての責任を負ったが，その事故のすぐ後でサリナス大統領は質の高い指導陣を据え，ペメックスを多くの子会社に再編し，報告と監視の義務を強化して企業の刷新を行った（Grayson 1993）．このときに初めてペメックスの組織の外にいる人々が特定の製油所や石油化学工場の効率性に関する具体的な情報にアクセスできるようになった．新たなリーダーシップの下，ペメックスの経営陣には中央政府の官僚だった多くの専門家がなだれ込んだ．このようにペメックスが「植民地化」されたことでペメックスと経済閣僚の隔たりは小さくなった．組織の透明化の進行と合わせて，ペメックスには資金繰りにおいてそれまで以上の柔軟性が許された．しかし，中央の予算当局とペメックス経営陣との関係が良好になっても，ペメッ

(訳注5)　1992年にペメックスの貯蔵施設から下水に引火性燃料が流れ込み爆発した事故．

クスの投資予算は1997年まで非常に低く抑えられたままであったのは印象的である[6]．石油の富を取り上げようという政府の意思は根深く残っていたのである．

国内価格 メキシコでガソリンや石油製品に安い価格をつける慣習は，1930年代後半のペメックス設立まもない頃まで遡ることができる．当時のペメックスはエネルギーをいつでも低価格で人々に供給する，貧しい農村労働者や都市住民の擁護者であるかのように見られていた．安価なエネルギーへのアクセスを「当然の権利」とする考え方は，安価なエネルギーの投入がメキシコの工業化に不可欠とする風潮によって強化された．1970年代初頭にガソリン価格の値上げが一時的に行われたが，直後に起こったインフレによって国産石油製品の実質価格は劇的に下がってしまった．物価上昇が急激に進んでいたにもかかわらず，名目価格は1976年から80年まで据え置かれたままだった．1979年には国内石油製品の売り上げは33億米ドルであったが，これは国際価格で取り引きされていたなら200億米ドルを超える売上に相当する（Baker 1981,84）．85%近い補助率はペメックスの拡張を阻害する主因であったし，その補助のために既存の設備の維持管理もままならない状態だった．

ところが，石油好況の期間にメキシコ政府は驚くべき転換を行い，ガソリンや他の石油製品の実質価格を国際的なレベルまで上昇させることに成功した．国内価格はベネズエラやナイジェリアのような主要な石油輸出国と比べても相当程度まで国際価格に近づき，その水準で維持された．石油好況期に価格改革を実行したことは驚くべきことである．一般的には，石油が最も豊富なときに石油価格を上げるようなことをすれば，民衆が大きく反発するのは間違いないからである．

国内燃料価格を是正するためのキャンペーン 1973年のペメックスは財政基盤が非常に脆弱だったため，生産を維持するには輸入を増加せざるをえなくなっていた．ペメックスの職員は，会社が国内市場で生産コストを回収できなければ石油インフラは崩壊し，石油輸出は減少し，逆に石油の輸入が増え続けてしまうと主張した．メキシコの発展のために石油を温存しておくという過去のイデオロギーを捨て，発展には石油輸出による外貨が必要であるという新しい議

論が展開された．これは，石油製品を安価にして国内の石油を無駄に消費すべきではないとする考え方である．端的に言えば，政府は軌道に乗りつつある石油戦略をうまく使って公共政策一般の改革にまで乗り出したのである．石油主導の戦略は高い賃金や社会プログラムの拡大などを通してメキシコの人々に目に見える効果をもたらしていたため，値上げはそれほど反感を生まなかった．ただし，価格の引き上げ率は国際レベルから見ればひどく低いものであった．グスマン（Guzman 1988b, 411）によると，新しい戦略はペメックスの財政状況を改善するために行われたというより，政府の歳入減を埋め合わせるために行われた応急かつ部分的な処置でしかなかった．値上げによって得られた追加的な収入は税収の増加によるものであり，政府に吸収されるのであって，ペメックスが得られるわけではなかった．ペメックスは未だに国内市場に限定した生産をしていたために，深刻な赤字から抜け出せないままであった．

　生産費用を賄うために，ほとんどの製品の国内価格を値上げしたのはミゲル・デ・ラ・マドリッド政権である．1982年に起きた財政危機のおかげで，1982年12月にデ・ラ・マドリッド就任時に発表された「経済再編の緊急プログラム」の中に，国営企業の赤字改善措置を組み込むことが可能になった．デ・ラ・マドリッドの経済チームはすでに自由市場への改革を進めようとしていた．そして補助金漬けだったメキシコ経済を襲った危機は，改革の正当性を高めた．にもかかわらず，公式の燃料政策は，あいかわらず国内価格は国際価格よりも低くあるべきとの考えに基づいていた．この背景には，「メキシコ経済は燃料生産者としての比較優位から恩恵を受けることができる」という考え方，そして社会的課題への取り組みは，低所得者層に補助金で安価に抑えられた燃料を供給することで進められるべきという考え方があった．しかし，デ・ラ・マドリッド政権は上のようなポピュリスト的原則を維持しながらも，ガソリンは奢侈品であるとの主張を押し通すことで，ガソリン価格を一般的な国際価格に近づけることに成功した．これらの政策は，長期国家開発6カ年計画（1983-88）によるガソリン価格の四半期ごとの見直しと工業燃料の毎月の見直しといった，燃料価格を厳しく自動調整するメカニズムの制度化によって強固なものとなった（Guzman 1988b, 412-415）．

　この価格改革によってペメックスの財政状況はナイジェリアやペルー，ベネズエラにある同様の組織と比較して改善した．また，この改革はメキシコの大

気汚染の改善にも貢献した．なぜなら，安い燃料は使用量を増加させるだけでなく，エネルギー効率が良くて汚染物質を出さない乗り物や機械を購入する意欲をも殺いでしまうからである．この事例から，政府や他の団体の収入を増加させようとする意図は，責任ある資源管理と両立したことがはっきり分かる．

> **コラム　海外への資本回避の戦略（ベネズエラ）**
>
> 　以下に見るベネズエラの事例は，政府が財源調達を目的に自らの国営資源企業を搾取しようとするとき，国営企業の側もそれ相応の戦略をもって応酬することがあることを示すものである．
> 　資源レントを手に入れ，石油セクターへの統制を強化しようと意図したベネズエラ政府は 1975 年 8 月，国営石油会社 Petroleos de Venezuela, S. A.（PDVSA）を設立した．ペレス大統領によると，この「会社」は「政治的干渉から完全に自由で，私益を追求せず，国益に沿った経営を行う」ものであった．この会社はペルーやメキシコなど他の途上国に見られるような天然資源を管理する国営企業と比べると，効率的な事業運営をしている点で大変興味深い事例である．
> 　PDVSA は設立されて早々，いくつかの問題に直面する．第一の問題は，PDVSA やその子会社が発掘を許可された地中の石油利権そのものが PDVSA の投資ファンド（PDVSA の運営上の効率性を担保するために設立された PDVSA の自立財源）に組み込まれたことである．そのため，PDVSA の収益は石油の輸出量や国際的な石油価格の影響を強く受けることになった．
> 　第二の問題は，PDVSA の利益が世界市場の石油価格などの外部要因に左右されていたため，目先の利益が追求され，効率性や収益性が考慮されなくなったことである．つまり，外部条件の変化が生み出す偶発的な利益に身を任せた結果，安定した開発ができなくなったのだ．また，自社の収益が自らの企業努力によるものであると主張できなくなったために，PDVSA の資産は政治的に狙われやすくなった．
> 　政府が PDVSA の投資ファンドを"食い物"にしたので，PDVSA は自らの資産を政府から保護する方法を模索した．PDVSA の職員は政府の手が届かぬように会社の資産をベネズエラの外におき，海外の石油会社や精製所，コンビナートなどに投資して自らの流動資産を保護するという単純明快な戦略をとったのだ．ただし，これらの海外投資はその状況ゆえに性急であり，十分練られたものではなかった．このように，政府の圧力は最適とはいえない投資を促した．
> 　政府はこの動きに対抗して海外投資を未然に防止すべく，PDVSA が石油レントの権利を主張して新たな投資に走る前に，高い使用料と税を課してそれを取り上げようとした．そのため，PDVSA は国内探査と開発のための資金を調達する能力やインセンティブを失っていった．結局，PDVSA の利益は効率性や投資の的確性ではなく，政府がどれだけ使用料を徴収するかという要因に大きく左右されてしまった．
> 　政府が PDVSA の資金を奪おうと考えたこと，国内での探査と生産のために投資が必要であったこと，そして，海外での投資機会が広がっていたという 3 つの要因が重

なり合った結果，PDVSAは驚くべき方向に動く．国内の油田開発・採掘部門を多国籍企業に実質的に移譲し，なんと自らも多国籍企業へと変身したのである．対外債務を累積させてまで国内の石油開発を続けるよりも，多国籍企業を参入させた方がよいと考えたのだ．

このようにして1976年の国有化の精神に逆行する形で多国籍石油企業がベネズエラに戻ってくると同時に，PDVSAは自ら多国籍での精製・マーケティングをはじめた．元をたどれば，政府は1976年に国内石油採掘にかかわる財源と経営の支配を目的としてPDVSAを創設したのだが，資金に関する制限や政府とPDVSAとの間で展開された政治的争いの結果，皮肉にも政府による石油支配はPDVSAに阻まれることとなった．ここで注目すべきは，石油産業の国営化は大々的で分かりやすいのに対し，民営化の過程は間接的で見えづらいということである．

なぜ，PDVSAは政府からの政治的，経済的な圧力を受けつつも，それを海外投資と多国籍企業への変貌という形で回避し，効率性を維持することができたのだろうか．PDVSAは相対的に強い競争力をもち，的確なコスト意識をもっていたし，健全なプロフェッショナリズムももっていた．もちろん，PDVSAに対する批判も多くある．しかし，PDVSAには他国の国営石油企業にはびこっていた，手に負えないような不効率や腐敗がなかった．

PDVSAの成功を説明する要因として，3つの探査・生産の子会社が存在するというPDVSA独自の構造が，競争に効果的に働いた点がある．3つの会社は，全体として共通の目標をもち，政府の規制下で同じ価格の製品を販売していたが，それぞれの企業が独自のアイデンティティをもって探査権をめぐる競争をした．これに加えて，PDVSA経営陣とPDVSAの国内事業・資産状況を監査する立場にあった政府機関の能力が，これまで見てきた他国の国営石油企業と比べて飛躍的に高いという点も大きい．投資資金を運営する上でさまざまな失策があったとはいえ，ベネズエラ政府は資金洗浄のためにPDVSAを本格的に利用するまでには至らなかった．

このように，政府の経済的圧力を海外投資と多国籍企業の投資誘致という方法でかいくぐり，子会社同士の競争を適切に維持したことがPDVSAの優れた点であった．いずれにせよ，PDVSAと政府が経験したさまざまな軋轢は，よりシンプルで適切な使用料を課してさえいれば，その大部分が回避できたはずのものだった．

6.2.2　ガーナ：カカオへの課税

ガーナのカカオ・マーケティングボードは，途上国で見られる輸出品マーケティングボードの典型である．この制度はもともとカカオ農家の利益を守るために始まったが，やがて農民に税を課す主要な仕組みへと変わっていった．地代の搾取があまりに極端だったので，マーケティングボードを通じた事実上の課税が行われていたことは明白であった．この制度が生み出した結果も同様に明らかであった．多くの農民は，政府の価格制度に従って稼ぎを水の泡にするよりも，大規模な密輸に従事することを選んだのである．そして時には数千も

のカカオ農場が放棄され，農場の樹木は切り倒され，病害や火災によって荒廃したままに残された．カカオ農業は他のどんな作物よりも大きな経済的利益を生むので，この結果は明らかに政策の失敗がもたらしたものといえる．価格設定の歪みが，資源基盤の劣化をもたらしたのである．

なぜガーナ政府は，生産活動には課税すべきではないというミルの原則に従わずに，自国の最も主要な作物であるカカオの生産に課税したのだろうか．政府が収益を搾取してしまうゆえに農家はことごとく生産意欲を失ってしまったのだが，この背景に国の支配者層の意見対立があったのかどうかははっきりしていない．

ガーナの事例は，課税の動機に駆られた政策の失敗が，これまでに見たような予算当局の関与を回避しようとするときの動きと同じ原理で説明できるかどうか，という難しい問題を提起する．実際，ある面においては逆のメカニズムが働いていた．政府の役人は通常の予算手続きに従うと実現が困難な利益配分を実行しなくてはならないとき，資源の効率的利用を犠牲にした開発に走りがちであることを思い出してほしい．このジレンマのよい事例は，インドにおける銅山労働者である．中央政府予算の一部を年金のない引退した鉱山労働者に給付することは，予算の効率的利用と福祉の両方にとって最も合理的だが，それは政治的にありえない．つまり，利益配分を目的とした天然資源の不適切な開発は，それ以外の方法ではお目当ての集団に便益を与えることができない場合に行われる．税金を集める場合に問題になるのは，所得，資産，消費水準などを基準に税額を決めるのではなく，経済活動の種類に応じた課税をいかにして行うかである．活動の種類に応じた課税は，政府の役人が特定の集団からの政治的支持を軽くしか見ていない場合や特定の集団の経済力を弱めたいと望む場合，国民全員から広く薄く取り立てるよりも，許容範囲内での政治的非難を受けながら標的となるグループから徴収する方がより多くの税金を集められる場合，のいずれのケースでも行われる．あるいはまた，政府の高官が有効と考える開発戦略が，ある部門から他の部門（たいていは農業から工業）への資源譲渡を必要とする場合でも行われる．具体的な動機や認識がどのような組み合わせであろうとも，問題になるのは標的となる経済アクターがもつ課税への許容度と彼らが政府に反撃する可能性であって，必ずしも政府内の争いではない．

背景 カカオ・マーケティングボードは植民地時代の 1947 年に,カカオ生産者の利益を保護するという明確な任務のもとに黄金海岸(訳注6)カカオ・マーケティングボード（以下,ボード）として設立された(7).この任務に沿って,ボードのメンバーはカカオ生産者の代表が多くを占めた.ボードは最初の 4 年の活動で,カカオ生産設備の改良費や農地再生のための投資,港湾設備の改良,そしてカカオ研究やカカオ病害対策に 2500 万英ポンド以上の補助金を支出した (Arhin 1985, 39).しかしながら 1951 年のエンクルマ(訳注7)による会議人民党 (Convention People's Party: CPP,主に庶民層を支持基盤とする) 政権の到来を機に,カカオ生産者の代表のボードに占める割合の削減,代表メンバーの CPP 加入義務化という一連の段階を経て,ボードは政治色を強めた.1953 年にはガーナ農民評議会 (United Ghana Farmers' Council: UGFC) が CPP によって組織され,ボードに代わってカカオ購入の独占権を与えられた.他のカカオ購入企業は,すべての農民組織と同様に禁止された (Beckman 1976, 192-194; Arhin 1985, 43).1961 年,UGFC はさらにガーナ農業協同組合 (United Ghana Farmers' Council Cooperatives: UGFCC) に改編され,同時に,UGFCC はカカオの企業運動のすべてを引き継ぐよう命じられ,政治的にも経済的にも独占権を握った.UGFCC の地方レベルの役人や代表者は理屈の上では地元の農民によって選ばれることになっていたのだが,実際には CPP がこれらの代表者の選抜を支配していたのだった.

ボードと UGFCC は適切なモニタリングや説明責任を維持するにはあまりに多くの役割を担っていた.カカオの購入に加え,貸し付け,前払い金の用意,カカオの病害に対する専門的助言や処置,税金の徴収,健康センターの経営,子どもの奨学金支給,大学の支援など,多様な活動に手を出していた (Arhin 1985, 43-45; Beckman 1976, 199).サバ財団やホンジュラスの森林公社 COHDEFOR（4 章コラム①参照）と同様に,機能と支出がごちゃごちゃに混在していたために,ボードと UGFCC が取得した資金のうち,どれくらいが生産地に再投資されたのかを確認することは不可能だった.これらの組織が多様な目的を効

（訳注 6） 黄金海岸とは西アフリカのギニア湾北岸の地域でガーナの旧称でもある.
（訳注 7） エンクルマ (Kwame Nkrumah):1951 年から 66 年まで政権を担い,1957 年にガーナを独立に導いた.独自の社会主義思想に基づき,計画経済による近代化・工業化を目指した.国家中心的な開発政策とココア流通部門の政府独占を進めた.

果的に達成できていたのかどうか，正しい優先順位で職務を遂行していたのかどうかも分からなかった．

1950年代半ばになって，ボードを介することでカカオの収益が容易に集められ，カカオ農家はもはやボードを通じた自己防衛ができないことに政府が気づいたとき，輸出価格と生産者からの買い取り価格の差は劇的に拡大した．政府の役人はカカオの国際価格の上昇を見越していたにもかかわらず，1954年のカカオ関税・育成基金法によって，生産者価格を4年の間凍結した（Bates 1981, 109）．次の10年に行われた無数の変更は，ボードやUGFCCが集めた収入を国庫に入れるためのものであった．民間で生み出されたカカオ収益が国庫に繰り入れられた規模に関して，ベックマン（Beckman 1976, 280-281）は「公式のカカオ所得」（ボードによる政府への支払いとボードの収入を合わせた額）は1954年と55年にかけての輸出売上額の60％に達し，1964年までの間，販売額の4分の1から2分の1を維持したと報告した[8]．それに加え，ボードの積立金からの貸付や贈与は，カカオ生産や販売とは無関係に行われたので，カカオ生産者の福利には全く結びつかなかった．1957年の法律はボードの基金の広範な利用を認め，政府はこの基金を「ガーナ国民すべてに信託されたものである」と公言した（Beckman 1976, 199での引用）．

問題は政府に予期せぬ収穫が転がり込んだとき，それがどのように分配されるのかという点であった．政府は1954年に，生産者価格と輸出価格間の価格差を以下の3つの基金に割り当てるカカオ関税条例を可決した．すなわち40％は国家開発計画に出資するための基金に，40％は「開発計画の枠を超えた」大規模事業のための基金に，そして20％は国庫へ，という割り当てである．この取り決めは，在来の予算当局が国家開発計画の推進と実施の中心である限り，ボードを通じて集められた生産者余剰のおよそ半分を財務当局が得ることを意味した．大規模事業向けの資金配分の決定権を支配していた大統領は，こうした事業のために取り分けられた40％の割り当て金を管理しただけでなく，国家計画と同様に中央予算の決定にもかなりの影響力を持っていた．

CPPの重鎮に牛耳られた政府内は一つにまとまっていたので，政策をめぐる政府内の不一致はほとんど問題にならなかった．拡張論者であったエンクルマの経済開発戦略は，経済基盤拡大と輸入代替工業化，農業の近代化と機械化，社会事業の拡大といった大規模な工業化政策を進めた．ヨーロッパの経済復興

に伴って生じたカカオ需要の急上昇に伴い，1950年代を通じた輸出の見通しは明るかった．カカオ輸出の高い収益に支えられていた投資ブームの見通しも同じように明るかった．今にして思えば，経済開発計画は明らかに非現実的であったが，当時はエンクルマの大胆さを賞賛する海外の「専門家」が十分存在し，それゆえにCPPの長い支配期間中，政策に対する非難は食い止められていた．トニー・キリックは，結果的に間違っていたエンクルマ政権の一連の政策は，「多くの開発経済学者」の考えに従った結果であったと論じている（Killick 1978, 53）．

インドネシアの事例とは異なり，ガーナの事例は大統領が国家主義者の開発アジェンダを実行するために企画庁や財務省内の新古典派の専門家の分析や提言を無視したり，裏をかいたりした事例ではない．キリックはエンクルマの経済戦略が1950年代と60年代に流行していた開発経済理論と一貫して同じであったと論証し，こう結論づける．「経済学，社会主義，ナショナリズムが相互に強化し合った開発経済学の考え方は，エンクルマのような政治家にとってこの上なく魅力的であった」（Killick 1978, 53）．政府の財政専門家らは，カカオの高い国際価格がガーナ経済に大きな流動資産をもたらし，インフレーションが起こることを懸念していた．そこで農家への支払いを低く抑えて政府の利益を最大化したい人々と足並みを揃える行動をとったのである（Beckman 1976, 194）．つまり，CPP政権でのイデオロギーの一致，外部から与えられた正当性，そして政府機関の関心が，カカオ収益の用途をめぐる組織間の争いを小規模なものに留まらせていた．もちろん，農業省は農業部門への投資の拡大を望んでいたであろうし（Killick 1978, 138-139），財務省はカカオの供給過剰を懸念し，病害管理や農業拡大のための予算をこれ以上増やすことには懐疑的であった．貿易省と農業省は，政府予算がカカオ収益に大きく依存していることをおそらく知っていたため，カカオの生産を最大化させる方向にうまく議論をもっていった（Beckman 1976, 189-190）．

それにしてもイデオロギー的に同質であったこの政府が，なぜ野心的な開発計画やサービスへの支出を所得や消費に対する広い直接課税で賄わなかったのかという疑問は残る．広く薄い課税であれば，ガーナの最も貴重な輸出商品をリスクにさらさなくてもすんだはずだからである．答えは，政治的な打算，開発を産業化の方向に進めたいという思惑，カカオ部門の余剰なら簡単に横取り

できるという安直な独り善がりの組み合わせである．都市部にはCPP支援者層が集中しており，彼らは輸出代替工業戦略が作り出すことになっていた工場に送りこまれる新しい産業者集団になるはずであった．一方，「CPPに対する目立った抵抗のほとんどはカカオ生産地域，特にアサンテ地域から生じていたので，農民に課税する方が他の人々に課税するよりも政治的に容易であった」(Killick 1978, 49-50)．産業や都市の労働者に重く課税をしてしまうと，産業振興という政府の方針と両立しないし，農民に課税する方が政治的見地から明らかに有用であった[9]．1960年代半ばに赤字財政支出による経済危機が生じた際には，都市部を含めた経済全体が農村部と同じくらい苦しむことになった．赤字財政支出による悪影響は多岐にわたり，1980年代まで続いた．産業戦略の「自立」の名のもとに行われた農業への課税は，農業の衰退と産業の不効率化という二重の災いを生んだ[10]．加えて，カカオの生産拡大と国際価格の上昇が続いたことで，近視眼的な人々は取り立てのしっぺ返しを恐れることなくカカオ生産から搾取できる，と過信を強めてしまった．

　もつれた糸がほぐれはじめたのは1960年からであった．ガーナは1959年から61年の間に合計60%以上の生産増を経験し，その後1965年までにはさらに30%も増加した (Beckman 1976, 186-187)．1961年から63年の収穫の間，ボードは生産者価格を支えるために積立金の多くに手をつけなければならず，他方では180万英ポンド近くを毎年国庫に移し続けていた．カカオの輸出価格は半減したが，生産量が倍になったので国庫収入はほとんど変わらなかった．しかし，農民の収入は，2倍の量のカカオ生産にかかる費用が増大したために急激に落ち込んだ．

　政府はカカオの国際価格が下落すると，カカオ生産者からの買い取り価格を切り下げるという方法で国庫を安定させていた．また，政府は，ボードの積立金からかなり借り入れていた．全カカオ農家を代表していると主張するガーナ農民評議会は，1960年にそれまでの課税分に上乗せする形で生産者価格の17%を「自発的な寄付」として差し出すことに同意した．ボードは1955年から57年にかけて約150英ポンドだった生産者価格を徐々に下げていき，1962年から65年の収穫期には，100英ポンドまで下がった (Arhin 1985, 44; Beckman 1976, 186-187, 282)．そして，1965年の空前の豊作と，国際価格の暴落によりボードは積立金を使い果たしてしまった[11]．

1965年に年間インフレ率が30%を超えていた中で，ボードは生産者価格を名目相場からさらに26%切り下げた．1966年の生産量はいわゆる平均的な収穫量で，1965年の最大生産量にはとうてい及ばないものだった．そして価格の下落と作柄の減少により，多くの農場が経営に行き詰まり，生産に不可欠だった小作労働者の逃亡を招いた（Beckman 1976, 218-220）．

　1960年代半ばのカカオ価格政策の大失態は，1980年代の後半までカカオ産業に打撃を与え続けた．その大部分がガーナ北部出身であった労働者は，南部のカカオ生産地を去り，コートジボワールやナイジェリアまで働きに行く場合も多かった．カカオ産業が崩壊したために，100万から200万人もの人々が1970年代にガーナを去った（Thabatabai 1986）．カカオの木々は切り倒されるか，放棄されて病害や火災の餌食になった．カカオを港に運ぶための道路やその他の設備も荒廃した（Pratt 1990）．ガーナ農業共同組合の解体によって生じた空白を埋めようとしたさまざまな協同組合は，1961年の活動禁止によって，すでに仲買人としての役割を果たせないほどに衰退していた．まもなく，ボードの新しい購買機関である生産物購買部[訳注8]が買取を独占するようになった．

　最も重要な点は，こうした買取機関の登場にもかかわらず，カカオ価格の決定が依然ボードによって行われていたので，農民たちはその存在を無視できなかったことである．1970年代初めから80年代半ばにかけて物価が高騰したため，ボードは生産者価格を一定に維持するという当初の政策を数年間だけ放棄した．ところが実際には，生産者価格は実質的にも国際価格から見ても低く抑えられたままであった．1969年に選出されたコフィ・ブシア博士[訳注9]の文民政権は，カカオ生産者に好意的であると見られていたが（Mikell 1989, 194），実際のところカカオ生産者が手にできる輸出収益の割合は，エンクルマ時代の水準に比べて下がっていた[12]．1972年にブシア大統領を退陣させたイグナティウス・アチェンポン大佐の政権下では，生産者価格を上げるための多少の努力

　（訳注8）　アチャンポン政権時のココアの買付制度を再検討する委員会の提言により，マーケティングボード内に設置され，1977/78年度からココア買付を独占した．その後株式会社化され，生産物購買会社（Produce Buying Company : PBC）となり，1992年まで独占的な買付を行った．

　（訳注9）　コフィ・ブシア博士：エンクルマ政権時代には弾圧を受けて国外亡命をしていた，野党統一党の指導者．1969年選挙で統一党の流れをくむ進歩党がCPPに反対する人々らの支持を受けて勝利し，大統領に就任．

がなされたが，カカオ収益を確保したいという欲求には勝てなかった．1975年から85年までの間に生産者価格が国際市場価格の4分の1を超えることはなく，10%以下に落ち込むことも多かった (Sarris & Shams 1991, 165-166)．このパターンが軍事政権下と文民政権下の両方で，また政権がポピュリストである場合もそうでない場合にも生じていたのは驚くべきことである．政府の財源がカカオ収益にあまりにも依存するようになっていたので，カカオ産業が崩壊しかかっていたにもかかわらず，軍事政権ですらその依存体制を変えようとはしなかった．

通貨の過大評価 ガーナの国内通貨であるセディに対する慢性的な過大評価は，カカオ生産者に対する巧妙な課税メカニズムとして働き，1960年代後半からのカカオ産業の衰退をさらに深刻なものにした．通貨の過大評価はガーナの長期的な輸出にとって最も大きな妨げであったとする専門家もいる (Coleman, Akiyama, & Varangis 1993 ; May 1985 ; Sarris & Shams 1991, 165-166)．

都市の輸入業者はセディの過大評価によって海外の商品を多く買えるようになったが，カカオ生産者の輸出収益は減少してしまった．英ポンド圏内にある他の国よりガーナ国内のインフレ率が高かったにもかかわらず，1967年までガーナの通貨は英ポンドと固定レートで交換されていた．その後に続く政権は，インフレによる長期間の過大評価を受けて渋々通貨の切り下げを行った．政府が通貨を切り下げた理由は，セディの過大評価が都市に有利に働いていたことに加え，通貨の価値を支えきれない政府の無能を印象づけたくなかったからである．通貨の過大評価があまりに高い水準まで野放しにされてきたために，1967年と71年に切り下げがいよいよ避けられなくなったときには，セディはそれぞれ30%と42%もの価値を一気に失った．

通貨の過大評価による課税への影響は，かなり分かりやすい．セディが過大に評価されているときには，ボードの収入は市場為替レートで定められているよりも安い対米ドルのレートでセディに交換され，それによって中央銀行はボードと農家に対するセディの支払いを少なく済ませることが可能になった．

密輸 生産者の手に落ちるはずの利益を搾取しようとする試みには，カカオが価格操作や課税の対象として狙い撃ちしやすい「固定された」標的であると

の前提がある．だが，この前提は高い生産者価格を提示する隣国のマーケティングボードや，隣国の安い輸出関税に惹かれた密輸が行われる可能性を無視していた．実際，隣国での生産者価格は概してはるかに高く，1954年の段階ですでにガーナの2倍であったという報告があるし (Beckman 1976, 195)，1970年代の隣国での生産者価格はガーナの約5倍だったこともある (Mikell 1989, 198)．その結果，公式な見積もりでは密輸は収穫量の5%から10%しか占めていなかったが，他の試算では，特に1970年代後半に15%をはるかに上回る水準にあったとする見積もりもある．国境地域ではガーナ政府の歳入になるはずだった収穫の半分が消えていた (May 1985)．

カカオ産業の再生　1983年半ば，極度のインフレと手に負えないほどふくれ上がった債務，そして経済的停滞の中でガーナ政府はIMF（国際通貨基金）の経済再生計画を受け入れた．その再生計画によってガーナはIMFと世界銀行から多額の資金を利用できるようになった．政府が採用した改革の一つにカカオ生産者からの買取価格の引き上げがあった (Sarris & Shams 1991, 4-8)．買取価格の上昇は，国際価格に対する比率としては緩やかであったが（実際，1984年の価格は1979年以来最も低い価格比であった），1988年になると国際価格の40%を超え，89年までには国際価格の半分以上に達した (Sarris & Shams 1991, 165)．加えて，インフレやセディの過大評価で農民の収入に損害が生じた場合には，政府による補償が行われることになった (Bulir 1996, 9)．

　これらの改革は著しい成果をあげた．1984年に，1965年時の生産量の5分の1に相当する15万9000トンという史上最低のラインに達したカカオの生産量は，1989年までには30万トンに回復し (Pratt 1990, 128)，1995年には32万トンに達した (Bulir 1996, 15)．この生産量の増加が，国際価格の相変わらずの低下傾向と政府による毎年20%から40%に及ぶ利益搾取の下で起こったことは注目に値する．1986年から90年の間の，政府のカカオによる歳入の平均は全カカオ収益の25%で，1991年から96年の平均は21.5%であった (Bulir 1996, 8)．

　要するに，国際機関や2国間援助機関によるさまざまな圧力があったとはいうものの，カカオ価格が国際的に低下する中で，ガーナ政府がカカオ産業に重い負担をかけて財政問題を解決しようとするのを止めたことがカカオの生産を

安定化させた.

6.2.3 カメルーンの森林：公園・道路・収用

ホンジュラスやインドネシア政府が国内のすべての森林に対して所有権を主張するという劇的な政策を打ち出し，結果として木材レントが政府官僚の意のままとなったことを思い起こしてほしい．役人に国庫からの財源の横流しを促すような開発目的さえなければ，伐採による収益はこれらの中央政府の巨大な資金源となっていたであろう．いずれのケースにおいても中央政府がレントのすべてを回収できたわけではないが，それでも膨大な額が直接税として国庫に転がり込んでいた．

しかしながら，政府がそこまで好き勝手に振る舞えるような政治的，イデオロギー的状況はまれである．たとえ政府にその機会があったとしても，すべての私有地や共有地を没収するという考えには，多くの役人が躊躇するであろう．そのため，かつて私有地や共有地であった森林の木材レントを手にいれようとする場合の予算当局の手段は，より巧妙で間接的なものになる．1980 年代半ば以降のカメルーンで見られた森林開発のパターンは，この巧妙な方法の典型的な例である．

カメルーン政府は長い間，自然保護と財産管理の名のもとに森林の「国有化」を推し進めてきた．政府はすべての森林を独占すると主張することこそなかったが，森林地域の利用者を自由に割り当てる権利を主張し，実際にそれを行使してきた．その方法は，まず森林地域を国有，私有，地方議会共有もしくは村落共有林に区分した上で (Shepherd 1993, 316)，すべての区分について森林地域の利用形態を規制するというものであった (Rietbergen 1988, 2)．政府は伐採権の付与を通じた政策によって，伝統的な利用しかされてこなかった土地から利益を得られるようになった．1980 年代半ば以降，他の財源からの歳入が急激に減少してきたことに伴い，政府は木材レントを獲得する手段として国有化と商業的搾取のメカニズムを利用したわけである．木材レントは，これらのメカニズムに頼らなければ獲得できないものだった．アイザック・ザマは以下のように結論する．

1980 年代半ば以降，カメルーンは年間 GNP が 30% 以上も減少するという経済の停

滞と苦闘していた．国内や海外との財政的公約を果たすことができなかったカメルーン政府は，森林を歳入源と見なすようになった．地域コミュニティや商業伐採業者の森林への圧力によって，先例のない森林減少や劣化がもたらされている．人々のニーズを満たし，環境や経済にとって有益な機能をもつ資源基盤は，……危機に瀕している (Zama 1995, 263).

深刻な経済危機や政府の不安定な財政状況からすれば，短期的ニーズを満たすために森林を伐採し尽くすのは正当に思えるかもしれない[13]．しかし商業伐採に課された賦課金が非常に安かったため，森林開発への課税は非効率的で，大部分の利益は外国（主にヨーロッパの）の伐採会社の利益となって国外へ流出した．さらに悪いことに，安い事業権料，伐採権有効期間の短さ，そして伐採規制の実施不備によって，伐採対象でない樹木に対しても大きな損害を与える見境いのない伐採が行われた．

カメルーンの森林が置かれている客観的な状況も，専門家による「技術的な」診断も決して複雑ではないし，特異だったわけでもなかった．適正レベルを下回る賦課金や規制の下で行われる商業伐採が政府の歳入を減らし，過剰伐採やさらに多くの森林を切り開く農業従事者を招き入れる林道の建設につながっていること，そして，木材加工への補助金が木材レントを破壊的に減少させ，結果的に政府の取り分を減らしている，というだけのことである．政府は，伐採者に課されたわずかな賦課金からより多くの収益を得ようとして，他の使用目的のために保全されるべき土地に対してまで次々と伐採権を与えている．森林伐採の速度は植林の速度の約10倍である．大した見返りがあるわけでもないのに，カメルーンの森林は毎年8万から15万haずつ減少しているのだ (Rietbergen 1988, 27; Horta 1991, 144; Oyog 1996).

事態を複雑にしているのは，国際援助機関や非政府組織（NGO）の存在である．国際的な交易条件の悪化に直面し，財政的に逼迫した低所得国の政府にとって，海外援助を与えてくれる援助機関と，丸太や木材製品の環境配慮に対する消費者の世論を左右できるNGOは，いずれも敵に回すことができない．それゆえに，カメルーン政府が環境保全と開発をもちだしてその両方を織り交ぜたような政策をアピールしたことは驚くことではない．しかし，現実には生態系と森林地域に暮らす最も貧しい住民とを脅かす事業が行われている．

政府がアピールする主要な政策の一つは自然保護であったが，他方では辺境

地域での商業伐採のためのインフラ開発を近代化の論理によって正当化しようとしていた．インフラ整備や経済の近代部門への接触を増やすことが，多くの住民に生活の物質的向上をもたらす，という論理である．この主張は狩猟・採集民族や文化の保存を提唱する者たちに激しく批判されてきた（例えば Horta 1991 や Winterbottom 1992）．カメルーン政府は経済の足を引っぱるだけでなく，固有の生態系をも脅かすようなやり方で森林地を専有してきた．その一方では，海外からの資金を確保するために「自然保護」の方便を効果的に使い続けてきたのだ．

背景　1980 年代半ばのカメルーンは，領土の約 40% が日光をほとんど通さない閉鎖熱帯林で占められていた．その面積は 1650 万 ha に相当する．森林減少の明らかな主因は，農地転換（カカオやバナナのような木生作物への転換や一年生作物への転換）であり，その多くは移動耕作に由来するものであった．確かに農地転換は森林減少原因の 90% を占めるが（Thiele & Wiebelt 1993, 502-503），商業林の拡大に伴う道路や施設の建設がなければこれほどの農地転換は起こっていなかった．

　森林減少が進行する一方で，カメルーンにはいくつかの密林地帯が残されていた．南東部のいわゆるコンゴ森林は，港や人口集中地域から離れていたため，その大部分が伐採から免れ，農地転換の影響も少なかった．南西部のバイアフラン林では数回にわたり伐採が行われ，農地転換やモノカルチャー植林の対象となったが，それでも複数の密林地帯と特筆すべき生物多様性が残されていた[14]．

　1980 年代にはすでに政府による森林地の囲い込みが拡大していたので，地元の村落共同体が正式に管理する地域は大きく減少していた．政府は地域共有林という区分を認めてはいたが，1989 年までに地域共有林の面積はカメルーンの森林の 20 分の 1 以下になっていた．国有林（Forêt domaniale）は森林地に指定されていた 2200 万 ha の約 5 分の 1 を占めていた．そして国有地の 3 分の 2 は国立公園と保全区に指定され，残りの 3 分の 1 は「生産林」であった（Egli 1991, 57）．しかしながら「保全区」指定は永久不変のものではなかった．政府は保全地域を伐採のために開放する裁量権をもっていたし，今もそれを保持している．公有林（Forêt de domaine national）は公式な森林地の残り 4 分の

3の地域を占めた．しかし，これらの公有林は主に伐採の跡地や休閑地，放棄された土地であった．他の多くの国と同様，「森林」に指定され，森林局の管轄下におかれる土地が必ずしも十分な森林に覆われているとは限らない．カメルーンでは砂漠化の影響を受けているサバンナの大部分が「森林地」として区分されている．

　他の西アフリカ諸国と同様に，1980年代のカメルーン政府は森林を経済活性の源として，政府の歳入源として，あるいは外貨獲得の資源として見なしていた．それゆえ森林政策は，農地転換と国内の木材加工を進めるという典型的なパターンをたどった（Rietbergen 1988, 28, 62）．木材伐採の拡大も政府の森林政策が後押ししたものであった．第5次5カ年計画（1981-86）では，商品化可能な木材種が広い範囲に拡散している問題に対処するため，木材が豊富な奥地を大規模な道路網でつなぐ計画が盛り込まれた（DeLancey 1989, 121）．カメルーンではブラジルがそうであったように，木材資源が地理的に散在してしまっているために，商品化できる木材の総量に見合う伐採会社の注目を集めてこなかったのである．政府は伐採会社を引きつけ，国内木材加工産業の成長と丸太の輸出による外貨獲得を目指して，伐採賦課金を安く維持したのだと考えられよう．

　1980年代は自然保護を重視する国際的圧力が高まった時期でもある．カメルーン政府は「持続可能な開発」に関する国際世論の動向に配慮する形で，保護地域を増やしていった．だが，財政状況の逼迫は生産と対立してしまう自然保護政策を困難にした．1970年代末に，カメルーンは一時的に訪れた石油ブームによって政府支出の増大癖がついてしまい，それが同時に，都市人口に過度な期待を植えつけてしまった．政府は国内の石油埋蔵量の限界を自覚していたし，石油収入が増えれば政府支出への要請が増えることも分かっていた．それゆえ石油収入に関する情報を内密にし，収益を海外の「予算外口座」に送金していた．おおまかな試算によると，1984年の石油収入は7億5000万米ドルと見積もられている（DeLancey 1989, 140-141）．しかし，石油の富を将来に残しておきたいという願いは大統領の手によって打ち砕かれることになる．大統領は予算外口座をめぐる裁量権を利用して，追加投資と国営企業の赤字補填のために，口座の資金を国家予算に上乗せする形で使い込んでしまったのだった．1985年に国家予算の5分の1を占めていた予算外口座は，石油生産の減退と

国際石油価格の低迷によって 1980 年代の終わりにはすべてが使い果たされていた[15]. 農業分野への多大な投資にもかかわらず, カメルーンの農業輸出量は国際価格の低下に合わせて減少した. これは中央アフリカにおける旱魃の広がりに帰因するところもある. これらの出来事は政府が野心的な第 6 次 5 カ年計画を発表した直後に起こった. しかし, その後も経済は衰退を続け, 1985 年から 95 年にかけて GNP は 30% 減少した (Zama 1995, 264). ここで政府は初めて巨額の対外債務を背負う状態に追い込まれ, 1990 年までに債務は 40 億米ドルに達した (Jua 1990, 42-43; Horta 1991, 142). 対外債務と, 過去に行われた石油収入隠蔽工作にもかかわらず高まり続けたカメルーン国民の支出拡大への期待は, 外貨を確保し, 新たな歳入源を見つけるという大変な重荷を政府に負わせた.

国際社会の支援を求めるにあたって, カメルーン政府にはいくつかの有利な条件があった. 他の開発途上国, 特に他のアフリカ諸国と比べてカメルーンは自由主義的経済政策をとっていたこと, そして経済に大きな歪みがなかったために国際機関に好意的に見られていたのである. 例えば, カメルーンが食料自給を維持できたのは, 土壌が肥沃であったからだけではなく農産物市場が大きく歪んでいなかったからである. カメルーンに起きた経済問題の多くは, 国際市場での交易条件の悪化といった政府の力が直接には及ばないところに起因していた. それでもなお, カメルーン政府は健全な経済運営を放棄したと思わせないような経済政策を維持する必要があった.

「国際社会」との取引　かくしてカメルーン政府は厄介なジレンマに直面した. 関係する国際機関の支持をとりつけつつ, いかにして資源レントを増加させるかというジレンマである. ジレンマは次のようにして解消された. 第一に, 実際には先住民の権利と開発, また持続性と開発とのバランスを欠いていたものの, 国際的に義務づけられていた森林計画に従った.

第二に, 政府は自然保護の名目で国立公園やその周囲のバッファーゾーン〔緩衝帯〕を拡大して, 土地を専有化した上で, この新たな権利を行使して, 保全区の一部での伐採権を与えた. 第三に, 意図的だったかどうかは分からないが, 実行力を伴わない立派な保護制度だけを整えて, 国際社会によい印象を与えながら, 現場では問題のある資源利用を継続した.

1986年に，政府は世界銀行や国連食糧農業機関（FAO）などが出資して作った熱帯林行動計画（Tropical Forest Action Plan: TFAP）に森林計画を提出した．TFAP は，熱帯諸国に長期的な視点に立った林業戦略を促すための技術支援や資金援助を与えている．カメルーンに対しては，国連開発計画による財政支援と FAO による技術支援が行われた．ロバート・ウィンターボトム（Winterbottom 1992, 222-23）によると，「TFAP の目的は熱帯雨林の破壊を食い止め，熱帯雨林を生活の糧としている人々の暮らしを向上させること」であった．

しかしながら，カメルーンの TFAP は地元の森林居住者との協議がないままに策定された．オルタが記すところによれば，「カメルーンの 4 冊にわたるTFAP 文書の中で森林居住者に関する言及は一言もなかった」（Horta 1991, 145）．TFAP に対する複数の国際 NGO の否定的な評価にもかかわらず，政府は TFAP に出資していた国際機関の暗黙の支持を後ろ盾に，伐採地の拡大や道路建設を正当化し，そのことを国際機関に非難されることもなかった．

産業用の木材の増産を支持していた TFAP により，カメルーン政府は辺境地での道路建設を可能にする海外財政支援を受けられるようになった．なかでも最も物議を醸したのはフランスやイギリスの NGO，イギリス労働党，世界銀行のアメリカ人常任理事などの反対を押し切って承認された，世界銀行による 1996 年の 6000 万米ドル低金利融資であった（Clover 1996; Oyog 1996）．政府は 2010 年までに 550 万 m^3 の木材を生産するという新たな目標に向けて，1989 年に 150 件の伐採権を与えた．

　コラップ国立公園　政府は自然保護を名目に支配領域を拡大したが，コラップ国立公園の設立はその典型例である．コラップは豊かな生物多様性を有する 10 万 ha にわたる国立公園である．1986 年にカメルーン政府は「生物多様性を保護する」という名目で，この地域を森林の利用区分の中で最も厳しい「国立公園」に制定した．この地域には世界の霊長類種の 4 分の 1 が生息し，医薬品への利用の見込みがある推定 3000 種の植物が発見されているため，国際的な注目が集まっていた（Franks 1990）．公園の設立計画には，現在では一般的な対策となっているバッファーゾーンの確保が含まれていた．バッファーゾーンとは，保護地域の周辺に暮らしている人々に生産や雇用の機会を与えるため

の場所である．国際的な資金援助が得られない限り，カメルーンにおいては保全が行われないと考えていた世界の環境団体は，この公園の設置を賞賛した．ここで重要なのは，コラップ地域は地元住民に脅かされていたわけではなく，むしろ人口と資源利用との間には絶妙なバランスが存在していた，という事実である．シェパードは，この繊細なバランスを維持する上で重要な役割を果たした，地元コミュニティの慣習を次のように述べている．

> コラップは，居住人口も比較的少なく，システム全体は安定している．森林利用や所有権に関していえば，隣接した村（この地域には多様な民族が共存している）は，さまざまな儀式や樹木が境界線を描いていて，狩猟のための共同区域と排他的な区域とを区別している．これらのルールは非常にうまく機能している．村の境界内の小道や橋の維持に関するルールも存在する．村人は領域内の獲物量を推定する方法を知っており，それに基づいて狩猟権を外部者に貸すか否かを決定している．宗教的儀式に用いられる村ごとの特別保護区は豊かな原生林の中にあり，その中では猟や採集は禁止されている（Shepherd 1993, 316）．

こうした実態にもかかわらず，世界自然保護基金（WWF）のような国際NGOでさえも，公園の中での地元住民の活動を抑える目的で，公園の外縁地域で「環境にやさしい」農業やアグロフォレストリー(訳注10)の普及を試みていた（Franks 1990）．

広大なコラップ地域の一部は保護地域に指定されたが，指定地域の外にある土地は暗に政府の管轄下におかれることになり，かえって政府自身の直接的な介入の対象になった．政府は公園とその周辺の広大な地域に国家権力の網をかけることで，周辺地域の開発を通じた金銭的な利益を獲得できる機会を作り出した．コラップ地域のこうした問題は，1989年にポール・ビヤ大統領(訳注11)率いる政府が付与した150の新規伐採権のうち，いくつかがコラップのバッファーゾーンにあることから明らかになった（Franks 1990）．バッファーゾーンは，表向きには公園内部での耕作や狩猟を減らすために，住民に食料や収入源を与える目的で設定されていたが，政府はその土地で伐採権を与えてしまうこ

(訳注10) 同一の土地単位において樹木と農作物（または家畜）を組み合わせた農法のこと．持続可能な土地利用の方法として1970年代から注目され，世界各地で実践されている．

(訳注11) ビヤ大統領（在任1982-）：1982年11月アヒジョ前大統領の辞任に伴い，憲法規定に則り大統領に就任．単一政党である「カメルーン人民民主連合」（RDPC）を基盤とし，安定した政権を確立した．

とで，住民を効率的に締め出したのだった．

　他方で，表面的には非常に厳しい保護規制があったために，国際機関の怒りを免れることはできた．例えば，伐採権を得るためにはかなり複雑な申請が必要で，地元のコミュニティと交渉して住民と業者の間の税金の取り分を決めなくてはならなかったし，木材伐採業者は，責任ある伐採を約束する上でさまざまな手付金を払わなければならなかった（Gartlan 1992, 142-143）．ひとたび伐採権が与えられた後も，正式には詳細にわたる伐採計画を政府に認可してもらい，継続したモニタリングを受ける必要がある．実際には，この手続きは非常に面倒だったので，伐採会社が進んで受け入れて，遵守するとは思えなかったし，財源不足だった森林局がその手続きを守らせる力をもっているとも思えなかった．イギリスにある世界自然保護基金の科学諮問委員であるスティーヴン・ガートランは，「伐採会社は手続きの全てを踏まず，話し合いの過程も一部省略して割り当て以上の伐採をすることが多く，小径木をも伐採している」と述べている（Vidal 1990, 3 の引用）．ヴィダルは次のように結論づける．

> 伐採権を得るのは簡単である．カメルーン人ならば予定している投資額の5％を支払い，刑務所に入ったことがないことを示すだけでよい．外国人の場合は20％である．伐採権を得たら，毎年1ha当たり，23カメルーンフランを支払えばよい．これは4万エーカーの原生林の土地なら年間8000英ポンドに相当する．ベニア質の丸太素材でもヨーロッパでは1000英ポンドの値で売れるので，どんな投資でもほんの少しの木を切るだけで取り戻すことができる（Vidal 1990, 3）．

接収地における非効率的な木材レント回収　カメルーン政府は接収した土地で多くの伐採権を付与してきたにもかかわらず，賦課金があまりにも低いためになかなか財源を確保できないでいた．森林利用料の総額はFOB価格（輸出木材の輸送料を含めた価格）のたった5％でしかない[16]．サイモン・リエットバーゲンはこのことについてこう記している．

> 現行の森林利用料や税金が安すぎることを示唆する事例は数多い．例えば，伐採した木材の体積にかかる税金が安いために，伐採業者は伐採可能な最小直径を0.2mも下回る，直径0.8mのサペリ[訳注12]を収穫し，現行の規制を満たしているふりをしてそれを1.0mと申告する．さらには，コンゴの企業がポアントノアール経由でカメル

（訳注12）　別名サペリマホガニー．家具材，内装材，床材，仕上げ材，楽器などに使われる．マホガニーに似ていることから，その代用として使われる．

ーン東南部（カメルーンの木材輸出の 20% を占める）から切り出す木材から毎年 40 億中央アフリカフラン（FCFA）を懐に入れているのに対して，カメルーンの全森林利用料の合計はたった 30 億中央アフリカフランにすぎない（Rietbergen 1988, 34）.

他の事例で見てきたように，政府は不法伐採された木材への賦課金や，そこにかかるはずの税金も集めていない．そして，いくつかの伐採業者はかなりの額の税金を滞納している（Franks 1990）．木材の賦課金が少なければ，政府が伐採権の拡大に無関心になると人は思うだろう．ところが，財源が非常に逼迫しているときに収益を生む伐採権は，たとえ収益率が少なくても魅力的である．もちろん，財政当局は収益率を増加させる方法を同時に考えそうなものだが，それには森林行政の強化を伴う長期的な努力が必要であり，財政的逼迫に直面している中では実現が難しい．

国に実行力があるという前提 カメルーン政府は，政府には森林政策と規制を的確に実施する能力と意欲があり，政府が管理しなければ森林は乱伐されると主張してきた．そこで前提とされているのは，政府は森林資源を有効に利用する上で一般の人々よりも信頼でき，かつ有能であるということである．よって森林資源が危機にさらされている場合には，政府による管理こそが森林保護に寄与するとされる．植民地時代にまで遡ることができるこの前提は，カメルーン政府が出した多くの森林戦略文書や長期計画に見てとれる．

世界の途上国政府は森林保全にことごとく失敗してきた．このことを考えてみると，カメルーンの森林政策を支援している国際機関や二国間援助機関が，政府に実行力があるという前提を捨てずに何ら圧力をかけてこなかったことは疑問に思えるかもしれない．その答えはこうだ．国際機関は，ほとんどの森林政策の実施を政府に頼っている．ゆえに，政府の能力をあからさまに疑うことは，相手国政府との間に不和を生み出す危険を伴うと同時に，実施を政府に任せることの問題をほのめかすことになってしまうのである．

カメルーンの森林政策を暗に支えてきたもう一つの要因は，不法伐採が生じたとき，それを計画的な政策の結果ではなく，政府の能力不足が引き起こしたと考える傾向である．カメルーン森林局の局次長であるジョセフ・バワック・ベソンは 1990 年に次のように指摘している．「利用可能な森林があまりにも広く開放されていたことが，……認可された人々と不法利用者の双方による乱伐

をもたらした」と[17]．そして，伐採跡地が再生しない理由は，焼畑移動耕作民による跡地の利用を政府が阻止しきれないからだとする．彼は「森林局のもつ人員や監督手段を超える範囲の土地が伐採用地として開放された」ことを認め，製材工場の立地選定における計画性の欠如を指摘する（Besong 1992, 37）．しかし，ベソン局次長はこれらの問題の原因が「その当時使うことができた手段や情報が限られていた」点にあるとする（Besong 1992, 38）．伐採用地を過度に開放するという政策の失敗や，製材工場の立地について統制ができなかったことも，情報の不足と正しい管理計画を立案する能力の欠如によるものとして片づけられてしまった．

　なぜ政府の役人が自らの行政能力の低さを認め，政府には実行力があるという一般論を脅かすようなことをするのか，と不思議に思うかもしれない．だが，政府の役人は，現在の行政能力の不足を，低所得国が一般的に抱える財源不足，さらには過去の政策の失敗のせいにすることで，自らの責任を回避できると同時に「森林行政を強化するために，より多くの国際的支援が必要である」と堂々と論じることができるのだ．重要なのは，政府としては「伝統的な森林利用者と比較して能力が高い」というイメージを維持できれば十分ということである．そして焼畑が森林減少の根本原因であるというまことしやかな憶測に基づいて，伝統的な森林利用者が森林破壊者と見なされている限り，政府は最適な資源管理者としての地位を守りつつ，見かけ上の「行政能力の弱さ」を補強するための支援を海外に求め続けることができる[18]．

　政府に実行力があるという前提は，もう一つの疑わしい前提によって補われる．その前提とは，道路，定住地，その他のインフラによってもたらされる開発は，対象地域の人々の生活を物質的・非物質的に向上させるというものである．森林地を囲い込む際に政府側が理論的根拠としてもちだすこの主張は，イギリス，フランス，ドイツによるカメルーンでの植民地支配時代にも遡って確認することができる[19]．だが，道路や移民定住化を通じて近代的な文化との接触を深めることが実際にもたらす影響に関するミクロレベルの研究は，世帯ごとの状況に応じて異なる結果を示している[20]．森林居住者の生活が備えている多様な側面の一つ一つが，近代化された経済活動や新しい住民との接触によって改善されるかどうかは個々の状況に依存するだろうし，総合的判断は重視される側面（例えば，物質的豊かさと伝統文化の保存）に応じて大きく左右

される.しかしカメルーン政府は,多くの途上国と同様に,道路建設のような事業は周辺に暮らす貧しい人々に確実に高い生産力をもたらすものであるとして疑わず,国際機関の支援を受けて事業を実施してきた.

組織間の争い リエットバーゲンは,カメルーン森林部門のガバナンスで官僚同士の競合や管轄範囲の曖昧さがどこで生じているかを特定した(Rietbergen 1988, 26-30).この調査によれば,森林休閑地が農業生産の一段階なのか,それとも公的管理に戻すべき土地であるのかを定めてくれるはずの「森林地域」の定義は曖昧であった.そのため,森林局,農業省,あるいは無数に存在する農業振興機関や国営企業(食料開発機構や輸出穀物協同組合など)の中で,一体どの機関が森林の管理権をもてるのかは不確かなままであった.だからこそブラジルやコスタリカと同様に,これらの機関はすべて,自らが資金提供する森林関連事業にできる限り早く着手してしまうことで,その管轄権を手中に収めようとしてきた.

もう一つの制度的問題は,森林の全体的な管理・保護が森林局に任されていたのに対し,管理計画策定は国立開発センター,植林の推進は国立植林センターの管理下で行われていたという事実である.計画,専門的知識と情報,そして実施の3つが分離されてしまっていたのである.1992年には森林に関する任務のほとんどが環境・森林省内にまとめられたが,権限の移譲には非常に時間がかかった(Zama 1995, 266).

6.3 巧みに配分される負担

この章では,多くの政府役人が国庫を潤す目的で天然資源の開発を積極的に歪めてしまうことを示してきた.政府は個人や地域のコミュニティの権利を侵害し,消費者余剰を獲得できるように価格を操作し,国営資源企業から資金収奪することで収入を確保しようとしてきた.

政府機関と国営企業との間で繰り広げられる天然資源をめぐる争いは,2つの段階を経て進行する.第1段階は,国営企業と,政府内部にいて国営企業と結託したグループが支配権を獲得する段階である.資源が生み出す収益は国営企業に富をもたらすだけでなく,政府内外の潜在的な味方の支援をとりつける

手段になるので，政治的な力の源泉である．ところが，国営企業と政府の癒着は汚職の温床になるとして国営企業の側に非難されるすきをつくるので，中央予算当局はそれを利用して当局の手による管理を強く主張できるようになる．一度このような状況になると，予算当局は第2段階として，石油，鉱物，森林資源，消費者余剰，海外からの借款，さらには国際援助を通じて多くの収益を国営企業から引き出せることに気づく．国営企業は資金をもてあます状況から，効率的な操業さえままならない財政状況へと陥る．これは政治的な争いが元になって生起する問題である．ゆえに，国営企業と国庫に財源をどうバランスよく振り分けるかという技術的な評価も，結局は政治闘争に呑み込まれてしまうのが関の山である．

　この章では，適切な資源開発を犠牲にして財源調達を企てる2つの政治的な方法を示した．一つ目は，弱い集団を狙うということだ．資源がもたらす富の搾取に抵抗する力をもたず，他の集団からの同情も十分に得られないような特定の生産者集団を狙い撃ちにするのである．ガーナとカメルーンでは，カカオ生産者と森林居住者がそれぞれ狙われた．アルゼンチンで標的とされたのは，牛肉と穀物の生産者であった．かつては強い力をもっていた彼らも，ペローの時代に弱体化し，孤立してしまった．エチオピアにおける被害者は農民であった．農民は土地の所有権が財政的安定につながると信じ込まされていたが，結局，かつて大地主が牛耳っていた農業収益を今度は政府が搾取しただけのことだった．これら一連の事例は，資源開発を通じた財源調達がいかに広く行われてきたかをよく表している．政府の側は，生産へのインセンティブを一応維持し，批判をうまくかわしながら生産者グループに重い負担をかける方法を考えようとするのである．

　もう一つの方法は，大きな抵抗を回避しながら，できるだけ多くの人から富を引き出すやり方である．例えば，すべての消費者や全ての将来世代から搾取する方法がある．ベネズエラやメキシコの石油の事例に見られたように，国営企業をわざと資本不足に陥れて即座に使える財源を搾り取るやり方は，経済成長を停滞させるという意味で，すべての人にふりかかる深刻な損失である．同じことがインドにおける不当に高い銅価格や，ブラジルやインドでの石油燃料の高値設定に見られた生産物の価格操作にも当てはまる．これらの操作から受ける影響は人によって違うが，政府がわざわざ遠回りな財源調達を企てるのは，

一般市民がこれ以上高い税金を許容しないという想定があるからである．途上国では政府が食料に不当な高値をつけることは滅多にない．食料価格の高騰が都市人口の生活を脅かし，暴動に発展する可能性があるからだ．しかし，すでに考察したペルーやメキシコ，インドやブラジルを含むいくつかの国々では，石油ベースの燃料価格の値上げをしても都市での暴動につながらなかった．他方でベネズエラやナイジェリアといった国では値上げをすれば必ず暴力的な反応があるので，政府は何もできないでいる．国によるこうした違いがなぜ生じるのかについては，今後の説明を待たなくてはならない．

原注

(1) この戦略の詳細は Ascher（1994；1997）を参照．
(2) これらの利益を「過剰」と評価するのは，石油労働者と同レベルの訓練，技術，経験をもつ労働者の収入が，組織化された石油労働者と比較してかなり低いからである．
(3) 途上国における「収税能力」の研究で Chelliah（1971）は，メキシコは，GDP のレベルから算出される潜在的な収税可能額に対して，実際に徴収できている税額が非常に少ない国に分類できることを指摘している．
(4) すべての債務が最終的には政府の負債となるにもかかわらず，国営企業に対して，その「所有者」である政府に定められた融資限度額を超えて貸し出しをしてしまう論理は以下の通りである．(1)国営企業の資産の方が没収しやすい．(2)政府自身が債務不履行に陥っても，国営企業の支払能力を保つ方策を考えるであろうと銀行は信じている．なぜなら，政府はハードカレンシーを調達してくれる国営企業を，みすみす潰すようなことはしないと考えられるからである．(3)個々の銀行員からすれば，銀行が全体として焦げつくとしても，個人の業績のために貸出総額を増やしたいというインセンティブをもっている．
(5) プラッツ・オイルグラム・ニュース（*Platt's Oilgram News* 1989, 1）に記録されている典型的な例には以下のようなものがある．
　サリナス大統領は会社の予算縮小化が会社を衰弱させていることを認めて，生産，採掘，維持管理での投資を増加したいと述べた．フランシスコ・ローハス長官は公の場で，原油，天然ガスの埋蔵量が 1989 年 1 月 1 日の段階で前年に比べて 2% 減少し，676 億バレルになったと言った．これは炭化水素の埋蔵量が 725 億バレルであった 1983 年 12 月 31 日から見ると約 7% も減ったことを意味し，ペメックスが確認済みの埋蔵量の減少を 5 年連続で報告したことを示している．
(6) 1997 年の投資予算は 59 億米ドルで承認された．通常，最後の四半期に投資予算の半分が支出される．したがって，1997 年の前期に 15 億米ドルしか支出されていないことを考えると，1997 年の総投資が 40 億ドルになると予測するのが適当である．
(7) マーケティングボードを設立規定を定めた第 16 条によると，ボードの義務はゴールドコースト・カカオの購入，等級づけ，販売に至るまで最も望ましい制度を保障

し，可能な限り生産者の利益と繁栄のためにゴールドコーストのカカオ産業の開発支援をすることである．
(8) 唯一の例外は 1956 年から 57 年にかけての収穫であった．その年のカカオ国際価格の低迷によりボードは生産者価格を補うために，その積立金を枯渇させることになった (Beckman 1976, 279)．
(9) 1964 年まで，エンクルマ政権が他の税金を引き上げようと準備していたのは事実である．しかし，それはカカオ国際価格の低下と深刻な国内の景気後退に直面し，政府支出の水準を保つのが難しくなったためであった．
(10) Sarris & Shams (1991, 2) はこう結論する．経済危機は 1970 年代にピークを迎えるのだが，その危機は 1960 年代に農業部門を軽視したことが原因であった．独立後のガーナの経済戦略は，国営企業 (SOE) による，農業を犠牲にした急速な工業化である．この結果，輸出生産と輸出黒字は低下した．"自立"の名の下に進められた工業戦略は，強力な貿易や非貿易保護障壁に支えられて輸出代替工業を確立した．農業生産の衰退は，金融と生産市場における誤った情報に基づいた政策の結果であり，そのために，成長や公平性，そして貧困軽減にマイナスになるような歪みが生じた．
(11) 国際価格の暴落を単なる外部要因と見なしてはならない．世界でも有数のカカオ生産国として，ガーナは重大な影響力をもっていた．主要なカカオ輸出国はマーケティング活動を互いに調整すべきであるというブラジルの提案を，ガーナ政府は拒絶していたのである (Beckman 1976, 190)．
(12) 1969〜70 年と 1970〜71 年の収穫期におけるカカオ生産者の給料は，1960〜61 年と 1966〜67 年の 59% に対し，それぞれ輸出利益の 50% と 37% を占めた．これはキリック (Killick 1978, 119) から算出した．
(13) 経済学の用語を使えば，政府の（そして国民の）「割引率」，または将来よりも現在利益を受け取る効用が高かったということになろう．このような状況では，急速な資源開発それ自体を政策の失敗と見なすことはできない．
(14) リエットバーゲンによる (Rietbergen 1988)．世界自然保護連合 (IUCN) によってカメルーンは「極度に多様な生物」を擁する国のリストに名を連ねている (Horta 1991, 142)．
(15) DeLancey (1989, 141-143) による．彼は石油収益が 1986 年だけでも 1985 年の水準から 60% も下落したと記している．
(16) 国立森林開発センターによる．リエットバーゲンの引用より (Rietbergen 1988, 34)．
(17) 世界銀行の西部および中央アフリカにおける林業に関する会議での報告書として出版された (Besong 1992)．
(18) 移動耕作が本来，持続可能であることを無視した政府の意向は，インドネシアとマレーシアの例でも見られる．
(19) 最も顕著な例は，イギリス植民地統治下の西部カメルーンで 1947 年に設立されたカメルーン開発法人 (CDC: Cameroon Development Corporation) であった．この組織は，未開墾地をパーム油やゴム，茶，バナナ，コショウなどの輸出作物を生産するプランテーションへ転換することを任務にしていた．これらの作物の加工事業を

始めるにあたり，CDC が主要な雇用主となり，1980 年までに 2 万人が雇用された（Ndongko 1986, 112-113）．これらの事業もまた，政府の主要な財源になっていた．
(20) 辺境の森林居住者と「近代化した」農業者との間に接触があるかどうかが問題ではない．「ここ何百年の間に中央アフリカで純粋な狩猟採集民として，農業と無関係に生活していた人はいない．何百年にもわたってこれが事実であったことは疑いの余地がない」（Bailey, Bahuchet, & Hewlett 1992, 204）．問題は，接触の仕方や生態系の変化，そして人口増加が人々の生活にプラスの効果をもつかどうかである．

7章 結論と提言

7.1 一般的な教訓

7.1.1 確かに何かが起きている

　私たちは，政策の失敗を通じて天然資源の開発がいかに酷く歪められるかを見てきた．天然資源政策の失敗は，政府の単なる無知や無能が原因ではない．政府が行う資源規制の巧みさを見れば，そうした解釈はすぐに間違いであると気づかされる．

　政府の役人は，政策目的として掲げられたものとは別の目的を達成する道具として，歪んだ資源政策を利用し，黙認している．私が調べた 16 の事例全てで，開発の促進，富の再分配，そして国庫による財源獲得，という 3 つの計画的なインセンティブが明らかに作用していた．仮に政策の失敗が，表面上は技術的な過ちに見えたとしても，単純な失策や能力の低さは根本的な原因ではない．インドネシア政府の高官たちは，伐採業者が事業権料をわずかしか支払っていないために，結果として森林が損害を被っていること，そして，大統領が伐採業者からの収入を好みの事業に横流ししていることを確かに自覚していた．また，メキシコ財務省の役人たちは国営石油会社ペメックスが高い税金のために負債に苦しんでいること，そしてこの負債は国庫を潤す一方で，ペメックスの効率を妨げていることを長い間自覚していた．この本で触れた全ての事例において不適切な資源政策が導入され，維持され続けていたのは，それらが一つ，ないしは複数の計画的な戦略を追求する政府高官の利害に合致していたからに他ならない．

　確かに，ここで紹介した一連の事例は無作為に選ばれたものではない．ゆえに発展途上国の直面する資源政策の失敗のすべてが，故意に続けられたものであると論じることはできない．それでも，今まで挙げてきた事例は，国家の重要な資源の開発において失敗している政策を維持するインセンティブが広く浸

透していることの確かな証明となっている．開発の促進，富の再分配，国庫による財源獲得という3つのインセンティブの存在とその作用は，天然資源政策が失敗する理由をうまく説明している．国にとって最も重要な天然資源の開発に寄せられる利害関心の高さから考えれば，単なる不注意による間違いなど政策の失敗原因として考えにくいからである．

利権漁り(レントシーキング)の機会をやりとりする仕組みを確立し，説明責任を回避して財源の流れを支配しようとする政治的戦略は広く共通して見られる．これらの戦略は，政策の失敗をさらに悪化させる．というのも，これらの戦略の下では少数の有力者グループに利益をもたらすためだけに資源が浪費され，資源浪費型の策略が見えにくくなり，資源政策の立案や実施を決定する政府機関の内部抗争が激化する可能性が高まるからである．

7.1.2 資源開発に付随する価値は，資源レントの価値を上回る

天然資源が生み出す富を財政的な資本に変えるという一見すると単純な作業は，非常に多くの異なった財源に絡んでいるために，大いに複雑化している事実が明らかになった．「財源」とは下記のものを含んでいる．

・天然資源レント
・資源開発につぎ込まれる国庫からの資金の流れ
・産出物の高価格に伴う消費者余剰
・政府の低価格規制に伴う生産者余剰
・借り入れ資本
・海外からの援助

とりわけ政府の資源開発担当者は，これらの財源のいくつかを同時に扱うために，桁外れの困難に直面する．この本の中で扱った国家資源開発の全ての事例で，政府機関や国営企業は財政的帳尻あわせの問題に直面し，責任ある天然資源開発という本来の仕事からは逸脱してきた．国営石油会社ペメックスは，メキシコ政府の代わりに資金を借りる役目を負わされ，インドのヒンドゥスタン社は誤った価格政策の下で非生産的な操業を継続した．後者の政策は，高い銅価格を通して消費者の富を国庫に吸い上げる政府の策略に端を発していた．同じように，カメルーンの国立公園当局は，単に国立公園を造るのではなく，国立公園を通じて国庫に収益を集中できるように海外からの援助を引きつけ，

所有権を操作している．チリの国営銅会社コデルコが抱えてきた問題の大部分も，国庫から投資資金をとりつけることにあった．

7.1.3 国家による無責任な資源管理

本書の非常に重要な結論の一つは，政府が天然資源を囲い込んでも，資源保護にはつながらないということである．元の所有者や使用者から天然資源の支配権を力ずくで奪うときに，政府は「資源の保護」を名目にもちだす．「森林保全は国家管理によって行われるのが最良である」との確信には，明らかに「個人や共同体が責任をもって天然資源を利用するとは思えない」という前提がある．だが，繰り返し見てきたように，有力な政府の役人には，自らの手で無責任な資源開発を行う多くの動機がある．政府の資源開発当局が多様な財源の流れを取り扱う曲芸に気をとられてしまうという事実は，政府による資源利用が失敗する理由のほんの一部分しか説明しない．もっと言えば，政府による一元的な資源管理が，役人を不適切な資源開発に関与しやすくしているのである．適切な資源開発を犠牲にして巧妙に政策を操作すれば，役人たちの目的は達成されるかもしれない．だが，天然資源や資金の流れを役人の直接的な管理の下におけば，彼らは資源開発を独裁的に指導できる立場になる．本書で見たように，役人の行政指導は，ひどく抵抗されて，さらに歪んだ資源開発を促してしまうこともある．いずれにしても，天然資源が直接政府の管理下にあるとき，その開発過程を操る誘惑は抗い難く，その機会も非常に多いのである．

7.1.4 「公正さの達成」という根拠の弱さ

私たちは，より高いレベルの公正が実現できるという理由で資源開発の効率性の犠牲を正当化できる事例は一つもないことを明らかにした．もちろん，効率的な経済が必ずしも公正かつ公平な経済であるとは限らない．しかし，効率性の犠牲を致し方ないものとして支持する議論，すなわち，制度的な限界から貧しい人々を助ける手段として効率の悪い資源開発を甘受するしかないという主張が妥当しそうなのは，本書で挙げられた 16 の事例のうち，せいぜい一つである．例えば，ヒンドゥスタン社による非生産的な銅開発で浪費された富が，絶望的に貧しいインド人たちの福祉にささげられていれば，貧者に利益が及んでいたに違いないと論じることはできる．だが坑夫たちの暮らし向きは，鉱山

が存在しなかった場合に比べればましだったことは間違いない．資源開発の歪みが大きな所得の移転を引き起こした他の事例では，非常に富裕な者（コスタリカ，インドネシア，マレーシアの商業伐採会社のオーナー，ブラジルの大規模な農場主，メキシコの大規模農家）と，比較的富裕な者（メキシコの石油関係のエリート労働者，チリの銅のエリート労働者）が明らかな勝ち組となった．土地と森林に関係したすべての事例（ブラジル，カメルーン，コスタリカ，ガーナ，ホンデュラス，インドネシア，およびマレーシアのサバ州とサラワク州）では，資源の操作が経済的に最も脆弱な存在である地域住民，特に使用権を取り上げられた先住民に損害を与えていることが分かった．

7.2 事例ごとの分析

7.2.1 個別の政策失敗

この本で考察した事例からは，以下に見るような広範囲にわたる天然資源の政策失敗を見ることができた．

森林と土地に関係する政策の失敗では，6つの型が非常に多く見られる．第一に，政府は国有地にある天然資源，あるいは土地そのものに対して十分に高い使用料または売却価格をつけていない．第二に，政府は負の外部性に対して過小な請求しかしていない．第三に，政府は正の外部性をもつ森林や他の生物の恩恵を保護するための効果的なインセンティブを提供できていない．第四に，政府は伐採権を付与したり，土地を無償で手放したりして，所有権が誰に属するのか分からないような状態を作り出している．時には無駄な歳出を通じて，独立採算の目安が立たない林産業を助成してしまうこともある．第五に，国の機関が利潤を得ると，それを森林セクターと全く関係のない所で浪費したり，浅はかな投資をして収益を無駄にしてしまう．六番目として，政府内の部局同士で同じ土地や資源の管理権をめぐって争う結果，無謀な資源開発や採掘が起きるというパターンもよく見られる．

石油と鉱山セクターでは，上述の6つの失敗がはっきりと見てとれる．説明責任の極端な不在，セクター内のお粗末な投資，政府機関によるコスト最小化努力の欠如，セクター外での不適当な収益の使用，設備投資の不足による不十分な開発，そして，国内での売り上げが大きいときの生産物の不当廉売である．

国とセクター	政策失敗
ブラジル（土地と森林）	相場以下の利子率，所有権の侵害，負の外部性に対する不十分な課金，正の外部性を保護するためのインセンティブの不足，安すぎる生産物価格（材木輸出の禁止）
カメルーン（森林）	安すぎる伐採賦課金，所有権の侵害，負の外部性に対する不十分な課金
チリ（銅）	初期における不適切な収益の使用，後の資本不足による過小開発
コスタリカ（土地と森林）	安すぎる伐採賦課金，所有権の侵害，負の外部性に対する不十分な課金，正の外部性に対する過度の，しかし，効果がない政府の支援
ガーナ（ココア）	安すぎる生産物価格
ホンデュラス（森林）	初期における乱開発，不適切な投資，収益の不適切使用，所有権の侵害，負の外部性に対する不十分な課金，正の外部性を保護するためのインセンティブの不足
インド（銅）	過剰な開発，高価格設定，不適切な投資，潜在的生産力のある鉱床への資本供給不足
インドネシア（森林）	安すぎる伐採賦課金，所有権の侵害，負の外部性に対する不十分な課金，正の外部性を保護するためのインセンティブの不足，情報の秘匿，収益の不適切使用，安すぎる生産物価格（材木輸出の禁止）
インドネシア（石油）	不適切な投資，初期における安すぎる生産物価格，収益の不適切使用，コスト最小化の怠慢，説明責任の欠如
マレーシア：サバ州（森林）	安すぎる伐採賦課金，国家による乱開発，所有権の侵害，負の外部性に対する不十分な課金，正の外部性を保護するためのインセンティブの不足，収益の不適切な用途
マレーシア：サラワク州（森林）	安すぎる伐採賦課金，所有権の侵害，負の外部性に対する不十分な課金，正の外部性を保護するためのインセンティブの不足
メキシコ（石油）	不適切な投資，初期における安すぎる生産物価格，収益の不適切使用，負の外部性に対する不十分な課金，責任の欠如，後には資本不足による過小開発
メキシコ（水）	安すぎる水価格，初期における乱開発，後には資本不足による過小開発
ナイジェリア（石油）	不適切な投資，収益の不適切使用，コスト最小化の怠慢，責任の欠如
ペルー（石油）	不適切な投資，資本不足による過小開発
ベネズエラ（石油）	資本不足による過小開発，不適切な投資

多くの国営石油会社や鉱山会社を窮地に陥れる設備投資不足は，世界価格の高値に対応するための資本や能力を失わせたというだけでなく，非効率的な開発と環境破壊を生み出した．石油と鉱業セクターにおける政策失敗の連鎖には，ある共通したパターンが存在する．それは，過剰支出と資金洗浄が結果として国営資源企業を資本不足に陥れるというものである．国営企業の資本不足は，

財政当局がこれらの企業や関連会社から天然資源の利権を，圧力をかけてもぎ取ろうとした結果である．余剰分の黒字を牛耳ろうとする財政当局をかわすため，資源開発者自身が浅はかな投資や支出をしてしまう事例もある．

事例に応じた多様性も示唆に富む．メキシコ，ナイジェリア，ペルー，ベネズエラでは，市場価格よりもはるかに安い価格で石油生産物が売られていたが，インドの銅価格はその逆で高すぎるくらいだった．このことは，次のようなことから説明がつく．インドの銅開発では十分なレントが生じていなかったために，国営企業の損失を国庫による補塡で埋め合わせるか，書類の上で会社に利益があるかのように粉飾するために生産物に高い価格をつけることが必要だった．インド政府はこれまでに，両方の財政テクニックを用いてきた．ベネズエラでは，財政当局が自分たちの手で資金の流れを操作しようとしていたのと同じ時期に，問題の多い投資が行われていた．これに対して，企業の不合理な支出や投資が，逆に財政当局を支配力の奪取へと駆り立ててしまった事例もある．

水に関連したメキシコの灌漑の事例も，森林や土地の事例と強い類似性をもっている．つまり，政府が投資と水の低価格設定を通して，理論的裏づけのない補助金を提供したため，資本が不足し，灌漑システムは物理的崩壊に至った．しかし，伝統的な使用権をもつ人々から水を取り上げてきたことは，何十年もの間，問題にもされなかった．

ガーナにおけるココアの事例は，他に比べると著しく単純である．ココア栽培農民が，故意に安く設定された価格で政府に対する生産物の販売を強いられたという事実が，この部門を襲った惨事をすべて物語っている．政策の失敗が生産物の不当な安値設定という側面に限定されていたとはいえ，この失敗がココア農民とガーナ経済に与えた被害は甚大であった．

7.2.2　改善のパターン

本書では，政策失敗の力学を理解するために，あえて不適切な資源政策に焦点を当ててきた．一方で，数々の事例研究から，落とし穴が回避されたり，政策の失敗が一転して良い方向に展開したことも多いことが明らかになってきている．

これらの事例を詳しく見ていくと，改革というものが実際にどのように行われるかが分かってくる．いくつかの事例で不適切な政策の見直しが行われたの

国とセクター	政策失敗の回避もしくは改善
ブラジル（土地と森林）	アマゾンでの補助金の廃止
チリ（銅）	**他の国営石油・鉱業会社に比べて賢明な投資決定**
コスタリカ（土地と森林）	造林補助金の廃止
ガーナ（ココア）	不当に高いココア税の削減
ホンデュラス（森林）	伐採率の抑制，川下セクター重点化の撤回
インドネシア（森林）	木材使用料の定期的上乗せ
インドネシア（石油）	予算枠外操作の大幅削減，説明責任の明確化
マレーシア：サバ州（森林）	**材木輸出禁止政策の回避，安価な使用料の回避**
マレーシア：サラワク州（森林）	**材木輸出禁止政策の回避**
メキシコ（石油）	予算外操作の大幅削減，説明責任の明確化，生産物価格の上乗せ
メキシコ（水）	水価格の上乗せ
ペルー（石油）	政府の予算外枠操作の大幅な削減，生産物価格の上乗せ
ベネズエラ（石油）	**相対的に高い効率性の確保とコスト最小化の努力**

ゴシック体は比較的パフォーマンスのよい状態を得ている事例

は，政策が名目とは異なる別の目的さえ達成してくれないことが明白になった後のことである．例えば，ブラジルのアマゾンにおける牧場と再定住への補助金が撤廃されたのは，森林への不必要な害が発覚したからではなく，多くの牧場と小規模農場が倒産したからである．同様に，1970年代前半にインドネシアの国営石油企業プルタミナが行っていた放漫な借り入れと浪費は，国が破産寸前まで追い込まれ，プルタミナに予算枠外での投資を続けることが不可能になってはじめて見直された．ペルーでは，もはや有力な石油の輸出国でなくなった後に改革がなされたが，それは国内の燃料価格を低く抑えるという分配の論理が，あまりにも高くつくことが分かったからである．これらの改革は，名目とは異なる別の目的が達成できなくなってはじめて行われるに至った．不適切な政策の生み出す害が目に見える形で増幅したことが，政策をよい方向へと逆転させる力になったことは注目に値する．

　他の事例で不適切な資源政策が見直されたのは，市場志向の自由経済的風潮が強くなり，政府の役人が極端な価格の歪みに耐え切れなくなったときであった．メキシコでは，それまでの灌漑システムが崩壊寸前になっただけでは改善の動きは起こらず，1980年代後半になって，市場動向に合わせて費用回収をするという考え方が十分な説得力を得るまで待たねばならなかった．メキシコの燃料価格が国際価格に近づけられたのも，政府がエネルギー価格に関する従

来の固定的な見方を急に転換させてからのことであった.

不適切な政策は,その責任を負うべき高官や彼らの所属機関が,さまざまな派閥や官僚の間での政治的駆け引きに敗北したときに見直されることもある. チリの銅会社とメキシコの石油会社で初期に見られた浪費と説明責任の欠如は,予算当局が会社と関連団体を打ち負かしたときに改善された.ただし,続いて起こった資本不足も,また政策がもたらした失敗であった.メキシコの灌漑セクターでは,小規模農家を重要視する政権が力をもったときは大規模農家への補助金は打ち切られたが,逆に,大規模農家を重んじる政権になったときは再び元の政策に戻された.いずれの政策も,水の価格を安くしすぎるという同じ間違いを犯していた.

一連の事例には政策の失敗を初めから回避するための洞察も見られた.チリとインドの国営銅企業は,それぞれ公共機関の専門家集団としての自負が強く,監査機関も有効に機能したために,他の国営石油会社や鉱業会社で悩みの種であった説明責任に関わる大きな失敗を回避することができた[1].チリで見られたアジャンテ政権期間(1970-73)の政府内の混沌状態は,むしろ例外的であった.国営の銅会社コデルコは,銅の開発収益を確実に政府に流すという役割を怠ったために,大きな犠牲を払って自らの失敗を償わなくてはならなかった. ベネズエラでは,多くの政府機関と国営企業が問題のある経営をしてきたにもかかわらず,国営石油会社 PDVSA は,先行する多国籍石油企業によって確立された専門家集団としての自負を継承してきた(6章コラム参照).公的セクターと民間産業のもつ経営能力や説明責任,専門家集団としての自負といったものは,国による資源乱用を軽減するのに役立つのである.

7.3 トレードオフの評価

これまでの要約から,名目上の政策目的とは異なる,別の目的を追求する上で,政府が天然資源開発のプロセスに頼ろうとしたときに生じる費用と便益が何であるかが示唆される.政治的・制度的要因によって,別の目的を追求するうえで生産プロセスを歪める以外に最適な手段がない場合,私たちは歪められた資源開発の損害と,別の目的を追求することから生じる潜在的な利益とを天秤にかけなければならない.

7.3.1 効率性の配慮

本書の随所で示された効率性に関する考察は，天然資源開発に焦点を置くものであった．しかし，多くの事例から浮かび上がってくる問いは，従来とは別の意味での「効率性」に関するもの，すなわち，天然資源の巧みな操作は，資源開発の枠外にある別の目的の追求にどの程度役立っているか，という問いである．言い換えると，別の目的を達成するために資源開発が犠牲にされているとするならば，資源セクターの操作を通じて追求される諸目的は，実際にどの程度まで達成されているのだろうか．別の目的追求における成功は，天然資源の無駄使いを埋め合わせるのに十分と言えるだろうか．

別の目的追求は非常に効率が悪く，無駄使いを埋め合わせるものではなかったというのが私の答えである．私たちは多くの事例で，資源レントや他の財源が，資源開発の過程で本来のルートを外れて他の目的に転用されることを見てきた．そして，次に私たちが見てきたのは，収益の操作をしようとした役人の狙いも結局は外れてしまったということである．例えば，インドネシアでは，スハルト大統領が民間の伐採業者の投資を使って，ある特定の政治目的をもつ事業にかなりの資金を振り向けた．これらの伐採業者の中には何十億米ドルを保有していた会社もあったが，資産の一部はインドネシア経済の枠の外に隠されていた．富を分散させ，政府による没収を回避したいという，しごく当然の願望からである．国営企業が資源の操作に関わっていた他の事例では，資源開発機関が政府の役人に狙われて資源レントの支配権を失いそうになったとき，標的になる資金を小さくして収奪をかわしていた．例えば，6章のコラムで見たベネズエラの石油会社 PDVSA は，1980年代の中期に迅速な対外投資を行い，投資基金の大部分を政府の手の届かない所においた．

天然資源開発を通して名目とは別の目的を追求するときに政府が直面する問題の一つは，政府と協力関係にある者たちもさまざまな財源に接触できることから，資金が外に漏洩してしまうことである．4章で見たように，確かにメキシコ政府は，対外借款を引きつけるためにペメックスを利用することに成功した．つまり，当面の支出を補うために次世代に課税をする手段としてペメックスを上手く利用したわけである．ところが，せっかく集められた資金の一部は，ペメックスの腐敗と効率の悪さのために漏出してしまい，最大限利用することができなかった．資金が遠く離れたところにあれば，政府の役人にとっては，

資源乱用が見えにくくなる点で都合がいいのだが，現場の状況を実際に監督する上では都合が悪い．それゆえ，インドネシアのスハルト大統領は，伐採権をもつ民間業者に，彼の望む複数の事業を肩代わりさせることはできたが，その過程でどれだけの不法伐採があり，どれだけの資本が海外に流出したのか，そして，どれだけの巧みな操作が材木業者によってなされたのかを把握しきれなかった．

一方で，役人たちの操作に抵抗する側も，何らかの行動を起こしてくる可能性が高い．ベネズエラの国営石油会社 PDVSA による早計な投資活動，ガーナの農民によるココア農場の放棄，また政府の森林利用権強奪に反抗してホンデュラスの農民たちが行った森林放火は，すべて政府の戦略の有効性を弱めた．

要するに，天然資源開発の操作を通して財源の流れを方向づけようとするのは有効でないばかりか，効率的でもない．別の目的を追求しようとして不適切な資源開発に走ることが妥当であるかどうかは，実に疑わしいのである．

7.3.2 説明責任の原則

他方で，次のように主張する人がいるだろう．不適切な天然資源政策を通じた名目とは異なる目的追求がいかに非効率的で，その結果として累進的な分配がめったに達成されないとしても，資源操作によって，無責任で悪意に満ちた役人の裏をかくことは正当化できる場合がある，と．例えば，中央での一元的な予算管理が適切だとしても，その中央で予算過程を支配している役人が一般民衆の役に立っていない場合はどうであろうか．また，逆に役人が一般民衆の意向に非常に敏感だったとしても，その人々（少なくとも政治的に影響力をもつ民衆）が経済的不公正を作り出し，国富を浪費することを切望していたとすればどうなるであろうか．私たちは，優れた政府機関の役人が次のように主張しているのをよく耳にするではないか．「もし，中央にいる予算当局が牛耳っている財源を取り返すことさえできれば，無視されてきた人々を救い，環境をきれいにし，価値ある開発事業を行いたい」と．

なるほど，中央の予算編成が，ある立場の人から見ればひどい結果を生み出すことがあるのは事実であるが，これは予算外で支出される補助金にも同じように当てはまるリスクである．確かに私たちは，予算の枠外で秘密資金を操作しようとする不届き者が，好ましくない目的のために中央予算そのものを操作

しようとする連中より良いのか悪いのか，アプリオリには判断できない．私たちが唯一知っているのは，後者のタイプの不届き者の方が，自分の犯した罪に対して非難を受ける可能性が高いということだけである．一人一人の役人，一つ一つの政策の良し悪しを判断することはできなくても，間違った決断や自己中心的な決断をした人々がそれに応じた罰を受けるような仕組みを提案することはできる．中央で予算を決める過程は，この点において明らかに優れている．だが，もし大衆に選ばれた代表者によって十分に議論され，透明性の高い予算編成を行ったのに，粗悪な予算案が通過してしまったとしたら，この状況を逆転させるために必要な改革は，細かな財源の操作などではない．そこで必要な改革は，政治的態度や代表制のあり方の変革にまで及ぶ抜本的なものになってしまうだろう．

7.4 政策を失敗させる動機

7.4.1 計画的な動機

政策失敗の裏にある力学について基本的に言えることは，天然資源政策の失敗が，有力な役人の計画的な目的と優先事項に明らかに貢献してきたということである．下の表に見るように，動機は驚くほど幅広く，多様である．

国とセクター	資源開発事業に組み込まれた目的や優先事項
ブラジル（土地と森林）	国家安全保障，地域開発
カメルーン（森林）	国際援助の流入，税収
チリ（銅）	所得の再分配
コスタリカ（土地と森林）	所得の再分配（概して一時的）
ガーナ（ココア）	税収
ホンデュラス（森林）	川下セクターの産業化
インド（銅）	所得の再分配，国家安全保障，地域開発，税収
インドネシア（森林）	産業開発，川下セクター産業
インドネシア（石油）	産業開発
マレーシア：サバ州（森林）	産業開発，川下セクターの産業化，社会的サービス
マレーシア：サラワク州（森林）	所得再分配
メキシコ（石油）	所得再分配，産業開発，税収
メキシコ（水）	農業開発，所得再分配
ナイジェリア（石油）	所得再分配，産業開発，国家安全保障
ペルー（石油）	国家安全保障，地域開発，税収
ベネズエラ（石油）	産業開発，税収

7.4.2 共通する政治的動機

上記のような計画に折り込みずみの目的に加えて，ほとんどの事例では，3つの政治的な動機が見られる．

開発パターンと資源にからむ財源の支配　第一に，資源開発の裁量権を握ることが別の目的を追求するのに必要である限り，資源が生み出す財源の流れを意のままにしようとする動機は，動機の動機，つまり「メタ動機」となる．さらに，天然資源の開発パターンをうまく誘導し，開発の過程にからむ財源を支配することも，組織の強さを維持し，関係する諸機関の立場を保つ上で欠かせない．資源フローをめぐる支配権を獲得・維持するために繰り広げられる政府内の争いは，多くの天然資源政策を失敗へと導いている．

利権漁り（レントシーキング）　非常に広く見られる動機の二つ目は，利権漁り（レントシーキング）の機会を創り出そうとするパターンである．これは，政府の役人たちが，鍵となる政府外の関係者から政治的援助と政策協力を取りつけるために行う．ここで私は特定の個人，企業，組織などのために利権漁り（レントシーキング）の機会を作ることと，都市居住者，小農，抗夫などといった特定の層の人々に対して所得を配分しようとする事業計画に組み込まれた（programatic）目的とを区別する．そして，利権漁り（レントシーキング）の機会の創出は，たいていの場合，それ自体を目的として計画されたというよりも，支持と協力を引き出すための戦略になっている[2]．

適切な天然資源開発を犠牲にしてまで利権漁り（レントシーキング）の機会が創り出される理由は，少なくとも3つある．第一に，政府の役人は名目とは別の目的を追求する中で，政府の外にいる関係者の協力を引き出すために，利権漁り（レントシーキング）の機会を提供している．政府の外にいる関係者は，政策決定者の目標達成を手助けする代わりに，その報酬や動機づけとして一定の便益を受け取る．第二に，国営企業または政府の外にいる関係者は財源のフローに関与することで，利益にあやかる機会を得ている．インドネシアの華人伐採業者を考えてみてほしい（3章参照）．彼らは，いわゆるナショナリストらが開発目的を達成できるよう自らの投資を通じて手助けしているが，同時に，伐採権料を安くしてもらうことで木材レントの一部を懐に入れている．同様に，アマゾンに牧場を作るために政府の補助金を受け取った裕福なブラジル人の多くは，牧場経営が失敗に終わっているにもか

国とセクター	資源（金）フローの支配権争いに起因する政策失敗
ブラジル（土地と森林）	政府の部局同士の土地管轄権争いに由来する無謀な土地配分と補助金
カメルーン（森林）	政府の部局同士の土地管轄権争いによる無謀な土地配分と補助金
チリ（銅）	財政当局が国営企業を牽制する手段としての過小資本投資，国営企業の側が，支配力を維持するために行う不適切な支出と投資
コスタリカ（土地と森林）	政府の部局同士の土地管轄権争いに由来する無謀な土地配分と補助金
ホンデュラス（森林）	政府の部局同士の土地管轄権争いに由来する無謀な土地配分と補助金
インド（銅）	財政当局が国営企業を牽制するために行った資本不足
インドネシア（森林）	財政当局の資源レント支配を回避するために行った木材の低価格設定
インドネシア（石油）	財政当局から課された制限を回避するための無謀な借り入れ
マレーシア：サバ州（森林）	政府や，州の財政当局の手の届かない予算外支出の資金作りをするための，サバ財団による過剰伐採
メキシコ（石油）	財政当局が国営企業を抑制した場合の資本不足，支配力を維持するための国営企業による不適切な支出と投資
メキシコ（水）	農業開発と収入戦略の競争による水の低価格設定
ペルー（石油）	財政当局が国営企業を牽制する手段としての過小資本投資，国営企業の側が支配力を維持するために行う不適切な支出と投資
ベネズエラ（石油）	財政当局が国営企業を牽制する手段としての過小資本投資，国営企業の側が支配力を維持するために行う不適切な支出と投資

かわらず富を増やしている．これら補助金の一部は，本来の牧場の事業に用いられず流用されてしまったのである．インドネシア，メキシコ，ナイジェリアで，中央予算の枠外で石油レントを割り振ろうとした政府の企みは，結果として，特定の役人が関わっている企業の発展や，当該役人個人の昇進に役立つ利権漁り（レントシーキング）の機会を与えるだけに終わった．第三に，分配目的を内蔵した開発事業は，結局レント獲得の動きに押し流されてしまうことが多い．仮に，補助金や他の特別措置により，潜在的な利益が広い層の人々に行きわたるよう設計されているとしても，有力者とのコネが最も強い関係者が利益の大半を得るのがオチである．メキシコでは灌漑設備の過度な拡張と水の低価格を正当化する口実に，「貧困緩和」というもっともらしいお題目がもちだされたにもかかわらず，補助金はそれぞれの灌漑区で政治的に最も有力な大規模農家の懐を潤す結

果になった.

　権威主義的な政治体制の国では，資源開発を歪める利権漁り(レントシーキング)が驚くほどはびこっている．補助金と資源の「景品」化は，コスタリカやサラワクでの事例のように，選挙民の支持をがむしゃらに求めなくてはならない民主主義国家の欠陥であると考える人もいるだろう．確かに，独裁主義体制（例えば，ブラジルの軍政，インドネシアでのスハルト政権など）では，選挙がなかったり，あっても本質的な意味をもっていなかったりする．しかし，それにもかかわらず，そのときどきの政権は政治的な協力を得るために，民主政権に負けず劣らず特定の団体を潤すような不適切な資源政策に熱心であった．

　責任逃れ　広く見られた動機の三つ目は，名目とは異なる目的を追求する上での政治的コストを減らすために天然資源を乱用するというものであった．例えば，経済分析で「金の無駄」と判定される石油化学工場を建設するなど，物議をかもすような事業を進めようとすると政策担当者は非難にさらされる可能性が高まる．そこで資源開発を偽装用のお題目として利用する．ペルーのアマゾンにおける石油探査は軍に補助金を出すためであったが，その目的はあまりに迂回された形で達成されるので，役人の説明責任は無いに等しいほどであった．このことは，天然資源開発を歪める方法がどうしてこうも頻繁に選ばれるのかを説明してくれる．政府が管理する国有地で伐採される木材の不当な低価格化が見られた事例では，伐採事業権料の徴収が不十分であることも，特権化された伐採業者らが政府内の味方を手助けしようとしていることも，一般の人々には十分に明らかではなかった．石油と鉱物を国が開発する場合，探査，生産，加工をどこで行うかという場所の選定について，十分な技術情報がなければ，それが最適ではないと非難することは難しくなる．

　天然資源開発は，これらの巧妙な操作を不透明に行う手段としてだけ好まれるわけではない．説明責任を今以上に低下させるような，さらなる過ちが犯されてきた．情報の隠蔽である．情報を抑圧し，よこしまな操作を気づかれないようにすると，政府機関の説明責任は低下し，資源開発に関わるすべての人々にとって将来に対する不安が増大する．このことは，インドネシアで政府が木材業者に対して最小限の報告しか要求しなかったこと，あるいは，ナイジェリアとメキシコの石油会社で見られたように金融取引と会計をあまりに不透明に

したために，監査が実質的に不可能だった事例からも分かるだろう．説明責任の問題をうまく切り抜けるもう一つの戦略とは，本来的には重要ではないが，政治的には人気をとりやすい理屈をもちだして，資源政策が分配に与える影響から人々の注意をそらすという方法であった．国家安全保障（インドの銅，インドネシアとナイジェリアの石油），環境保全（カメルーン，コスタリカ，インドネシアの森林[3]），貧困の軽減（メキシコの水，サバ州の森林）などに訴えることで，それらのお題目が正当化してきた政策が現実に引き起こした資源破壊は目立たなくなる．

7.4.3 "動機づけ"を理解すること

適切な資源政策からの逸脱が，役人たちの真の目的の達成にどれだけ役立っているかを描き出そうとすれば，必然的に彼らが資源開発の操作を意図したのかどうかという点が問題になる．だが，お粗末な施策を意図的な操作のせいにしてしまうと，シニカルな考え方に陥る危険性がある．役人たちがあまりに自己中心的で，無慈悲で，無関心となれば，政策の失敗を正して彼らに資源の歪みを是正させることなどほとんどできないという結論になってしまう．また，この考え方に沿えば，政府の役人たちを，実際はそうでなくても策謀に長けて，ずる賢い人々として描写してしまう危険性もある．だが，現実ははるかに複雑である．私たちの調べた事例からは，意図的な結果とそうでない結果とが複雑な組み合わせになっていることが明らかになっている．

破壊的な資源開発を導く行動の背後には，名目とは別の目的の達成に向けた明確な意図が付随していた事例も複数あった．例えば，ガーナのココア農家を圧迫していた税負担の増大は，政府の財源を満たす目的以外の何物でもなかった．農家の収入が減り続け，ココア部門を維持できなくなる危険性に政府の役人が気づかないはずはなかった．サラワク州では資格をもたない個人に何かの見返りとして伐採権が与えられていた．インドでの銅の高価格設定，石油輸出国の国内におけるガソリンその他の石油生産物の低価格設定は，いずれも実施すれば資源開発を歪めてしまうことが広く知られていた中で行われた．他の事例では，資源政策の問題点についての専門家の忠告を，政策立案者は間違いなく自覚していた．だが，その忠告の内容をどれほど理解していたのか，あるいは信用していたのかを確かめることは難しい．

時間の経過に伴って政策が不適切になっていった事例もあった．第一に，新しい情報が手に入ることによって，それまでの情報の下では適切だった政策の深刻な問題が明らかになることがある．インドの銅の事例では，ケトリにおける鉱石の事前の品質評価は非常に優れていたが，実際に掘り出された鉱石はそれよりずっと低品質のものであった．第二に，経済条件が変わると，初めは適切だった政策が不適切なものになる．特に，名目価格がインフレによって変化したときはそうである．石油の場合，エネルギー集約的工業の促進と都市に住む消費者の利益のために安く設定された燃料価格は，インフレに直面してさらに安くなってしまった．ガーナのココアの事例では，政府の買取価格は農家にとっては公正な価格だったが，インフレに直面した後に下落した．実質価格の変動に合わせて農家からの買取価格を設定しなおさなかったことが政策の間違いであった．森林に関するすべての事例では，インフレが確実に材木の価格低下を促した．けれども，伐採事業権料と課税率が立木本来の価値に見合っていたような事例は一つもない．

政策の誤りというものは，別の目的を追求する上でつけこむことのできそうな歪みが発生していたり，拡がっていると役人たちが判断した場合に生じることが多い．つまり，問題は，彼らが別の目的を達成するために意図的に資源開発を歪める政策をとる点にあるのではない．むしろ，結果として不適切な資源開発だと判明したときでさえ，彼らがその政策を維持しようとする点にある．

7.4.4 複数の動機の横行

ここまでの事例研究で，主要な事業に計画的に組み込まれた動機が，天然資源政策の歪みをもたらしていることを見てきたが，歪みの背後にある動機は一つではない場合がほとんどだった．動機が多岐にわたるのはいくつかの理由があるし，役人たちは天然資源開発の操作を通して，複数の目的を同時に追求しようとすることもある．国の開発目的が追求されているときでさえも，ささいな利権を追い求める活動や，大規模な再分配が見受けられたりする．特定のセクターや地域を優遇しようとする開発戦略は，開発志向であるのと同様に，ほとんど自動的に分配志向でもある．ヒンドゥスタン社のように，課税を担当する役人と，分配を担当する役人との間で同盟が形成される事例も見られた．

背後にある別の目的によって動機づけられた資源政策を正当化するために，

政治的に人気のある目的が作り出されるときが，複数動機を確認できる特別な事例である．もちろん，複数の動機を同じ行動で同時に追求するときに，どの動機が主要な原動力になっているのかを見極めるのは難しい．けれども，私たちが見た事例では，人々にウケのよい目的は見かけだおしで，政策と目的とのつながりも疑わしいものが多かった．また，名目上の目的に実際の行動が向いていないことが後になって明らかになることもあった．例えば，インドネシア林業省の「造林基金」は，どう考えても造林につぎ込まれてはいなかったし，国家安全保障の名目でインドの銅生産に補助金を出すのは，実務的な見地（インドは，銅を新たに生産するよりははるかに安く貯蔵しておくことができたはずである）と国防省が全く意思決定に絡んでいなかったという2つの理由から額面通りに受け取ることのできない政策であった．

複数の動機に関する三つ目の重大なシナリオは，異なる役人や政府機関の抱く動機が互いに競合しているときに生じる．私の論点の核心は，さまざまな政府高官が抱く動機の競合が天然資源乱用の根底にあるという点にある．そして，間違った資源開発は，役人の裏をかいたり，政府内や国家内部の対立を軽減する手段になっている．もちろん，一部の政府の役人が別の目的を追求するために資源開発の犠牲をよしとしていたとしても，他の役人たちは，「効率的で公平な資源開発」という本来の目的を擁護するに違いない．

複数の動機の乱立は，争いの元になるという点で重要であるだけでなく，資源政策に関する議論を曖昧にする点で重要である．動機が複数になると，Xという政策によって引き起こされた資源の枯渇が，目的Aによって正当化されるのかどうかといった質問には非常に答えにくくなる．個々の政府機関は，背後にある別の目的を達成することよりも目的Aを達成することに重点を置くべきなのだろうか．目的A，B，Cが全て違う方向性で作用しあうとき，何が最適な政策と言えるのか．これらの質問に確固とした答えを与えられないとき，実績評価の難しさが責任逃れの口実として利用され，政府の説明責任は低下するのである．

7.4.5 支配的な動機の推移パターン

政府内の異なる派閥が天然資源や財源の流れを掌握するにつれて，特定の動機が他のものよりも支配的に推移するという現象もよく見られる．石油や鉱山

セクターにおける国の資源開発の事例で最も多く見られたパターンは，国営企業が予算外の資金を使う共犯者から，予算当局の課税と統制によって資本不足に陥る犠牲者へと変わったことである．チリの国営銅企業とメキシコ，ペルー，ベネズエラの石油会社は，当初は予算当局の統制の及ばない所に位置していたが，最終的には財務省の役人の支配下におさまった．ところが不幸にも，これらの役人が企業の自由裁量権や，投資予算をあまりにきつく取り締まったため，企業能力はひどく弱められて時宜を得た効率的な資源採掘ができなくなってしまった．

再生可能資源の事例では，奇妙なパターンがよく見られる．政府は，最初に資源の支配権を握り，資源レントを管理する力を得る．しかし，資源を管理するために政府が創設する国営機関は，川下セクターでの資源加工など，資源が生み出すレントを台無しにしたり，レントを国庫から遠くに引き離してしまうような活動を始める．ブラジル，ホンジュラス，インドネシア，サバ州，サラワク州の政府によってまず行われた土地の収用は，一見，中央予算を大いに潤すものであるかのように思える．ところが，資源レントはお粗末な投資と単純な利権漁り(レントシーキング)のために浪費されてしまった．もちろんこれらの転用が行われたのは，政府の高官たちが特定のグループを厚遇したり，特定の開発計画に目をかけたいと考えていたからであった．

7.5 天然資源政策を失敗させる制度的原因

以上で見た失敗と改革のパターンは，制度的構造と天然資源政策の実施や政策執行の適切さとの関係に関していくつかの洞察を与えてくれる．

7.5.1 統一性の欠如

「政府内が統一されていないこと」と「天然資源の乱用という手段に訴えるということ」とは互いに強く関係している．第一に，政府内部の制度的機構が，政策の優先順位をめぐる政府内での争いを解決困難なものにしている．その結果，政府の役人は天然資源の操作を通して他の役人との直接的な対立を回避するようになる．政府内の争いが起こり，その状態が続くのは以下の4つの条件が存在するときである．

7章　結論と提言

(1) 土地利用管轄権の不明確さ　個々の政府当局が大きな力を得る機会を目前にしたとき，権力をめぐる争いは起きやすい．部局の間で妥協が見られなかったり，上位の立場にある部局が管轄権の裁定を行わないまま下位の部局間で動機の衝突が続いてしまうと，資源はオープン・アクセスの状態におかれてしまう．これは，民間人だけでなく国営機関と政府の関係者も巻き込むことが多く，性急で向こう見ずな資源開発につながる．ブラジル，コスタリカ，ホンジュラスでは，土地改革を担当した機関，森林担当の機関，インフラ整備担当の機関，先住民の権利擁護を担当する機関の間の争いが，資源採掘と不適切な土地利用をもたらした[4]．これらの国々では，管轄権争いに対応するための内閣レベル，あるいは立法上の解決経験が欠如している．

(2) 明確で統一された専門的な判断の欠如　特定の資源開発の手法が技術的に不適切であるとはっきり指摘されれば，政府はその手法の追求を思いとどまるかもしれない．しかし，こうした指摘がなされるのは驚くほど稀である．科学者集団は，土地利用の分類，土壌の評価，再生可能資源の再生，再生不可能資源の最適採掘率，川下セクターの工業化，といった技術的問題について「科学的な根拠がない」と言い訳をしたがる政府側の共犯者になってしまっている．確かに，専門家はこれらすべての点で合意しているわけではないが，明らかに不適切な政策が何であるかについては十分な合意を共有している．もちろん，科学的知見をめぐるある程度の対立は常にあるだろう．しかし，すべての問題に同じような科学的，技術的な不確実性があるかような印象を与えたり，どの政策も他の政策と同様に妥当であるかのような印象を人々に与えてしまうのは問題である．アマゾンで農地用に当てがわれた土壌の質の悪さ，コスタリカの植林計画で許可された不適切な樹種のリスト，ブラジル，カメルーン，コスタリカ，ホンデュラス，インドネシアにおける不明瞭で矛盾した土地の分類計画，ホンデュラスやインドネシア，マレーシアなど非常に粗末な加工施設しかもたない国での川下セクターの木材加工生産，国家安全保障に貢献しているとは思えないインドの銅の生産など，一連の問題をきちんと提示して政府を困らせるような権威ある科学者がいないために，政府の役人は躊躇なく同じ道を歩みつづける．社会科学を含めた科学者集団によって提示されるべき健全な疑問が欠如していると，疑わしい計画も問題にされずに実施されてしまうのである．

(3) 政府内の透明性の欠如　政府内の反対勢力を出し抜く基本的な戦略がうま

くいくかどうかは，反対勢力の役人たちの動きを察知し，それに効果的に対応するために相手側の情報にアクセスできるかどうかに依存する．これは，資源開発のパターン（例えば，ホンジュラスでの早期段階における過剰な伐採の促進，ブラジルでの不毛な土地への農民の再定住）と財政戦略の両方について言えることである．例えば，インドネシアで1975年に起きた金融危機に先駆けて行われたプルタミナの財政操作は，財務省がより多くの情報をもっていたならば，そう長く続かなかったであろう．

(4) 政府内の政策対立の解決を妨げる政治文化 一見すると，政府内の不統一こそ，不適切な資源政策操作を引き起こす制度的要因であるかのように見える．だが，政府の首脳が本格的に解決に動かざるをえなくなるのは，それほど深刻でもなければ，公にもならない特殊な形の政府内対立なのである．役人たちは，さまざまな理由で公には知られたくない目的の違いをめぐって対立を繰り広げる．こうした対立が顕著になるのは，政府内におけるあからさまな対立が，政治的，イデオロギー的，また文化的に受け入れられないような場合で，なおかつ，役人が優先事項をめぐって他の政府機関と水面下での争うことが可能な場合である．

7.5.2 不統一の利点

一方で，政府内の分断が天然資源政策の改善に決定的な役割を果たすかもしれない点に注意する必要がある．本書で論じた間違った資源政策のそれぞれについて，一部の政府当局，そして一部の役人は，その不適切さに反対する理由があった．それは誤った政策が彼らの資源管理権を奪うからであったり，時には単に彼らが本来あるべき適切な政策に肩入れしているからであった．例えば，インドネシアの財務省の役人は，事業権料を適切な水準にするよう求めていた環境団体としっかり同盟関係を結んでいた．高い事業権料は，中央予算当局により多くの資源と管理権を与えることになるからである．インドの工業省は，非常にコストがかかる銅の価格補助政策をなくしたいと考えた．そうすれば，インドの産業はインフレで価格が上昇した銅を買わずに済むからである．このように政府内に広く対立の構造が見られるということは，政府の政策に影響を与えたいと願う政府外関係者が，政府内に協力者を見つけることができることを意味している．

最後に，非常に重要な点として，政府内の不統一から生じる資源利用の歪みは，独裁的な方法によっては解決できない問題であることを指摘したい．「ワンマンの強者」が支配する政府よりも，連合政権の方が内閣レベルでの優先順位や開発の方針について対立点を抱えこみがちであると人は考えるかもしれないが，不統一は民主的な環境でのみ起こる単なる諍いではない．ブラジル，ナイジェリア，ペルーの軍事政権とインドネシアでのスハルト政権を見れば分かるように，非民主的な政府であっても，政府内での対立関係や内輪もめが多く存在している．

7.5.3 曖昧で混乱した権限・義務の内容

多くの事例では，実施機関の権限・義務と政策の内容が両方とも曖昧で混乱していた．実施機関は，目的が複数にまたがり，互いに矛盾しているような業務を任されたとき，一貫した方針で優先順位をつけることができず，自己保身的になる．ホンデュラスの森林公社（4章コラム①参照）は，環境保全と貧困削減という目的を無視し，事業予算にとって重要だった松林の開発に専念した．ヒンドゥスタン社と鉱業省は，雇用と国家安全保障のためであるとして銅を大量に生産し続けたが，それは多くの人が国営の銅生産会社の経営状態を判断する上で最も重要な基準だと考える効率性を犠牲にしてのことである．

実施機関，もしくは企業に与えられる権限と義務が複雑である場合，責任の所在も複雑になる．もし，実施機関または企業が，いくつかの省庁の管理下で異なった目的を追求しているのならば，どの省庁が真の上位機関であるのかが曖昧になる．実施機関もしくは企業の職員の目から見ると，そうした状況下では，いかなる行動も必ずどこかの省庁を落胆させるので身動きがとりにくい．あるいは，ずる賢く一つの組織を別の組織と競わせて，特定の省庁が支配権を独占しないよう働きかける動機が強まる（Aharoni 1982）．

また，権限と義務の内容が曖昧であると，政策が最適かどうかについての技術的評価をする機会がほとんどなくなるので，説明責任から逃れやすくなる．現存する森林を保全することは，森林開発のペースを落したり，森に対する慣習的な使用権しかもたない人々の貧困を放置しておくほど価値をもつのだろうか．一定の制限があったとはいえ，コスタリカの植林は自然林の破壊と国家歳入の減少という犠牲に値するものであったのだろうか．ホンデュラスにおける

松林での持続的な収穫は，生物多様性の損失と森林に住む人々の低所得を無視するに値するであろうか．政府の実施機関や企業に任されている典型的な業務内容は，これらの質問にはっきりと回答することが極めて難しくなるよう組み立てられているのである．

7.5.4　損害や利益を内部化する仕組みの欠如

多くの事例では，政治家や役人の未熟な政策から生じる費用が，意思決定者自身にふりかかってこないという問題があった．例えば，森林の枯渇と環境劣化の多くは，森林開発当局の長や関係者に直接降りかかるような問題にならない．環境劣化の害は，むしろ森林に直接依存している人々，とりわけ政治システムの中で発言力に欠ける低所得の森林利用者に直接に降りかかってくる．インドネシア，マレーシア，ブラジル，ホンデュラスでの先住民の強制移住では，被害を生み出した責任者である役人たちは個人的に同情こそしても，彼ら自身が困ることはほとんどなかった．

実施機関に対して政策が生み出すコストの内部化を求めるには，計画とその帰結を包括的に扱う責任をその機関に付与しなくてはならない．ホンデュラスの例で言えば，国営森林企業は木材を伐採するだけでなく，伐採を請け負った地域の生態系の維持についても責任を負うことになる．実施機関とその指導者層が，木材の開発業者としての実績だけでなく保全事業の質に応じて評価されるようになれば，その機関は両者の適切なバランスを得ることができよう．バランスの重要性を重んじる指導者に恵まれた特別な環境の下ならば，このアプローチでうまくいくかもしれない．けれども，指導者の強いコミットメントがないとき，任務の内容が複数にわたると，政府機関と担当官に直接的な利益をもたらすような目的だけが支持され，他の目的は犠牲にされがちである．複数の目的を任された政府機関は，その組織の地位と資源を最も大きく拡大してくれる目的に力を注ぐ傾向があることを，過去の経験は雄弁に語ってくれる．

7.5.5　政府と国営企業の間の取り決め

制度上の問題のもう一つは，天然資源セクターにおける政府と国営企業との間で結ばれる取り決めに関連している．私たちはチリ，インド，メキシコ，ナイジェリア，ペルー，ベネズエラで，国営企業の職員と特定の政府高官との間

に多くの課題をめぐる緊張関係が生じた事例を見てきた．それは，賃金レベル，雇用レベル，多角化の範囲，投資特権，透明性，施設の設営場所，外国からの借り入れ，報告と許認可のプロセス，外国為替の利用，課税の問題などである．印象的なのは利権をめぐる問題が，これらの争いの核として深く根づいていることである．一見，国営企業が自ら進んで従事しているように見えるひどい資源利用は，実は政府との共謀の上で行われていたり，互いに対立する政府高官の戦略によってやむを得ず行われたりしていることは，特筆すべき点である．ロペス・ポルティーリョ政権におけるメキシコの石油の事例やエンクルマ政権におけるガーナの事例は共謀の例であり，チリの銅会社とベネズエラの石油会社がそれぞれの形で財務省の後ろ盾の下で争った事例は，際立った対立の例である．

また，国営企業による資源管理の有効性を政府が判断しようとしても，会計や財務移転の取り決めに関する情報の粉わしさに邪魔されることもある．国営石油企業や国営鉱物企業の典型的な会計システムでは，収入と事業運営および財務に関わる経費との差を「利潤」と定義しているが，資源が加工される前の段階で資源に本来備わっている価値（つまり，資源レント）をコストとして差し引いていない．

役人の多くは，資源レントの代金を国営企業から徴収することの重要性を見逃している．これは，企業から「オーナー」である政府に回ってくる収益税や配当を通じて，最終的には国庫がレントを手に入れられると考えているからである．しかし，実際の国営企業の振る舞いは，ここで想定されているものとはかなり異なったものになる可能性が高い．もし企業の職員が資源レントの代金を課されないまま利益追求したとするならば，彼らは開発の総限界費用（資源それ自身の費用も含む）が限界利潤を超えるところまで開発を進めてしまうであろう．結果として，企業はより高い利益を計上するであろうが，社会的見地から見れば過剰開発になる．もし企業の役員が，企業の拡大に躍起で，役員自身もしくは従業員の利益のために巨額の支出を好んで行えば，資源レントの代金をあえて課さない政府は，効率の悪い企業の実態を公にさらさないという点で企業を保護していることになる．要するに，企業に資源レントの代金を課さないことで，政府は企業にさらなるレント搾取を促し，資源利用を企業に丸投げしていることになる．チリの銅，ホンデュラスの森林，そして国営石油企業

に関わるすべての事例で見てきたように，開発は枯渇のコストを考慮せずに進められ，見かけ上の利益は深刻な非効率性を隠し，企業は責任を厳しく問われないまま無数の目的に利潤を転用できるのである．

7.5.6 実施能力の欠如

　天然資源に対してきちんとした規制ができず，不法な開発も予防できないという政府の能力の低さは，多くの事例から明らかである．違法な搾取を野放しにし，保全規制を守らせないことが，資源開発者の負担を軽くし，過剰開発を引き起こしてきたし，企業は資源枯渇と汚染のコストを負担せずにすんできた．チリ，インド，メキシコ，ナイジェリア，ベネズエラの石油や鉱山会社，ホンデュラス，マレーシアの国営森林企業は，その典型である．

　外見上の実施能力の弱さは，「能力」という言葉の響きが連想させるように，主体の側に本来的に備わっている所与の条件として考えられがちである．しかし，私たちは弱さが選択の結果である場合もあることに注意しなくてはならない．つまり，実施能力の欠如が資源操作の戦略の一部になっている場合である．例えば，1980年代と90年代初頭のコスタリカでは，国立公園の外にあった森林の多くは森林局によるお粗末な監視と，いいかげんな政策執行によって急速に枯渇に向かった．しかし，森林局の無能さがコスタリカ政府に課された不可避の条件だったと思い込んではならない．コスタリカの首脳陣と議会は，森林局に対して監視用の車両のガソリン代など，必要な予算を認めていなかったのである．

7.6　改善に向けた提言

　上に要約された傾向から，天然資源開発を改善するための多くの方法が見えてくる．次に挙げる提言は，今，そして将来に適切な資源開発を目指す政府の役人や国営企業の経営者，そうした改革を後押ししたい活動家，当該国において政策の改善に何らかの影響を与えることができる援助ドナー，もしくは国際機関の職員たちに向けられている．名目とは異なる目的のために資源開発を犠牲にしようとする政府の高官や役人たちの地位がいくら高くても，いつも彼らの思い通りになるとは限らない．事前の取り決め，民衆の激しい抗議，国際機

関による反対表明などが，よこしまな目的追求の政治的・経済的コストを非常に高くして，そうした企みをうまく妨害することもあるし，他の役人が，不正な行動を抑える立場に回ることもある．特に，天然資源の政策立案の構造が失敗の原因をあからさまにしてしまうような場合，役人の抵抗はなおさら強まるであろう．

7.6.1 非政府組織（NGO）による資源管理の回復

まず，誰が天然資源を管理しているのかという基本的な問いに戻ろう．政府による天然資源管理の専有が，不適切な資源開発という問題の解決になっていないことは明らかである．そして，多くの場合，民間またはコミュニティが資源の所有権を取り戻すと，資源管理が向上する大きな可能性が生まれる．もちろん，民間やコミュニティに資源を任せれば管理が適切になるかどうかは，一概には言えない．よい結果になる場合もあればひどいときもある．民間やコミュニティの資源開発者の視野が短期的だったり，能力に欠けていたりすることはあるからである．また，政府が直接に天然資源開発を管理していないときでも，政策の影響が民間やコミュニティの動機を歪めてしまうこともある．それゆえ，民間もしくはコミュニティに資源の管理主体を移しても，天然資源を乱用する政府の謀略に打ち勝つことはできないかもしれない．インドネシアとコスタリカの森林，ガーナのココア，ブラジルの牧場化が痛いほどにそのことを表している．これら全ての事例において，民間による資源管理は，歪んだ資源政策による悪影響から天然資源を守りきれなかった．

とはいえ，民間やコミュニティによる資源開発は政府に比べていくつかの利点をもっている．まず，資源政策と資源開発のシステムに関わる非政府組織（NGO）があると，資源開発を操作しようとする政府の動きに対する民衆の意識が高まる．政府と国営企業内部の人間に透明性のない露骨な操作を許してきたのは，閉じた輪の中で特定の人だけが詳しい情報を得られる状況であった．

第二に，非政府組織（NGO）による資源開発と政府規制を組み合わせれば，深刻な負の波及効果に対してうまく対処できる可能性が生まれる．政府機関や国営機関が開発主体であり，なおかつ規制主体であった場合，内輪の合意によって国を富ませることが優先され，環境への影響は軽視されてしまう．その結果，環境規制の取り組みは弱体化する．同じように，国の資源開発を取りしき

る省庁と，環境を管理する省庁との政府内抗争が規制の努力を台無しにしてしまうことも多い．しかし，非政府組織が主体となって資源開発を行う場合，規制当局は環境規制を躊躇なく実施することが多く，そうした規制を行うことに対して政府内から反対の声が上がることも少ない．

第三に，政策の環境が短期的な視野を押しつけるようなものでない限り，非政府の資源開発組織の方が，資源開発を長期にわたる持続可能性の観点から熟慮する本来的なインセンティブをもっている．これから見ていくように，官僚たちに資源政策の長期的な帰結について考えさせ，その前進を確かなものにするために必要となる数々の取り決めを作るのは難しい．これとは対照的に，もともと長期的な観点から収益を最大化しようとする民間や村落コミュニティは，政策環境が彼らの活動を魅力的なものに保つ限り，適切な資源管理を進める上で頼れる存在になる．

資源の専門家や社会科学者らは，民間やコミュニティの資源利用権を回復するための必要条件と戦略を解明してきた（Bromley 1992; Ostrom 1990, 1992; Ostrom *et al.* 1993; Schlager & Ostrom 1992）．これら民間やコミュニティの再生は，民営化，コミュニティのエンパワーメント，地方分権といった世界的な潮流にぴったりと適合する．この動きを強めることが，政府の資源乱用を弱める上での最大の希望であろう．

7.6.2 国家による資源開発の再編

次に，政府と国営企業の制度的構造に移ろう．改革の道は，以下の4つである．(1) さまざまな政府機関の権限や政策の内容を単一化する，(2) 各政府機関の管轄範囲を明確にする，(3) 中央予算を通して優先順位をつける，(4) 政府と国営企業の間の取り決めを改める．

(1) 権限・義務の単一化 政府の首脳，省庁，国営企業の間にはびこっている曖昧さは，自らの業績に対する慎重な評価を不可能にし，説明責任からうまく逃れる道を用意してしまっている．この問題は実施機関の任務や政策内容を明確化することで減らすことができる．実施機関の責任者や職員は，簡素化され，他の機関と区別された単一目的の権限・義務を遂行することによって，自らの仕事に対する責任を持つべきである．もし，ホンデュラス政府が国営森林企業を持ちたいなら，採算に合う森林育成・伐採ができるよう国営企業を指導する

べきであり，別の機関には森林利用の規制を，また別の機関には森林の中やその周辺に住んでいる人々の貧困削減をそれぞれ別の権限・義務として割り当てるべきである．政府高官は，個々に不測の事態が発生したときに，事に当たる担当機関を明確にしておかなければならない．例えば，森林保護の原則が個人の森林利用だけでなく国の森林にも適用されるとしたら，規制当局は国営の森林企業が違反を犯した時にも罰金を課すことができなければならないし，規制に違反した役人に対して法的措置を取れるようにしなければならない．

このような例として，メキシコの灌漑システムがある．この灌漑システムは，支払能力のある農家に水を供給するという一点に業務を単一化することによって改善した．例えば，貧困削減や，特定の種類の作物を増産するといった本来の任務ではない諸目的は業務から削られたのである．もし，政府がこれらの目的を支援しようとするならば，別の機関を通して追加的な支出の下に行うべきで，それぞれの機関は任された事業に専念し，その実績に対して責任をもつべきである．

個々の機関の権限・義務を単一化していくと，さまざまな目的の間の優先順位は政府の最高レベルまで上って意思決定をしなくてはならなくなる．そこで，新しい政府機関の設立や任務の立案，権限の委譲，財源の割り当ての決定を行うのである．例えば，ヒンドゥスタン社がインドの国防に役立たなくてはいけない立場にいるのはおかしい．会社は，可能な限り効率的に銅を生産し，購入意思のあるどの顧客に対しても販売するべきで，もし本当に利益を上げることができるならば事業を存続するべきである．インドの国防省は，国内の銅生産に自らの予算を用いることが正しい予算の使い道であるかどうかを判断すべきであるし，内閣と議会は，国防のためにどれだけの直接的な予算を費やすべきなのかを決めるべきであって，経営難にある銅会社に補助金を流すという間接的な方法をとるべきではない．

権限・義務単一化の原則は一見自明であると思われるかもしれないが，これは一般的によしとされている「経営統合」や「システム経営」とは完全に逆の方向を向いている．これら2つの経営手法は，実施機関に対して特定の領域や地理的範囲の中で活動や成果のできるだけ多くの側面に管轄権を与えようと試みる手法であって，私の主張とは正反対なのである．

(2) 各実施機関の管轄範囲の明確化　政府機関と企業との間での利害衝突が性

急で無謀な資源開発の引き金になるのを防ぐ一つの方策は，政府が内閣もしくは立法府のレベルで明解な管轄規則を作り，それを全ての政府系機関に適用することである．例えば，単一の土地利用分類システムを導入するというやり方がある．このシステムは，関連する政府系機関の管轄権を暗黙のうちに明確化してくれるので，土地の獲得競争を減少させ，森林荒廃を防止することにもなる．ブラジルのアマゾンやコスタリカでは，牧場開拓と小規模農家の定住地との間で起きた土地をめぐる獲得競争が，結果として自然林の荒廃につながってしまった．

管轄権の割り当てを改善する上でもう一つ重要になってくることは，管轄範囲の矛盾がどこにあるかをはっきりさせるために，資源に関する法律を徹底的に見直すことである．多くの国々の資源管理に関わる法律は，政府と国営機関の役割について矛盾に満ちたものになっている．

もちろん，政権指導者，閣僚，国会議員らは，政府内の管轄権争いの調停をしたがらないことが多い．それは争いに負ける政府機関や支持者層を敵にまわしたくないからかもしれない．だが，管轄権の曖昧さを無くしていこうとする試みは，公開の場における政策論争を歓迎する一部の役人からは支持されるに違いない．

(3) **中央予算を通じた優先順位づけ**　いったん政府機関と企業の権限や管轄が単一化され，明確になったら，国・州・県・地方行政の予算を通じて諸目的の間の優先順位をはっきりつけるべきである．行政のレベルをどこに定めるかは，現状の分権化の程度による．だが，この提言の核となるのは，そこで担当となった行政機関で最も高い地位にある高官が財源の割り当てを行うべきであるという点である[5]．

ジョン・スチュアート・ミルが分配や非経済的目的に取り組む上でとったアプローチを思い返してほしい．彼が分配や非経済領域と生産の過程とを区別しようとしたのは，生産的な領域での非効率性を避けるためであった．それは透明性や説明責任の改善にも非常に効果的であった．中央予算は，貧困緩和，外敵からの国家防衛，文化の発展などさまざまな政府の業務を達成するための核となる財源である．国益のために国家資源の配分を行う頂点ともいえる中央予算のレベルにおいてのみ，特定の事業が国家資産をつぎ込むに値するかどうかを相対的に見定めることができる．社会に対する「収益率」は，中央予算の策

定を通じてのみ，透明で，責任ある形で考慮できるようになる．そして同様に，トップにいる高官がそれぞれの担当実施機関に事業を遂行させるべく委ねる資源は，中央予算が定めるのである．

中央予算以外の資金源が，コストに見合わないような諸目的に容易に使えるようになっていてはならない．この点が決定的に重要である．この改革を行えば，責任ある立場におかれた役人は，最も透明性の高いような場で優先順位を決めざるを得なくなるだろう．それぞれの省庁や実施機関が，中央予算の内訳をめぐる議論の場で自らの任務と目的を遂行するために他の政府当局が出してくるニーズや根拠と競いながら，支出を自己正当化せねばならないのは，従来からの当たり前なやり方である．ここでのポイントは，中央予算の枠外にある政府資金の流れを規制することである．そうすれば無責任な支出の発生は食い止められ，天然資源開発を歪めてまで予算外の資金を手に入れようとする動機は少なくなる．

(4) 政府―国営企業関係の制度改革　政府と国営企業の間の取り決めを改革できれば，透明性と説明責任の向上につながるだけでなく，対立を軽減し，責任ある資源管理を行うためのより大きなインセンティブになる．これらの改革を進める上で最も重要な課題は，会計制度，官庁間の監視，財務制度の3つである．

説明責任と透明性は，すべて会計から始まる．国営企業ならば，全ての関係者が完全かつ正確な情報をもったうえで，それらが全面開示されている中で活動すべきことは明らかである．問題は，官僚政治と責任逃れの動機が蔓延している状況下で，これをどのように達成するかである．次の3つの手段に期待できる．

第一に，もし余剰金の支配をめぐる対立が，国営の石油会社や鉱山会社の抱える問題の重大な根源となっているのならば，改革の鍵となる原則は，明解で正確な会計ルールを定めることにある．つまり，資源レントと商取引から生じる真の「利潤」とを区別してくれるような会計ルールを定めるのである．天然資源レントは，競売でつけられる価格か，採掘された資源の販売価格と，採掘にかかった費用との差額から測ることができる．資源レントとは，資源開発に営利性があるときに生じる主要な余剰の出所なのである．

第二に，より簡潔で重複のない任務を負う実施機関に対して，中央での優先

順位に基づいて予算配分をし，国営企業に出す指示に伴う全ての経済的コストを監督省庁が払わなくてはならないようにすることである．例えば，もしある省庁が，企業に対して特定の人を雇用させたり，採算の合わない資源開発をさせたり，あるいは生産物を相場以下の低価格で売却することで企業を赤字に追い込むようなことになった場合，その省は自身の予算を削ってその損失分を補塡しなければならないようにするのである．この決定は，高度な原価計算や複雑な費用便益分析に基づいていなくてもよい．単に支払い意志額の原則に基づいていればよいのである．特定の政策を提言する省庁は，政府と企業に対してどれだけ支払う意志があるのか表明すべきである．企業の執行部は，その額によって，提案された政策が実行可能であるかどうかを判断しなければならない．また，他に考えられる手段として，国家目標に沿った事業の実行主体を決定するために，すべての国営企業（もしくは民間企業も含めて）に開かれた競売の仕組みを作ることもできる．

　第三に，民間セクターの企業との合弁事業を進めることである．合弁事業の形をとると，政府や国の事業体に報告義務が課されることになり，一般に入手可能なものよりも質の高い会計情報が生み出される．私たちが見てきた事例で言うと，国際石油企業や国際鉱山企業と完全な合弁事業の形態をとっている国営企業は，国営企業単体での事業より一貫して高い透明性が確保されていた．

　個々の国営企業と最も関連の深い省庁とは，本来，単に許認可を受けるという単純な関係でなくてはならないのだが，さまざまな資源操作に対して全ての政府高官たちが承知している状態にしておくためには，省庁間の監視が重要となってくる．1975年以降のインドネシアでさまざまな省庁出身者から構成された委員会の管理下にあったプルタミナの規律ある経営管理が事例として優れている．監視と許認可制度を区別することはとても重要である．政府と国営企業との間の取り決めは，すべての省庁にとって透明性の高い中で監視されるべきであるが，一つの機関がさまざまな部局に対応しなくてはならないような状態は避けなくてはならない．例えば，ヒンドゥスタン社による投資の内容はインドの省庁全体に知らされるべき事項であるが，だからといってたくさんの省庁や委員会そして機関から認可を得るために，重荷になるような煩雑な義務を同社に負わせるべきではない．

　実施機関の活力ある指導者が，自らの所属する機関の権威や地位を高めたい

という欲求をもつかぎり，よい業績に対してはより大きな管轄権や予算上の裁量権をもって報いるべきである[6]．実績評価と報酬が妥当であったかどうかは，企業経営陣や一般スタッフに正当な責任をもたせるに相応しいだけの裁量権を与えたかどうかにかかっている．裁量権は，極めて重要な2つの機能を果たす．一つ目に，裁量権は，意義のある説明責任を確立するために本質的であり，また不可欠である．なぜなら，政策判断への批判が意味をもつのは，政策立案者らが自らの判断を行使する力をもつ場合に限られるからである．上からの命令をただ実行するだけの責任というのは，説明責任がない状態に等しい．二つ目に，裁量権はほとんどの有能な指導者にとって力強い動機づけとなる．有能な幹部ならば，自分たちの地位を確固たるものにしてくれる手段はいくらでもほしいと思っており，自分たちの有能さと活力を見せつけたいと思っているからである．

国営企業が裁量権をもつ場合，国営企業の組織としての利害関心と，指導者や職員の個人としての利害関心は，ビジネスの世界では一般的に見られるように，実績に基づいて報いられるべきである．企業に真の収益性を見出すことで，政府は優れた経営に報酬を与えることのできる強い立場におかれることになる．利益を最大化する行為は，剰余金の一部に対する裁量権の拡大や企業の地位と競争力の拡大にある程度まで繋がるようになっていなくてはならない．国営企業の指導者が，私たちが相応しいと思うような活力にあふれ野心的な人であるならば，できる限り大きな裁量権を欲しがるのは普通である．それゆえに，優れた実績は，より大きな裁量権や，その企業の行う事業計画に資金が調達される可能性の向上を約束するものでなくてはならない．例えば，より大きな収益性や効率性を達成できた場合は，将来，資本予算計画の少なくとも何割かを受け取ることができることを規定として定めておくのである．優れた営業実績に対しては，輸入に際して必須となっている煩雑な政府の承認手続きを免除した上で，輸入上限額を上乗せすることを検討してもよい．

利潤の一部は，経営者や労働者によい業績を出させるための金銭的な動機づけとして使うこともできるだろう．利潤の大部分を設備投資のための貯蓄として企業内にとどめておくのは望ましくないと論じる者もいる．特に，最終的には撤退を余儀なくされる再生不可能資源のセクターでは望ましくないという議論がある．つまり，次第に減っていく供給量は設備投資削減の必要性を示して

いるのに，石油や採鉱において高収益を上げる国営企業は，生産設備の拡張のために保有資金を投入してしまうリスクがあるという議論である．実際には，いったん利潤と剰余金とが区別されはじめると，企業内にとどまる利潤の部分は縮小した剰余金からもたらされることになるので，これはあまり問題にならない．

　より大きな裁量権を譲与するには，政府と国営企業の間での明確な合意，つまり「実績契約」もしくは「覚書」が必要である．そのような合意は，関連する政府機関が参加し，実績達成目標が現実的である場合にのみうまく機能する (Nellis 1989)．インドでは，政府側の署名が財務省ではなく鉱業省によってなされたため，政府と国営採鉱企業間の覚書がほとんど意味をもたなかった．財務省が，覚書で確約された外国為替に関する許認可権を握っていたからである．結果として，達成目標はあまりにも甘く設定された上に，鉱業省は外国為替の許認可を管理できないため，外国為替の制度を導入するという政府の約束は果たされないことが多かった（Aharoni & Ascher 1991）．

　国営資源企業が非営利事業を請け負うべきかどうかを決めるための適切なメカニズムが中央予算であるとすると，企業が慢性的な赤字を蓄積することのないように，中央予算はそれらの非営利目的を追求する資金を供給しなければならない．継続の価値はあるものの赤字が出てしまうような活動に対しては，その活動目的の追求を任務としている省庁が資金を調達しなくてはならない．一時的な損失をもたらす典型的な景気変動とは無関係に赤字が続いているとすれば，それは市場の側面から見ても，政府諸機関が損失の補填を嫌がっているという社会的な側面から見ても，十分に収益性のある活動が行われていない兆候である．

　最後になるが，動機づけのシステムは競争的な環境において最もうまく作用する．競争によって，能力やコスト意識の高さ，営業上の業績が健全であるかどうかが明らかになる．実施機関が優れた実績の見返りとして管轄範囲を広げられる可能性を用意することは，政府内部に競争を取り入れていく方法として非常に有望である．そこでは運営実績の高い機関に，より大きな責任と資源が与えられることになる．これは，必ずしも念入りで複雑な権限・義務を伴うわけではない．ベネズエラの国営石油持株会社 PDVSA の系列会社で開発と生産活動を各々担当している3社の事例を考えてみよう（6章コラム参照）．それぞ

れの系列会社は，差異はあるものの部分的に重なるベネズエラの陸地と沖合の石油地域を開発している状況であった．ゆえに，それぞれの系列会社は，複数社が参入できるような地域開発と生産活動を行う権利をどの系列会社に与えるかという親会社の意向をめぐり競い合う．担当が決まれば，その系列会社は，過度の運送コストや管理コストを払わずに油田を開発することができる．この単純な協定のおかげで，PDVSA は高い競争力と効率化への動機をもち，コスト意識を兼ね備えた数少ない国営企業の一つとなっている．

7.6.3 政府外アクターによる行動

　政府の外にいる個人や組織には，適切な資源政策を犠牲にする政府の動きを抑止するための可能性が5つある．一つ目として，政府外アクターは透明性のもたらす効果をうまく利用して自分たちのできる範囲で政府の裏工作を，単に公表するだけでその政治的コストを増やすことができる．公にされていない天然資源の不正操作を行うことの政治的利点は，それが大々的に公表されたときにはほとんど消失する．インドネシアの環境保護集団の上部組織である WALHI は，木材の伐採賦課金が不適切であることを明らかにすることで，インドネシアの環境保全と持続的発展に大きく貢献した．WALHI の分析に注意を喚起された多くの組織は，伐採事業権料の値上げをインドネシア政府に強く要求し，少なからぬ成功を収めてきた．

　政府外組織の中には世界銀行も含まれている．世界銀行は，政府外アクターとしての二つ目の役割を果たす．持続可能な開発を目指し，かつ政府と取引関係にある組織は，支援を行う際に適切な天然資源政策を条件づけることができる．国際的な組織であれば，相手国政府の資源政策を分析する過程で発見された政策の失敗を公表する大きな自由度をもっていることが多い．それゆえに，彼らは政策改善を強く要求すると同時に，透明性の向上にも貢献することができるのである．

　重要な資源に関する政策の失敗が，単なる技術的な誤りによるものではないという結論は，国際的な援助ドナーが適切な政策を育成していくうえで重要な示唆をもつ．誤った政策に責任をもつ役人たちは，単にまともな資源経済学を知らないのではない．よって，役人たちを指導し啓蒙しさえすれば事態は改善するというような，ありがちな思いつきは危険なまでにナイーブである．危険

なのは自らが直面しているトレードオフ関係を完全に熟知している政府や国営企業の職員の知性を侮辱するからではない．政府に忠告さえ与えれば事態を好転できると援助機関に思い込ませてしまう点が危険なのである．この考えに沿ってしまうと，援助機関は当該国政府が責任ある資源環境政策を確約したところにしか資源を投入しなくなってしまう．

　三つ目に，政府の外にいるグループは，資源政策の乱用に反対する政府内の人々を支援することができる．今までに述べたように，政府は一枚岩のアクターであるという前提に基づく悲観主義は，さまざまな事例を検討する中で当てはまらないことが分かった．政府内には，各々の間違った政策に反対する役人や機関が存在する．政府外のアクターは反対勢力をまとめあげ，公式データを公開する経路を提供し，政府内の政策討論で間違った政策に反対する役人側の立場を強めるために情報を提供することができるのである．

　四つ目に，科学者や専門家集団は，資源政策の適切性を見分ける基準について暫定的な統一見解を提示することができよう．土壌学者，植物学者，地質学者，気象学者たちは，最適な土壌や土地の分類システムについて見解が一致しないからといって，そのすべてを葬り去らなくても，政府機関がさしあたり採用すべき共通の仕組みを暫定的に合意することができる．林学の専門家なら，施業計画が，樹木の再生期間の最短見積もりにさえ適合していないことを政府・世論・国際社会に知らしめることができるが，そのために林学者の間で特定の樹種の正確な再生サイクルが何年であるかについての細かい合意は必要ない．経済学者らは，森林再生や鉱害の緩和につながる最適なインセンティブとは何かという論議に決着をつけなくても，経済学的見地から明らかに不適切な補助金計画に対する非難の声を強めることができる．多くの問題群については政策立案者を教育し，不適切な天然資源政策に依存すれば政治的処罰が増すという状況を作るには十分な科学的見解の一致が得られている．

　五つ目に，特別な補助金，あやしい政府会計，政策の誇張，曖昧な権限・義務，極端な楽天主義を許容しないような懐疑的な一般大衆の存在は大きい．発展途上国で高まりつつある民主主義の波のおかげで，政府の資源乱用に対する民衆の失望が確実に影響力をもつようになった．しかし，皮肉にも政治に民意が反映されるようになると，政府は人々に目先の便益を提供し，時には不当な税を課すよう誘惑される．そして，その陰では，ほとんど公にされないままに

7章 結論と提言　　　　　　　　　　267

　天然資源や生態系の破壊が進行する．こうした場合，信頼できる独立した報道機関は，資源乱用とその顛末を明らかにするうえで重要となる．

　一般大衆や政府外の機関にとって最も受け入れにくい修正は，経済的活動に対する補助金が経済や資源基盤に非常に大きな損害を与えているという点である．対象を明確に限定した公共財を充実させる活動に，最低限必要な支援を提供する場合を除けば，経済的補助金の利点で正当化できるものはない．だが，利益集団は自分たちのために補助金を得ることに魅了される．一般の人々は，経済的補助金を拒否することが再分配や困窮の緩和，非経済的目標を断念することを意味するのではなく，これらの目標を課税や予算編成の過程に入れ込むことを意味している点を理解しなければならない．

　本書で得られた最も広い意味での教訓は，特定の事業計画に組み込まれた目的を補助しようとして生じる資源乱用には，政治的論理と経済的論理の両方があるということである．どちらか一つの論理だけを取り上げるだけでは不十分である．政治指導者というのは，広範囲にわたる動機と利益のバランスをとらなければならない人々であることが分かれば，そこから不適切な資源政策に対抗するための方策が見出されるだろう．それは，透明性の確保を通じて不正をすることの政治的費用が高くつくようにするか，政府や国営企業の役人のインセンティブを変えていくかのどちらかである．天然資源が徐々に減少していくにつれて，これらの対策が持続可能な開発を模索する上でますます重要になってくることは間違いない．

原注
(1) これは銅会社に限った特徴ではない．ザンビアでの銅鉱山合併企業は，世界でも最も無責任で腐敗した準国営産業の一つである．これに関しては Aron (1991) を見よ．
(2) しかしながら，利権漁り(レントシーキング)の機会を創り出すことと，開発事業に組み込んだ形で所得の再分配を目指すこととの境界線は不明瞭である．例えば，多くの政府は人々からの支援をとりつけ不満分子を抑えこむために，首都の居住住民や強力な労働組合といった，ある特定の人々に補助金を支給する．事業計画に特定のセクター，所得階層，地域の所得状況を改善するための目的を組み込んでおくことが，結果として受益者との協力関係を強めるということは十分にありえる．
(3) ここでは，いわゆる森林再生基金が，結局のところ植林ではなく国の航空宇宙産業の資金供給に使われていたことに言及している．
(4) 類似したパターンがインドネシアで起きたことがある．トランスミグラシ再定住機関が林業省と対立した事例が，アッシャーとヒーリーによってまとめられている

(Ascher & Healy 1990, chap. 4).

(5) それゆえ，私の提示した原則は中央予算案を通した政府の下で全ての活動を中央集権的に管理するべきだと暗示しているのではない．国家制度の下部に位置する政府の支出も同じ論理に則って，適切な議論と公務員の責任意識を促進するのに十分なだけ上位のレベルで決定されるべきである．

(6) 主要な政府機関に対しても同じ取り決めを結ぶことができることに注意してほしい．予算上の裁量権を提供することは現実的ではないし，賢明でもないと思われるかもしれない．結局，毎年の中央予算は，政府高官の最も高いレベルで決まる優先案件の計画と管理にかかる費用の支出に向けられる．けれども，実施機関の次年度予算が，実質全ての機関が実施する中期予算計画（1～3年）で示される額とほぼ同じになるという強い確信を得られるような実際的な取り決めも可能である．あるいは，実績のある機関には，その予算の割り当てについて大きな裁量権を認めるような取り決めにしてもよいだろう．

訳者あとがき

翻訳の動機

タイの奥地でフィールドワークをしていた数年前，不思議に思えたことがあった．「衰退林」と呼ばれる国有林地の貸借料金が1ライ（約1600 m²）当たり10バーツ（約27円）と，現地の物価を考えても法外に安かったことである．調べてみれば，この価格を定めた規定は現在も有効であるという．はじめは時代遅れの古い法律が役人の怠慢で改定されていないだけだと思っていた．しかし，本書を手にとってから，公共資源の価格が安く据え置かれる理由はさまざまにありうることが分かった．土地利用の許認可権を握っている部局にとってみれば，公示価格や国庫収入よりも，実際に自らの部局に転がり込む収入の方が重要である．安い公示価格は，政府が国民への便宜供与を演出する上で有効であるだけではない．安い使用料で事業を実施できる企業は，本来なら支払うべき料金を払わずに済むという特権を得ることになる．つまり，土地が稀少化して複数の投資家や企業が土地の貸借を願い出たとき，土地を管理する部局は，その裁量権を使って裏金をとる機会を手にできるだけでなく，通常予算とは別の独自財源をポケットにいれることができる．

こうした論点は，訳者が前著の中で取り組んだ課題の一つである「なぜ森林のなくなったタイで森林局の権力が強大化したのか」という問いとも関係してくる（佐藤 2002）．「現場」を唯一の焦点にして，熱帯林破壊の真犯人を商業伐採か焼畑に特定しようとする議論にとらわれると，人々の振る舞いを根底部分で規定する制度的要因が影に隠れてしまうのではないか．本書に出会ったのは，そんな思いを強くしていた頃であった．

取り返しのつかない環境破壊を前にして，私たちは人間の視野の狭さを嘆くとともに，知識や技術の向上に解決策を求める．とりわけ，知識や技術，財源が不足している「発展途上」国と呼ばれる地域には，まず技術援助を解決策として考えてしまう．そう考える読者にとって「資源の無駄使いや環境破壊の多くは，偶発的なミスから生じるのではなく，政策がそう導く」という本書の結論は衝撃的であろう．本書は資源環境の破壊の多くが，実は知識や財源の不足

によるのではなく，当該政府の意図的な諸政策の直接的，あるいは間接的な帰結として生じている事実を説得的に論じている．資源破壊が生み出される背景にある構造を理解すれば，多くの資源環境問題の発生は予想の範囲に収まっているのである．失敗が生み出される構造をそのままにして，技術や知識の移転を援助しても，問題の温存につながるだけである．問題の根源が何かの不足ではなく，支配や従属，競争や連帯といった人と人との関係を規定する制度的条件の方にあるとき，単なる技術的な解決手段は本質を外してしまう．

本書は，William Ascher 著 *Why Governments Wastes Natural Resources : Policy Failures in Developing Countries* (The Johns Hopkins University Press, 1999) の邦訳である．アッシャー教授は，1975年にイエール大学で政治学博士号を取得後，ジョンズ・ホプキンズ大学政治学部で助教授，準教授を経て，1984年から2000年までデューク大学で公共政策・政治学教授を務めた．デューク大学ではサンフォード公共政策研究所にある国際開発研究センターの所長も歴任し，現在はカリフォルニア州ロサンゼルス市郊外にあるリベラルアーツカレッジの名門，クレアモント・マッケナカレッジの政治学部長兼副学長として活躍している．

アッシャー教授は一貫して天然資源の管理や持続可能な開発に関わる政策問題に関心をもってきた．本書以外の代表的な著書には，(Robert Healy と共著) *Natural Resource Policymaking in Developing Countries* (Duke University Press, 1990), *Communities and Sustainable Forestry in Developing Countries* (ICS Press, 1994), (N. Mirovistskaya と共著) *The Caspian Sea : A Quest for Environmental Security* (Kluwer Academic Publishers, 2000), (N. Mirovistskaya と共編著) *Guide to Sustainable Development and Environmental Policy* (Duke University Press, 2001) などがある．特に近著の *Guide to ...* は持続可能な開発論を学ぶ上での用語を網羅的に扱った解説集であり，今後この分野の共通知識を蓄積していくうえで非常に有益である．残念ながらいずれの書籍も今のところ邦訳されていない．

本書の意義

途上国の資源政策に関する数ある業績の中でも，とりわけ本書を訳したいと考えたのは，次の3つの意味で本書が稀有な本であるからである．第一に，発展途上国の資源開発論において，本書のように政府内部の政治力学と実際の資

源利用との関係を理論的に探究した研究書は非常に少ない．日本語文献では皆無といってよいだろう．途上国における天然資源管理の研究は，村落レベルでの共有地（コモンズ）管理研究の進展が著しいのに対して，特定の政策が政府から打ち出される背景に関する研究は乏しかった．鉱山や石油，森林などの多くが世界各地で「国有資源」として政府の管轄地に入っていること，また，それらの資源の扱い方や位置づけがそこに暮らす人々の経済生活と環境保護の両面に非常に大きな影響を及ぼしていることを考えれば，村レベルの視点から研究を進めるだけでは不十分である．

　第二に，資源管理を政治経済学の観点から理論化しようと試みた点である．著者が序文で指摘するように，従来の資源研究は資源の分布や採掘に要する技術，埋蔵量などに関する自然科学的・工学的な記述，資源の埋蔵量予測から採算性を割り出す資源経済学的な研究が大部分で，制度やガバナンスの視点から人間と資源とのダイナミックな関わりを理論化する試みは立ち遅れてきた．資源研究を理論化する必要性が全く認識されてこなかったわけではない．日本でも，1970年代に「資源学」の設立を提唱した研究者がごく少数ではあるが存在したし，政府に設置された資源調査会では「資源とは何か」という本質的な問いも含めた大局的な議論も行われていた．しかし，石油ショックの沈静化と日本の富裕化によって資源を直接扱う必要性が低下したためであろう，資源とは海外から「買付けるもの」になり，資源の探査から発見，生産から加工，販売から分配に至るプロセス全体を見渡す総合的な資源学の必要性を論じる人は，1980年代以降ほとんどいなくなってしまった（佐藤 2005）．とりわけ，「安く」資源が調達できるようになった分，資源開発が現地の地域社会に引き起こしている問題について，私たちはあまりに疎くなった．グローバル化が進展した今こそ資源社会科学の体系化が必要であり，本書にはその体系に必要な要素がちりばめられている．

　ただし，アッシャー教授は学問の体系化そのものに重心をおいているわけではない．むしろ実践的な関心から，適正な資源利用のガイドとして諸科学を位置づけている点にぜひ注目してほしい．7章の結論部で専門家への「提言」として著者が明示しているように，正しい行動に必要な合意を得るためには高度なレベルの科学的厳密さは必要ない．当面の判断に必要な合意に導いてくれる程度の科学であれば十分なのである．

第三に，資源環境の破壊を嘆き，新たな改善法を提案するだけでなく，むしろ，繰り返される資源乱用が何の役に立っているのかを社会科学的に解析しようと試みた点である．貧困や資本の不足が広く見られる途上国の分析では，そこに何がある̇か̇，よりも何がない̇か̇，に光が当てられる傾向が強い．望ましくない状況があるときに，それを当事者の能力不足や各種資源の不足のせいにして片づけるのは簡単である．しかし，そうした「不足」が意図的に，あるいは構造的にもたらされているとすれば，安易に不足を埋め合わせるような支援・補助はかえって問題の構造を強化してしまうことになる．

「レント」の概念

さて，本書の主張を理解する上で欠かせないが，「レント (rent)」という概念である．いわゆるマルクスの地代論をめぐる議論が途絶えて以来，レントの概念に関する学問的な議論は，日本ではほとんどなされてこなかった．しかし，発展途上国の開発と環境保全を考えるうえで，この概念の重要性が見直されていくのではないかと筆者は考えている．市場を万能視する経済学者でさえも認めるように，多くの途上国では貧富の格差が著しく慣習経済が残っていて，政府部門が非常に大きな割合を占めている．つまり，「完全競争」の条件は満たされておらず，「レント」が随所で渦巻いている．レントの存在は例外ではなく，恒常的なものと考えた方がよい．ここで「レント」とは，本書の中でも随所で定義されているように，競争市場の下で生じる正常利潤を上回るような超過分のことを指すが，天然資源の場合には資源の採掘や加工にかかるすべての費用を差し引いて，なお残る経済価値が「資源レント」になる．

天然資源は地球上に不均一に存在する天賦の富であり，労働の産物ではないので，誰かが一方的な所有を主張することは道義的に困難である．ところが，一度，資源の囲い込みが行われると比較的小さい費用で大きな収益が権利の主張者に転がり込むことになる．それは収益の大部分が，資源そのものに内在する価値に由来するため，開発や採取に要する費用と最終的に見込まれる純収益の差額（つまり，レント）が大きいからである．このように労せずして得られる収益を本書では「タナボタ式収益 (Windfall profit)」と呼んでいる．こうした資源の開発を自由に開放しておけば，外国資本や民間資本が囲い込みを行い，資源の公益的機能（例えば，生態系の維持など）が損なわれる可能性も出てく

る．ここに，政府が「公共善」の名の下にレントの独占的な所有を主張する道義的余地が生まれる．とはいえ，実際の採掘・採取となると，政府は民間企業や地域共同体に頼らなくてはならないので，ロイヤルティと呼ばれる使用料を徴収する方法を通じてこの公共資源を財源として吸い上げようとする．このようにして政府がレントの奪取に動き出すときに喚起される種々の制度的非効率性，特に政府の中のさまざまな競合関係が生み出す歪みこそ，本書の焦点なのであった．

　レントの大きさはいくつかの条件によって規定される．第一に地理的な条件である．市場との距離や交通の便は採掘の容易さに影響するとともに，レントの大きさに影響する．当然のことながら，アクセスのよい資源から順番に開発される可能性が高いので，交通網の発達は資源レントの大きさを変化させる．逆に言えば，一定の資源を地理的に囲い込んで他者の資源アクセスを遮断してしまえば，レントを独り占めできることになる．このようにレントの概念を理解すると，特定の人々の資源利用に対して適正な料金を課さないという，政府にとって一見不利な行為が，なぜ広く行われているのかが理解できるようになる．

　第二に，経済効率という側面から見た採掘・加工技術の優劣がある．非常に効率的な技術を用いれば，費用が安く済み，手元に残るレントが大きくなる．ここで重要なのは，誰に費用が負荷されているのか，という点である．本書の森林を扱った事例に共通して見られるのは，地域住民から資源を召し上げ，その利益を地域の人々に還元しない政府が，資源開発の費用を地域住民に一方的に負わせている実態であった．

　第三は，代替資源の存在である．日本では昭和30年代後半から石油輸入の急速な拡大が生じたために，石炭資源のレントが大幅に低下した．結果，石炭が枯渇したわけではないにもかかわらず，レントが消失して採算がとれなくなったために多くの企業が倒産に追い込まれ，炭鉱の閉山が相次いだ．代替資源の存在はレントの相対的な価値に影響する．

　さて，「レント」は，日本語の文献では超過利潤や地代と訳されることが多かったが，最近の文献ではそのままカタカナ表記されることが多い．本書もこれにならい「レント」を基本としながら，文脈に応じて「超過利潤」を訳に当てた．また，レントそのものではなく，レントにあやかる権利が議論されてい

ると考えられた箇所では「利権」を訳語にあてた．レントを追い求める行為（つまり，rent-seeking）は，経済学の教科書などではそのまま「レントシーキング」としてカタカナで表されることが多いが，文字数が多いうえに，一般読者にとって決して分かりやすいとはいえない．本書では，必ずしも精確というわけではないが，大筋当たっている訳語として「利権漁り」を採用し，「レントシーキング」とルビを振った．実際には，この言葉が指す内容は「利権漁り」の訳語が想起するよりも広く，既得権益の維持，レントを生み出すための権利関係や制度に向けた各種の働きかけなどをすべて含んでいる．

　本書で紹介されている諸事例が明らかにしているように，天然資源の開発は，その採掘から加工，販売に至る段階でさまざまな利権を生み出す．そうした利権は資源の物理的偏在からもたらされるだけでなく，資源の所在に関する情報，採掘するための資本と技術の偏在によって生み出される．このように，資源とは人々がそこに有用性を見出してはじめて資源になるのであって，自然に働きかける人間の側の諸条件が資源の定義に大きく影響している．関係組織は外からは分かりにくいさまざまな戦略を使って生み出されるレントを自らの方にたぐり寄せようとする．その技術は巧妙で分かりにくいが，複数の事例を並べてみるとそこに一定のパターンを見出すことができる．政府が「環境保護」「住民参加」など耳ざわりのよいお題目で特定の政策を打ち出すとき，そこでは何が誰に配分されることになるのか．これを読み解く力を私たちは養わなくてはならない．

　タイで1989年に商業伐採が全面禁止されたとき，遅きに失したという批判こそあれ，この政策に対するメディアの評価はおおむね好意的であった．タイの場合には，インドネシアと比べて商業価値の高い木材の生産がもはや困難であったという事情もあり，環境保護につながる政策として歓迎されたわけである．ところが，本書から分かるように，伐採禁止や輸出禁止はややもすれば国内の木材産業を国際競争から保護することになり，効率の悪い産業を延命することにつながる．商業伐採禁止令以降も，タイの森林減少はとどまるところを知らない．森林政策一つをとってみても，森林だけを見て行う評価は的外れになる可能性があることを，タイの事例は端的に示している．本書の諸事例が示す資源開発という事業の複雑さは，工夫次第では資源に恵まれた途上国にとってレントを通じた富の再分配を達成する機会が多いことも示している．資源開

発のそれぞれの段階でどのような工夫を加えれば，環境保全と社会的公正の両立につながるような富の分配ができるのか．こうした観点から本書を読むと一段深い示唆が得られるのではないかと思う．

本書の課題

　本書がわれわれに残した課題についても触れておく必要がある．ここでは3点の指摘にとどめたい．第一は，「限界」という経済学の概念を通じた効率概念の射程距離である．本書の2章では，全体を貫くものとして「限界の原則」（Marginalist Principle）という新古典派経済学で主流となっている考え方が紹介されている．この考え方は「資源開発を行うべきタイミングは，開発に伴う純便益が，その資源を他の用途に用いた場合よりも大きい場合のみである」と主張する．ところが，本書の事例が明らかにしてくれているように，問題の本質はむしろ「誰の便益が優先されるか」という点である．便益の行き先は人々のインセンティブに影響し，事業の効率性にも影響する．効率をまず高めた後で，そのあがりを再分配すればよりよい結果が得られるというのが本書の暗黙の主張であるが，その妥当性については検討の余地がある．途上国での農地改革プログラムに典型的に見られるように，土地を保持している有力層が政治的影響力を握っている国において，社会的弱者への再配分がうまくいった例は稀だからである．資源に関わる人々の階層が多様であり，その影響力の格差があまりに大きいときに，力の格差を所与として効率の領域のみで話を進めると格差はさらに広がってしまう可能性がある．「集めてから配分」ではなく，「はじめから分配」する道を考えなくてはならない．

　こうした政治哲学や経済哲学の領域に踏み込んだ問題提起は「科学」の領域を逸脱するものかもしれないが，それでも研究者の責任の範囲にあると私は考えている．確かに本書の主張にあるように，難しい哲学の議論に入る以前に，多くの人が合意できる単純な効率の問題からはじめることが先決，かつ政治的に容易であることは議論の余地がない．ただし，効率性の議論をもちだすこと自体が，結局は分配の不公正に動機づけられていると考えれば，本来の動機に立ち返った公平性の議論を明確な形で含めていく必要があろう．

　第二の争点は，中央集権的なレント獲得の是非である．本書では，スハルトの政策に代表される中央集権的なレントの独占が富の偏りを導いただけでなく，

環境面においても大きな損害をもたらしたと主張されている．しかし，最近の研究では中央集権的にレントを独占する方が，むしろ効率的な資源配分になるという代替仮説も提示されている．例えば，カンらの研究は新古典派経済学の攻撃対象になってきた縁故主義や腐敗が，高度経済成長の著しかった時期にも存在しており，レントを求める利権漁り(レントシーキング)も特定の条件下では成長を促す，という論点を提示している (Khan & Jomo, eds. 2000)．これは，スハルト支配下のインドネシアの場合，権力が集中していたことがかえって効率的なレントの配分と経済成長につながったのではないか，というアッシャーの議論とはほぼ正反対の興味深い仮説である．今後の研究が待たれる．

　第三は，レントが資源の産出地域にとどまる場合と，そこから離れる場合との均衡がどのような条件によって決まってくるか，という問題である．より端的に言えば，レントというものはどこまで大きくなると国家や企業の標的になるのか，あるいは逆に，どうすればそうした介入を避けることができるのかといった論点を掘り下げていく必要がある．例えば，自然の資源化が進行するプロセスにおいて，多くの途上国の資源利用形態としていまだに重要な役割を果たしている自給自足的な領域の役割は何か．それは国家の経済成長や富の蓄積には必ずしも貢献せず，狭い範囲の生活必需品の確保に重点を置く生産のあり方であるが，そうした資源利用の位置づけは本書において必ずしも明らかではない．1単位当たりの投入に伴う限界的な生産を国や世界単位の市場で評価すれば，自給自足部門「非効率的」ということになりやがて駆逐されていくであろう．しかし，ジェームズ・スコットの一連の業績が明らかにしてきたように，自給自足は基本的に「どれだけ手元に残るか」を基準にした生産活動であり，「どれだけ生み出すか」を規範とする資本主義のロジックとは根本的なズレがある (Scott 1976)．土地を買い叩かれて生産基盤を失い，借金にまみれて利子返済のために「生産」をしている農民を目にするたびに，私は「生産すること」の意味を考えさせられるのである．レントの意味や役割は多様なスケールと規範に応じて吟味されなくてはならず，一つの共通単位を前提とする「最適化」の発想を超えるものにならざるをえない．

　自然はどのようなメカニズムを媒介して資源となり，人々の間で分配されるのか．これを明らかにするために，私は仲間を募って平成16 (2004) 年度から日本学術振興会の支援で「資源配分メカニズムと公正」研究プロジェクトを

発足させた．本書の随所で明らかなように，分配には一次的なものと二次的なものとがある．例えば，環境保護のための土地配分は一次的なレベルで賞賛されるが，その結果として特定の人々が土地を追い出され，囲い込みの便益が特定の人々に集中するのであれば，こうした二次的な分配作用も視野に入れた政策評価をしなくてはならない．不利益をこうむった人々は別の土地を開墾し，環境破壊はかえって進んでしまうかもしれないからだ．このように，分配の一次的作用と二次的作用との関係が見えにくく，同時に一次配分が無批判に正当化されやすい性質であるほど，二次的な作用を慎重に吟味しなくてはならない．いったい何が分配されているのか，そして，それは既存の分配構造をどのように強化したり，攪乱したりしているのか．本格的な研究は始まったばかりである．

翻訳作業について

さて，本書の翻訳にあたっては，紙面の制約から原著者の許可を得て一部の事例を大胆に要約したり，細部を削る作業を行った．原文に忠実であることよりも，日本語としての読みやすさを重視して表現をシンプルに加工した部分も多い．一般読者の視点からやや冗長と思われる箇所をそぎ落としたことによって，本書のメッセージを明確にできたのではないかと自負している．翻訳作業では，東京大学大学院新領域創成科学研究科の佐藤ゼミに所属する大学院生（当時）が中心となって下記のような分担で下訳を準備し，そこにインドネシアを専門とする四国学院大学社会学部（当時東京大学大学院総合文化研究科）の安部竜一郎氏を加えた体制で訳文を作成した．翻訳を始めた当時は学生だったみなさんも現在は社会人として立派に活躍している．

日本語版への序文，序文，1章，2章　佐藤仁
3章　安部竜一郎
4章　原田大，石神昌美
5章　井筒沙美，和田陽子
6章　初鹿野直美，大木田圭
7章　松田直也

このような分担で出来上がった下訳を佐藤がチェックし，文章を整える作業を行った．経済学的な概念の理解，地名や人名等の固有名詞の訳語のあり方については，幸運にも次の方々のご協力を仰ぐことができた．お名前をあげて感謝申し上げたい（敬称略）．髙木保興（放送大学），小島道一（アジア経済研究所），久松佳彰（東洋大学），井坂理穂（東京大学）．なお残った不明箇所については原著者であるアッシャー教授に問い合わせ，原著の単純ミスも含めて改善の手を加えた．訳者の40項目以上に上る執拗な質問と日本語版のための新たな序文作成など，アッシャー教授には各種のお願いに辛抱強く対応していただいた上に，最後はカリフォルニアの研究室にまでお邪魔して，いろいろと教えていただいた．言葉を一つずつ慎重に選びながらお話されるアッシャー教授の思慮深く，温厚な人柄に触れて，翻訳の仕事に一層の拍車がかかった．

出来上がった草稿の校閲や専門用語に簡単な訳注をつける初期段階では，次の学生諸君の絶大な協力を得ることができた．杉浦未希子，斉川英里，徳永健太郎，木戸大介ロベルト，今中武志，日野明日香のみなさんである．貢献の度合いはそれぞれだが，本書の完成に誰一人欠くことはできなかった．最後の2カ月間で本書を一気にゲラの段階に持ちこむ上で大きな力となった宇野智之君の協力は特筆しておきたい．また，ゼミの博士課程に在籍している王智弘，松本悟，野村彩子のみなさんは，一般読者の視点から本としての出来ばえを総合的に検討する会合を開いてくれ，おかげで分かりやすさを飛躍的に向上させる最後のタッチを加えることができた．広い意味での「資源研究」の将来を担う意欲に満ちた学生たちに支えられて，ここまでやってくることができた．他人の仕事の翻訳と校閲という地味な作業の中に，これらの諸君が払った労苦に見合うだけの学びがあったことを祈るばかりである．

編集者の後藤健介さんは，本書の重要性をいち早く理解し，出版情勢が厳しい中で惜しみないサポートをしてくださった．いつもどおりのきめ細かいチェックと励ましに，深く感謝申し上げる．多くの人々のご協力にもかかわらず，誤訳や不適切な表現が残っている可能性は否めない．訳者代表である佐藤の責任として読者諸氏の批判を乞う．本書を一つの契機にして，多くの若い研究者が，この古くて新しい，そして何よりも面白い資源政策の領域に参入してくれることを願う．

2001年の末に本書を訳し始めて1年が経過した頃に娘が生まれた．足りな

いことを問題にする前に，何があるかを大切にせよ，と日ごろ論じてきた自分とは裏腹に，実生活では「足りない」ことに何かと不平をこぼしがちだった．そんな私に，大切なのはちょっとした笑顔であることをいつも思い出させてくれる娘の空(そら)に，この本をささげる．

2005年10月

タイのバンコクにて

佐 藤 仁

参考文献

Khan, M. H. & Jomo K. Seds. 2000 *Rents, Rent-Seeking and Economic Development : Theory and Evidence in Asia.* Cambridge University Press.

Scott, James. 1976. *The Moral Economy of the Peasant : Rebellion and Subsistence in Southeast Asia.* Yale University Press. (高橋彰訳『モーラル・エコノミー：東南アジア農民叛乱と生存維持』勁草書房, 1999年).

佐藤仁 (2005)「日本における資源社会科学の創成と未発達」松原望・丸山真人編『アジア太平洋環境の新視点』(彩流社) 所収.

―――. (2002)『稀少資源のポリティクス：タイ農村にみる開発と環境のはざま』(東京大学出版会).

参考文献

Abt Associates. 1990. *Costa Rica Natural Resource Policy Inventory. Vol. 2: The Inventory.* Bethesda, Md.: Abt Associates.

Adegbulube, A. O., and F. B. Dayo. 1986. Demand analysis of gasoline consumption in Nigeria. *OPEC Review* 10 (summer): 131-141.

Adesina, Jimi. 1994. *Labour in the Explanation of an African Crisis: A Critique of Current Orthodoxy: The Case of Nigeria.* Oxford: Council for the Development of Social Science Research in Africa.

Adlin, Tengku. 1988. A view on forest conservation. *Berita IDS* (Kota Kinabalu) 3 (2) (March/April): 21-22.

African Development Consulting Group. 1996. *Nigerian Oil Industry: A Survey.* Lagos: ADCG Publications.

Aharoni, Yair. 1982. State-owned enterprise: An agent without a principal. In *Public Enterprise in Developing Countries,* edited by Leroy Jones. Cambridge: Cambridge University Press.

Aharoni, Yair, and William Ascher. 1991. *Indian Copper Policy and the Protected Niche of Hindustan Copper Limited.* November. Durham: Center for International Development Research Report for the World Bank.

Ahmad Khan, Sarah. 1994. *Nigeria: The Political Economy of Oil.* Oxford: Oxford University Press.

Allende, Juan. 1985. State enterprises and political environments: Chile's National Copper Corporation. Ph. D. dissertation, Department of Political Science, University of North Carolina, Chapel Hill.

Arhin, Kwame. 1985. The Ghana Cocoa Marketing Board and the farmer. In *Marketing Boards in Tropical Africa,* edited by Kwame Arhin, Paul Hesp, and Laurens van der Laan. London: KPI.

Aron, Janine. 1991. *Political Mismanagement of a Mining Parastatal: The Case of Zambia Consolidated Copper Mines Limited.* Oxford: Oxford University Centre for the Study of African Economies.

Ascher, William. 1984. *Scheming for the Poor: The Politics of Income Redistribution in Latin America.* Cambridge: Harvard University Press.

―――. 1993a. "Political Economy and Problematic Forestry Policies in Indonesia." September. Durham: Duke University Center for Tropical Conservation.

―――. 1993b. "Science and Forestry Policy in Costa Rica and Honduras." February. Durham: Duke University Center for Tropical Conservation.

―――. 1994. *Communities and Sustainable Forestry in Developing Countries.* San Francisco: ICS Press.

―――. 1997. The politics of rent distribution and Latin American resource policy. In *Latin American Environmental Policy in International Perspective,* edited by Gordon MacDonald, Daniel Nelson, and Marc Stem. Boulder: Westview Press.

Ascher, William, and Robert Healy. 1990. *Natural Resource Policymaking in Developing*

Countries. Durham: Duke University Press.
Auty, R. M. 1990. *Resource-Based Industrialization: Sowing the Oil in Eight Developing Countries.* Oxford: Clarendon Press.
Bailey, Robert, Serge Bahuchet, and Barry Hewlett. 1992. Development in the Central African rainforest: Concern for forest peoples. In *Conservation and West and Central African Rainforests,* edited by Kevin Cleaver, Mohan Munasinghe, Mary Dyson, Nicolas Egli, Axel, Peuker, and Francois Wencelius. World Bank Environment Paper no. 1. Washington, D. C.: World Bank.
Baker, George. 1981. The eclipse of Mexican light. *Oil & Gas Journal* 79, no. 23 (12 June): 83-86.
Baklanoff, Eric. 1983. *Copper in Chile: The Expropriation of a Partially Nationalized Industry.* Technical Papers Series no. 38, Office for Public Sector Studies, Institute of Latin American Studies. Austin: University of Texas.
Baltodano, Victor, Roberto Chavez, Francisco Sequeira, and Laureano Montero. 1988. *FODEA.* Heredia, Costa Rica: Universidad Nacional.
Bangkuai, Joniston. 1995. Revamp for Sabah Foundation. *New Straits Times,* 23 March: 8.
Barkin, David, and Gustavo Esteva. 1981. *El papel del sector publico en la camercializacion y la fijacion de precios de los productos agricolas basicos en Mexico.* Mexico City: UN Economic Commission for Latin America.
Barnes, Philip. 1995. *Indonesia: The Political Economy of Energy.* Oxford: Oxford University Press.
Bates, Robert. 1981. *Markets and States in Tropical Africa.* Berkeley: University of California Press.
Bauer, Peter. 1954. *West African Trade: A Study of Competition, Oligopoly and Monopoly in a Changing Economy.* Cambridge: Cambridge University Press.
Bautista, Romeo, and Alberto Valdez, eds. 1993. *The Bias against Agriculture.* San Francisco: ICS Press.
Beckman, Bjorn. 1976. *Organizing the Farmers: Cocoa Politics and National Development in Ghana.* Upsalla: Scandinavian Institute of African Studies.
Benitez P., Andres. 1990. Codelco: palos de ciego? *El Mercurio* (Santiago, Chile), 1 July: F1.
Besong, Joseph Bawak. 1992. New directions in national forestry policies: Cameroon. In *Conservation and West and Central African Rainforests,* edited by Kevin Cleaver, Mohan Munasinghe, Marv Dyson, Nicolas Egli, Axel Peuker, and Francois Wencelius. World Bank Environment Paper no. 1. Washington, D. C.: World Bank.
Bienen, Henry. 1985. *Political Conflict and Economic Change in Nigeria.* London: Frank Cass.
Bingkasan, Joseph, and Joniston Bangkuai. 1995. Sabah State Assembly. *New Straits Times,* 11 (August: 9).
Binswanger, Hans. 1991. Brazilian policies that encourage deforestation in the Amazon. *World Development* 19 (7): 821-829.
Bitar, Sergio. 1979. The interrelationship between economics and politics. In *Chile at the Turning Point: Lessons of the Socialist Years,* edited by Federico Gil. Philadelphia: Institute for the Study of Human Issues.
Blaikie, Piers M. 1985. *The Political Economy of Soil Erosion in Developing Countries.* London: Longman.

Blank, David. 1986. Petroleum: The community and regional perspectives. In *Venezuela: The Democratic Experience*, edited by John Martz and David Myers. New York: Praeger.

Boado, Enfresina. 1988. Incentive policies and forest use in the Philippines. In *Public Policies and the Misuse of Forest Resources*, edited by Robert Repetto and Malcolm Gillis. Cambridge: Cambridge University Press.

Bone, Juan Carlos. 1993. *Venezuela: The Political Economy of Oil*. Oxford: Oxford University Press.

Brenes, Lidiette. 1991. La politica economica en los 80 y el programa de ajuste estructural. In *Historia de Costa Rica en el siglo XX*, 3d ed., edited by Jaime Murillo and Astrid Fischel Volio. San Jose, Costa Rica: Editorial Porvenir.

Bresnan, John. 1993. *Managing Indonesia: The Modern Political Economy*. New York: Columbia University Press.

Broad, Robin. 1995. The political economy of natural resources: Case studies of the Indonesian and Philippine forest sectors. *Journal of Developing Areas* 29 (April): 317-340.

Bromley, Daniel, ed. 1992. *Making the Commons Work*. San Francisco: ICS Press.

Brossard, Emma. 1993. *Petroleum Research and Venezuela's INTEVEP: The Clash of the Giants*. Houston: Pennwell.

Browder, John. 1988. Public policy and deforestation in the Brazilian Amazon. In *Public Policies and the Misuse of Forest Resources*, edited by Robert Repetto and Malcolm Gillis. Cambridge: Cambridge University Press.

Bruenig, Eberhard. 1993. Integrated and multi-sectoral approaches to achieve sustainability of ecosystem development: The Sarawak forestry case. *Global Ecology and Biogeography Letters* 3 (4-6): 253-266.

Bruggermann, J., and E. Salas Mandujano. 1992. *Population Dynamics, Environmental Change and Development Processes in Costa Rica*. Geneva: United Nations Research Institute for Social Development.

Bulir, Ales. 1996. Impact of cocoa taxation on cocoa supply in Ghana. In *Ghana: Selected Issues and Statistical Annex*. IMF Staff Country Report no. 96/69 (November). Washington, D. C.: International Monetary Fund.

Bunker, Steven. 1985. *Underdeveloping the Amazon: Extraction, Unequal Exchange, and the Failure of the Modern State*. Urbana: University of Illinois Press.

Burgess, Peter. 1989. Asia. In *No Timber without Trees*, edited by Duncan Poore, Peter Burgess, John Palmer, Simon Rietbergen, and Timothy Synnott. London: Earthscan.

Business Times (Malaysia). 1995. Malaysia: New, better chapter for NBT 24 April: 5.

Calderon Berti, Humberto. 1978. *La naciona lizacion petrolera: Vision de un proceso*. Caracas: Graficas Armitano.

Campodonico, Humberto. 1986. *La politica petrolera 1970-1985: El Estado, las cantratistasy PetroPeru*. Lima: DESCO, Centro de Estudios y Promocion del Desarrollo.

Cárdenas, Marta, Hernan Dario Correa, and Mauricio Gómez Baron, eds. 1992. *Derechos territoriales indigenas y ecologia en las selvas tropicales del America*. Bogota: Gaia Foundation.

Castro, Jose Esteban. 1995. Decentralization and modernization in Mexico: The management

of water services. *Natural Resources Journal* 35 (summer): 461-87.
CEPET. 1989. *La industria venezolana de los hidrocarburos.* Caracas: Ediciones del Centro de Formacion y Adiestramiento de Petroleos de Venezuela y sns Filiales.
Chelliah, Raja. 1971. Trends in taxation in developing countries. *International Monetary Fund Staff Papers.* Washington, D. C.: International Monetary Fund.
Chemical Week. 1988. Forecast 1988: Mexico: Dealing with an economic crisis. 27 January: 30-31.
Cleaves, Peter, and Henry Pease Garcia. 1983. State autonomy and military policy making. In *The Peruvian Experiment Reconsidered,* edited by Cynthia McClintock and Abraham Lowenthal. Princeton: Princeton University Press.
Clover, Charles. 1996. Britain backs "damaging" road plan in rainforest. *Daily Telegraph* (London), 9 September: 4.
Codelco (Chile). 1989. *El cobre en imagenes.* Santiago: Corporacion Nacional del Cobre.
———. 1992. *Memoria anual 1992.* Santiago: Corporacion Nacional del Cobre.
Coleman, Jonathan, Takamasa Akiyama, and Panos Varangis. 1993. *How Policy Changes Affected Cocoa Sectors in Sub-Saharan African Countries.* World Bank Policy Research Working Paper no. WPS 1129. Washington, D. C.: World Bank.
Corden, Max, and Peter Neary. 1982. Booming sector and deindustrialization in a small open economy. *Economic Journal* 92 (December): 825-848.
Coronel, Gustavo. 1983. *The Nationalization of the Venezuelan Oil industry.* Lexington, Mass.: Lexington Books.
Crouch, Harold. 1988. *The Army and Politics in Indonesia.* lthaca: Cornell University Press.
———. 1996. *Government and Society in Malaysia.* lthaca: Cornell University Press.
Crow, Patrick. 1996. Rising tide of U. S. oil imports sparks debate on energy. *Oil & Gas Journal* 94 (24) (17 June): 16.
Cummings, Ronald, and Nahram Nercissiantz. 1992. The use of water pricing as a means for enhancing water use efficiency in irrigation: Case studies in Mexico and the United States. *Natural Resources Journal* 32 (fall): 731-755.
DeLancey, Mark. 1989. *Cameroon: Dependence and Independence.* Boulder: Westview Press.
Dove, Michael. 1983. Theories of swidden agriculture and political economy of ignorance, *Agroforesry Systems* 1 (3): 85-99.
The Economist. 1981. Pertamina: The profligates return? 20. Tune: 85.
———. 1900. The dwindling forest beyond Long San. 18 August: 23-24.
Egli, Nicolas. 1991. Summaries of country case studies of selected West and Central African countries. In *Forest Pricing and Concession Policies: Managing the High Forests of West and Central Africa,* edited by Mikael Grut, John Gray, and Nicolas Egli. World Bank Technical Paper no. 143. Washington, D. C.: World Bank.
Enriquez, Andres. 1909. *Los grandes problemas nacionales.* Mexico City: A. Carranza e hijos.
ESMAP (Energy Sector Management Assistance Programme). 1993. *Nigeria Energy Assessment.* Washington, D. C.: World Bank,
FAO (Food and Agriculture Organization of the United Nations). 1994. *Current World Fertilizer Situation and Outlook.* Rome: FAO.
FAO (Food and Agriculture Organization of the United Nations) and Directorate General of Forest Utilization, Ministry of Forestry, Government of Indonesia, 1990. *Situation and Outlook of the Forestry Sector in Indonesia.* Jakarta: FAO.

Fearnside, Philip. 1985. Deforestation and decision-making in the development of Brazilian Amazonia. *Interciencia* 10 (September-October): 223-247.

Fitzgerald, Bruce. 1986. *An Analysis of Indonesian Trade Policies: Countertrade, Downstream Processing, Import Restrictions and the Deletion Program.* CPD Discussion Paper 1986-22. Washington, D. C.: World Bank.

Forrest, Tom. 1995. *Politics and Economic Development in Nigeria.* Updated version. Boulder: Westview Press.

Fortin, Carlos. 1984. Copper investment policy in Chile 1973-1984. *Natural Resources Forum* 8 (4): 315-325.

Franks, Alan. 1990. An axe over nature's nursery. *The Times* (London), 2 March.

Gallegos, Armando. 1985. *Mapa economico financiero de la actividad empresarial del estado peruano.* Lima: Escuela de Administracion de Negocios.

Gartlan, Stephen. 1992. Practical constraints on sustainable logging in Cameroon. In *Conservation and West and Central African Rainforests,* edited by Kevin Cleaver, Mohan Munasinghe, Mary Dyson, Nicolas Egli, Axel Peuker, and Francois Wencelins. World Bank Environment Paper no. 1. Washington, D. C.: World Bank.

Gasques, J., and C. Yakimoto. 1986. *Resultados de 20 anos de incentivos fiscais na agropecuaria da Amazonia.* Brasilia: ANPEC.

Gelb, Alan. 1988. *Oil Windfalls: Blessing or Curse?* Oxford: Oxford University Press.

Geller, Lucio, and Jaime Estevez. 1972. La nacionalizacion del cobre. In *La economia chilena en 1971,* edited by Universidad de Chile. Santiago: Universidad de Chile.

Gieseke, Carlos. 1991. PetroPeru: A case study. Durham: Duke University Center for International Development Research. Duplicated.

Gil Díaz, Francisco. 1990. Tax reform issues in Mexico. In *World Tax Reform: Case Studies of Developed and Developing Countries,* edited by Michael Boskin and Charles McClure. San Francisco: ICS Press.

Gillis, Malcolm. 1987. Multinational enterprises and environmental and resource management issues in the Indonesian tropical forest sector. In *Multinational Corporations, Environment, and the Third World: Business Matters,* edited by Charles Pearson. Durham: Duke University Press.

―――. 1988a. Indonesia: Public policies, resource management, and the tropical forest. In *Public Policies and the Misuse of Forest Resources,* edited by Robert Repetto and Malcolm Gillis. Cambridge: Cambridge University Press.

―――. 1988b. West Africa: Resource management policies and die tropical forest. In *Public Policies and the Misuse of Forest Resources,* edited by Robert Repetto and Malcolm Gillis. Cambridge: Cambridge University Press.

―――. 1988c. Malaysia: Public policies and the tropical forest. In *Public Policies and the Misuse of Forest Resources,* edited by Robert Repetto and Malcolm Gillis. Cambridge: Cambridge University Press.

―――. 1992. Forest concession management and revenue policies. In *Managing the World's Forests,* edited by Narendra Sharma. Dubuque: Kendall/Hunt Publishing for the World Bank.

Gillis, Malcolm, and Robert Repetto. 1988. Conclusion: Findings and policy implications. In *Public Policies and the Misuse of Forest Resources,* edited by Robert Repetto and

Malcolm Gillis. Cambridge: Cambridge University Press.
Gonzalez, L., E. Alpizar, and R. Munoz. 1987. *Problematica del sector forestai.* San Jose, Costa Rica: Centro Cientifico Tropical.
Gorriz, Cecilia, Ashok Subramanian, and Jose Simas. 1995. *Irrigatim Management Transfer in Mexico.* World Bank Technical Paper no. 292. Washington, D. C.: World Bank.
Government of India, Planning Commission. 1993. *Report of the Expert Group on Estimation of Proportion and Number of Poor.* New Delhi: Government of India.
Grayson, George. 1980. *The Politics of Mexican Oil.* Pittsburgh: University of Pittsburgh Press.
—————. 1993. Will PEMEX follow YPF to the auction block? *Wall Street Journal,* 17 September: A11.
Greenberg, Martin. 1970. *Bureaucracy and Development: A Mexican Case Study.* Lexington, Mass.: D. C. Heath.
Grupo de Mineria del CED. 1985. La Gran Mineria del cobre y Codelco. In *Desarrollo Minero: evolucion y desafios para Chile,* edited by Centro de Estudios del Desarrollo. Santiago: Centro de Estudios del Desarrollo.
Guzman, Oscar. 1988a. PEMEX's finances. In *Energy Policy in Mexico,* edited by Miguel Wionczek, Oscar Guzman, and Roberto Gatierrez. Boulder: Westview Press.
—————. 1988b. Domestic oil policy. In *Energy Policy in Mexico,* edited by Miguel Wionczek, Oscar Guzman, and Roberto Gutierrez. Boulder: Westview Press.
Halpin, Elizabeth. 1990. *Indigenous Peoples and the TFAP.* World Resources Institute Report. Washington, D. C.: World Resources Institute.
Harberger, Arnold. 1983. Dutch disease: How much sickness, how much boom? *Resources and Energy* 5: 1-20.
Haughton, Jonathan, Darius Teter, and Joseph Stern. 1992. Report on forestry-taxation. Memorandum to Minister Saleh Afiff, 8 September, Jakarta.
Hecht, Susanna. 1984 Cattle ranching in Amazona: Political and ecological considerations. In *Frontier Expansion in Amazonia,* edited by Marianne Schmink and Charles Wood. Gainesville: University of Florida Press.
—————. 1992. The logics of livestock and deforestation. In *Development or Destruction: The Conversion of Tropical Forest to Pasture in Latin America,* edited by Theodore Downing, Susanna Hecht, Henry Pearson, and Carmen Garcia-Downing. Boulder: Westview Press.
Hecht, Susanna, and Alexander Cockburn. 1989. *The Fate of the Forest: Developers, Destroyers and Defenders of the Amazon.* London: Verso.
Helsingin Sanomat. 1984. Enzo-Gutzeit of Finland will shortly complete a sawmill in the Olancho Province of Honduras. 24 March: 34.
Hepburn, A. 1979. The possibility for the sustained yield management of natural forest in Sabah with reference to the Sabah Foundation. *Malaysian Forester* 42 (4): 400-408.
Hewitt de Alcantara, Silvia. 1976. *Modernizing Mexican Agriculture: Socioeconomic Implications of Technological Change 1940-1970.* Geneva: UN Research Institute for Social Development.
Hindustan Copper Limited. 1991. Report of the Board of Directors, August 5. Calcutta: Hindustan Copper Limited.

Hindustan Copper Limited and Ministry of Mines, Government of India. 1991. Memorandum of Understanding for 1991-92, September. New Delhi: Government of India.

Horta, Korinna. 1991. The last big rush for the green gold: The plundering of Cameroon's rainforests. *Ecologist* 21 (May/June): 142-147.

Hunt, Shane. 1975. Direct foreign investment in Peru: New rules for an old game. In *The Peruvian Experiment: Continuity and Change under Military Rule*, edited by Abraham Lowenthal. Princeton: Princeton University Press.

Hurst, Philip. 1989. *Rainforest Politics: Ecological Destruction in South-east Asia.* Atlantic Highlands, N. J.: Zed Books.

IBGE (Instituto Brasileiro de Geografia e Estatisrica). 1992. *Censo demografico 1991.* Brasilia: Government of Brazil.

Ikein, Augustine. 1990. *The Impact of Oil on a Developing Country: The Case of Nigeria.* New York: Praeger.

Inter Press Service. 1993. Honduras: IDB forces forest auction, lumber companies claim. 4 May: 1-2.

Iyer, Ramaswamy. 1990. *A Grammar of Public Enterprises.* Jaipur: Rawat Publications.

Jakarta Post. 1994. IPTN's loans converted to equity, 7 July: 1.

Jua, Nantang. 1990. *Economic Management in Neo-colonial States: A Case Study of Cameroon.* Research Report no. 38. Leiden: African Studies Center.

Killick, Tony. 1978. *Development Economics in Action: A Study of Economic Policies in Ghana.* New York: St. Martin's Press.

King, Victor. 1993. Politic Pembangunan: The political economy of rainforest exploitation and development in Sarawak, East Malaysia. *Global Ecology and Biogeography Letters* 3 (4-6): 235-244.

Kosmo, Mark. 1987. *Money to Burn? The High Costs of Energy Subsidies.* Washington, D. C.: World Resources Institute.

Kumar, Raj. 1986. *The Forest Resources of Malaysia: Their Economics and Development.* New York: Oxford University Press.

Kuswata, Kartawinata, Soedarsono Riswan, and Andrew Vayda. 1984. The impact of man on a tropical forest in Indonesia. *Ambio* 10 (2-3): 115.

Lasswell, Harold. 1936. *Politics: Who Gets What, When, How.* New York: McGraw-Hill.

Latin American Energy Alert. 1996. Mexico plans to boost public Pemex capital spending in 1997. 15 November: 2.

Latin American Weekly Report. 1989. Peru: Deal with Mobil. 28 September: 12.

Lewis, Peter. 1996. From prebendalism to predation: The political economy of decline in Nigeria. *Journal of Modern African Studies* 34 (1): 79-103.

Lieuwen, Edwin. 1985. The politics of energy in Venezuela. In *Latin American Oil Companies and the Politics of Energy*, edited by John D. Wirth. Lincoln: University of Nebraska Press.

Lutz, Ernst, and Herman Daly. 1990. Incentives, regulations, and sustainable land use in Costa Rica. Environment Working Paper no. 34, July. Washington, D. C.: World Bank.

Mahar, Dennis. 1989. *Government Policies and Deforestation in Brazil's Amazon Region.* Washington, D. C.: World Bank.

Mannion, A. M. 1997. *Global Environmental Change: A Natural and Cultural Environmental*

History. Harlow, England: Addison-Wesley Longman.
Martinez, Anibal R. 1989. *Venezuelan Oil: Development and Chronology.* London: Elsevier Applied Science.
May, Ernesto. 1985. *Exchange Controls and Parallel Market Economies in Sub-Saharan Africa: Focus on Ghana.* World Bank Staff Working Paper no. 711. Washington, D. C.: World Bank.
Mayorga Alba, Eleodoro. 1987. The social and economic effects of petroleum development in Peru. In *Social and Economic Effects of Petroleum Development,* edited by Normal Gall and Eleodoro Mayorga Alba. Geneva: International Labour Office.
McDonald, Hamish. 1981. *Subarto's Indonesia.* Honolulu: University of Hawaii Press.
Means, Gordon. 1991. *Malaysian Politics: The Second Generation.* Singapore: Oxford University Press.
Méndez, Juan Carlos, ed. 1979. *Chilean Economic Policy.* Santiago: Ministry of Finance Budget Directorate.
Mengisteab, Kidane. 1990. *Ethiopia: Failure of Land Reform and Agricultural Crisis.* New York: Greenwood Press.
Mexico Trade and Law Reporter. 1992. Pemex's recent production history and future goals. Vol. 2, no. 5 (1 May): 1-8.
Mikell, Gwendolyn. 1989. *Cocoa and Chaos in Ghana.* New York: Paragon House.
Mill, John Stuart. 1848. *Principles of Political Economy, with Some of Their Applications to Social Philosophy.* London: Longmans, Green.
Mining, Geological and Metallurgical Institute of India. 1989. Hindustan Copper Limited: A profile. In *Indian Mining Directory.* 3d ed. Calcutta: Mining, Geological and Metallurgical Institute of India.
Ministry of Mines (Chile). 1990. *Analysis of the Current Situation at Codelco and Its Future Plans.* Santiago: Ministry of Mines.
Miranda, Marie Lynn, Olga Corrales, Michael Regan, and William Ascher. 1992. Forestry institutions. In *Managing the World's Forests,* edited by Narendra Sharma. Dubuque: Kendall/Hunt Publishing for the World Bank.
Mochida, Tomoo. 1996. Forestry policies and rent-seeking in Sarawak. Durham: Duke University Center for International Development Research. Duplicated.
Mora, Juan. 1982. *Esto nos dio Lopez Portillo.* Mexico City: Anaya Editores.
Moran, Theodore. 1974. *Multinational Corporations and the Politics of Dependence: Copper in Chile.* Princeton: Princeton University Press.
Morris, James. 1984. *Honduras: Caudillo Politics and Military Rulers.* Boulder: Westview Press.
Musa, Tansa. 1997. Cameroon: Indigenous pygmies face challenge of integration. *Inter Press Service,* 3 August: 1-3.
Ndongko, Wilfred. 1986. *Economic Management in Cameroon: Policies and Performance.* Leiden: African Studies Center.
Nellis, John. 1989. *Contract Plans and Public Enterprise Performance.* World Bank Discussion Paper no. 48. Washington, D. C.: World Bank.
New Straits Times. 1996a. Foundation and Kitingan settle suit out of court. 7 March: 9.
─────────. 1996b. Sabah Foundation abolishes cash dividend payment. 15 August: 4.
─────────. 1996c. NBT takes steps to buy Sabah Softwoods. 21 December: 23.

Newswatch (Lagos). 1993. The oil subsidy trap. 15 March: 25-30.

Ngangouie, Nana. 1995. Congo: Culture: Pygmies lose out in modern world. *Inter Press Service,* 10 September: 1-2.

Nuhu-Koko, Abubakar. 1993. Redefining the role of government in domestic pricing policies: Some policy issues. Durham: Duke University Center for International Development Research. Duplicated.

Oil Daily. 1984. Nigeria cracks down on crude oil smuggling, 19 June: 10.

Oil & Gas Journal. 1986a. PDVSA's Citgo deal probed in Venezuela. Vol. 84, no. 22 (2 June): 26.

―――――. 1986b. PDVSA signs final accord to acquire Citgo stake. Vol. 84, no. 38 (22 September): 22.

―――――. 1992a. PDVSA's new president warns the Venezuelan government's onerous tax take is causing the state oil company to have a negative cashflow. Vol. 90, no. 19 (11 May): 32.

―――――. 1992b. PDVSA seeks foreign investment hike. Vol. 90, no. 31 (3 August): 41.

―――――. 1993. The role of state oil companies: Venezuela. Vol. 31, no. 33 (16 August): 50-54.

―――――. 1994. Pemex operating results slip amid restructuring. Vol. 92, no. 50 (12 December): 21.

Orive Alba, Adolfo. 1960. *La politica de irrigacion en Mexico.* Mexico City: Fondo de Cultura Economica.

Ostrom, Elinor. 1990. *Governing the Commons: The Evolution of Institution. For Collective Action.* New York: Cambridge University Press.

―――――. 1992. *Crafting Institutions for Self-governing Irrigation Systems.* San Francisco: ICS Press.

Ostrom, Elinor, Larry Schroeder, and Susan Wynne. 1993. *Institutional Incentives and Sustainable Development: Infrastructure Policies in Perspective.* Boulder: Westview Press.

Otobo, Dafe. 1995. *The Trades Union Movement in Nigeria.* Lagos: Malthouse Press.

Oyog, Angeline. 1996. Cameroon: Transport plan threatens virgin rainforests. *Inter Press Service,* 21 August: 1-2.

Pasco-Font Quevedo, Alberto, and Arturo Briceno Lira. 1992. *La politica de precios de los combustibles y la distribucion del ingreso en el Peru: 1985-1990.* Lima: Grupo de Analisis para el Desarrollo.

PEMEX [Petroleos Mexicanos]. Various years, *Memoria de Labores.* Mexico City: PEMEX.

Petroleos de Venezuela, S. A. Various years. Annual report. Caracas: PDVSA.

Pehiso, Nancy. 1992. *Rich Forests, Poor People: Resource Control and Resistance in Java.* Berkeley: University of California Press,

Pickles, David. 1989. Honduran forestry lumbers into crisis. *Financial Times,* 28 April: 42-43.

Pigou, Arthur. 1920. *The Economics of Welfare.* London: Macmillan.

Pinstrup-Andersen, Per, ed. 1988. *Food Subsidies in Developing Countries.* Baltimore: Johns Hopkins University Press.

Platt's Oilgram News. 1983. Venezuela expected to soon disclose aid plan for PDVSA. 6 July: 2.

———. 1984. Products smugglers persist in Nigeria. 11 September: 3.

———. 1989. Mexican president defends government policies on private investment in oil industry. 21 March: 1-2.

Pompermayer, Malori Jose. 1979. The state and frontier in Brazil. Ph. D. dissertation, Department of Political Science, Stanford University.

Pratt, Kwesi, Jr. 1990. Battle of the bean: Cocoa industry's new initiative. *West Africa*, 29 January: 128-129.

Pura, Raphael. 1990. Battle over forestry rights in Sarawak pits ethnic groups against wealthy loggers. *Asian. Wall Street Journal*, 26 February: 16.

Radetzki, Marian. 1977. Where should developing countries' minerals be processed? The country view versus the multinational company view. *World Development* 5 (4): 325-334.

———. 1985. *State Mineral Enterprises*. Washington, D. C.: Resources for the Future.

Ramírez, Carlos. 1981. Las finanzas de PEMEX a punto de estallar por corrupcion e incapacidad. *Proceso* 238 (25 May): 6.

Randall, Laura. 1978. *An Economic History of Argentina in the Twentieth Century*. New York: Columbia University Press.

———. 1987. *The Political Economy of Venezuelan Oil*. New York: Praeger.

Rao, M. V. N. R. S., and L. R. Vaidyanath. 1987. Copper in India: Survey, analysis and outlook. Calcutta: Bureau of Industrial Costs and Prices, Department of Industrial Development, Ministry of Industry, Government of India. Duplicated.

Républica de Chile. 1976. *Diario oficial*. Santiago: Government of Chile.

Républica de Honduras. 1974. *Ley forestal*. Tegucigalpa: Government of Honduras.

Rietbergen, Simon. 1988. Africa. In *Natural Forest Management for Sustainable Timber Production, Pre-project Report*, edited by Duncan Poore, Peter Burgess, John Palmer, Simon Rietbergen, and Timothy Synott. London: International Institute for Environment and Development.

Ross, Michael. 1996. The political economy of boom-and-bust logging in Indonesia, the Philippines and East Malaysia, 1950-1994. Ph. D. dissertation, Department of Politics, Princeton University.

Ross-Larson, Bruce. 1976. *The Politics of Federalism: Syed Kechik in East Malaysia*. Singapore: Bruce Ross-Larson.

Royaards, Albert, and William Hui. 1977. Indonesia struggles to recover from the Pertamina affair. *Euromoney* (March): 37-42.

Rutledge, Peter. 1976. Letter from Jakarta. *Business Week*, 25 October: 26.

Ruzicka, I. 1977. Rent appropriation in Indonesian logging: East Kalimantan 1972/3-1976/7. *Bulletin of Indonesian Economic Studies* 13 (July): 45-74.

Sanderson, Steven. 1986. *The Transformation of Mexican Agriculture*. Princeton: Princeton University Press.

Sarris, Alexander, and Hadi Shams. 1991. *Ghana under Structural Adjustment: The Impact on Agriculture and the Rural Poor*. New York: New York University Press.

Scarsborough, Erik. 1992. Some initial thoughts on long term forestry development objectives and policies in the context of the second long-term development plan. Natural Resources Management Project, Jakarta. Duplicated.

Schlager, Edella, and Elinor Ostrom. 1992. Property-rights regimes and natural resources.

Land Economics 68 (3): 249-262.
Schneider, Ronald R. 1995. *Government and the Economy on the Amazon Frontier.* World Bank Environmental Paper no. 11. Washington, D. C.: World Bank.
Schramm, Gunter, and Fernando Gonzales. 1977. Pricing irrigation water in Mexico: Efficiency, equity and revenue considerations. *Annals of Regional Science* 11 (1) (March): 15-35.
Schwarz, Adam. 1989. Timber troubles. *Far Eastern Economic Review,* 6 April: 86-88.
―――. 1990. A saw point for ecology. *Far Eastern Economic Review,* 19 April: 60.
―――. 1994. *A Nation in Waiting: Indonesia in the 1990s.* St. Leonards, Australia: Allen & Unwin.
Schwarz, Adam, and Jonathan Friedland. 1992. Green fingers: Indonesia's Prajogo proves that money grows on trees. *Far Eastern Economic Review,* 12 March: 42-44.
Searle, Peter. 1983. *Politics in Sarawak: The Iban Perspective.* Singapore: Oxford University Press.
Secretaria de Planificacion (Honduras). 1990. *Perfil ambiental de Honduras 1989.* Tegucigalpa: Government of Honduras.
Secretaria de Recursos Hidraulicos (Mexico). 1968. *Plan nacional de pequena irrigation.* Mexico City: Government of Mexico.
Sharma, Narendra, Raymond Rowe, Keith Openshaw, and Michael Jacobson. 1992. World forests in perspective. In *Managing the World's Forests,* edited by Narendra Sharma. Dubuque, Iowa: Kendall/Hunt Publishing for the World Bank.
Shepherd, Gill. 1993. Local and national level forest management strategies ― competing priorities at the forest boundary: The case of Madagascar and Cameroon. *Commonwealth Forestry Review* 72. (4): 316-320.
Smith, Wesley. 1992. Liberalizing the Mexican oil industry. *Mexico Trade and Law Reporter2,* no. 12 (1 December): 1-15.
Solorzano, Raul, Ronnie de Camino, Richard Woodward, Joseph Tosi, Vicente Watson, Alexis Vasquez, Carlos Villalobos, Jorge Jimenez, Robert Repetto, and Wilfrido Cruz. 1991. *Accounts Overdue: Natural Resource Depreciation in Costa Rica.* Washington, D. C.: World Resources Institute.
Stallings, Barbara. 1983. International capitalism and the Peruvian military government. In *The Peruvian Experiment Reconsidered,* edited by Cynthia McClintock and Abraham Lowenthal. Princeton: Princeton University Press.
Stepan, Alfred. 1978. *The State and Society: Peru in Comparative Perspective.* Princeton: Princeton University Press.
Stesser, Stanley. 1991. A reporter at large in the rainforest. *New Yorker,* 27 May: 42-68.
Sweeney, John. 1987. PDVSA orders planners to slash operating, investment costs for 1987. *Platt's Oilgram News,* 23 April: 3.
―――. 1992. PDVSA investments: Few dollars; tough choices. *Platt's Oilgram News,* 31 August: 5.
Synnott, Timothy. 1989. South America and the Caribbean. In *No Timber without Trees,* edited by Duncan Poore. London: Earthscan.
Tamayo, Jorge. 1946. La administracion de los distritos de riego. *Trimestre Economico* 13 (July-September): 249-271.
―――. 1964. *El problema fundamental de la agricultura mexicana.* Mexico City: Instituto

Mexicano de Investigaciones Economicas.

Teichman, Barbara. 1988. *Policymaking in Mexico: From Boom to Crisis.* Boston: Allen & Unwin.

Thabatabai, Hamid. 1986. *Economic decline, access to food and structural adjustment in Ghana.* World Economic Programme Research Working Paper, 10-6/WP80. Geneva: International Labour Organisation.

Thiele, Rainer, and Manfred Wiebelt. 1993. National and international policies for tropical rain forest conservation: A quantitative analysis for Cameroon. *Environmental and Resource Economics* 3: 501-531.

Tietenberg, Tom. 1992. *Environmental and Natural Resource Economics,* 3d ed. New York: HarperCollins.

Timmer, C. Peter, ed. 1991. *Agriculture and the State.* Ithaca: Cornell University Press.

Tironi, Ernesto. 1977. Issues in the development of resource-rich LDCs: Copper in Chile. In *Mineral Resources in the Pacific Area: Proceedings of the Ninth Pacific Trade and Development Conference.* San Francisco; Pacific Trade and Development Conference.

Tironi, Ernesto, and Grupo de Minería CED. 1985. Prioridades para la expansion del cobre: Empresas extranjeras o Codelco? In *Desarrolh minero: Evolucion y desafios para Chile,* edited by Ernesto Tironi, Jorge Bande, Ivan Valenzuela, Victor Zuniga, and Jose Miguel Vivanco. Santiago: Editorial Universitaria.

Tollison, Robert. 1982. Rent seeking: A survey. *Kyklos* 35: 575-602.

Tsuruoka, Doug. 1991. Cutting down to size. *Far Eastern Economic Review,* 14 July: 43-46.

Utting, Peter. 1993. *Trees, Power and People.* London: Earthscan.

Vidal, John. 1990. Cameroon: The Korup project in Cameroon is regarded as an environmental priority for Africa. *The Guardian,* 2 March: 1-7.

Wakker, E. 1993. Mitsubishi's unsustainable timber trade: Sarawak. In *Restoration of Tropical Forest Ecosystems,* edited by Helmut Lieth and Martina Lohmann. Dordrecht: Kluwer.

WALHI. 1991. Sustainability and economic rent in the forestry sector. Jakarta: WALHI. Duplicated.

Walton, John. 1990. The economic structure of Sarawak. In *Margins and Minorities: The Peripheral Areas and Peoples of Malaysia,* edited by Victor King and Michael Parnwell. Hull, England: Hull University Press.

Werner, Johannes. 1993. A lack of refineries creates shortfall of unleaded fuel. *Business Mexico,* June: 1-6.

West Africa. 1994. Fuel price crisis, 10 October: 1752-1753.

Wilson, Edward O. 1998. Back from chaos. *Atlantic Monthly,* March: 41-62.

Winterbottom, Robert. 1992. Tropical forestry action plans and indigenous people: The case of Cameroon. In *Conserwtim and West and Central African Rainforests,* edited by Kevin Cleaver, Mohan Munasinghe, Mary Dyson, Nicolas Egli, Axel Peuker, and Francois Wencelius. World Bank Environment Paper no. 1. Washington, D. C.: World Bank.

Wionczek, Miguel. 1982. La aportacion de la politica hidraulica entre 1925 y 1970 a la actual crisis agricola mexicana. *Comercio Exterior* 32 (April): 394-409.

Wood, Charles, and John Wilson. 1984. The magnitude of migration to the Brazilian frontier.

　　　　In *Frontier Expansion in Amazonia*, edited by Marianne Schmink and Charles Wood. Gainesville: University of Florida Press.

World Bank. 1989. *Chile Mining Sector Memorandum, June 15*. Report no. 7509-CH. Washington, D. C.: World Bank.

―――――. 1990. *Indonesia: Sustainable Development of Forests, Land, and Water*. Washington, D. C.: World Bank.

World Resources Institute. 1996. *World Resources: A Guide to the GMal Environment*. New York: Oxford University Press.

Yates, P. Lainartine. 1981. *Mexico's Agricultural Dilemma*. Tucson: University of Arizona Press.

Yergin, David. 1991. *The Prize: The Epic Quest for Oil, Money & Power*. New York: Simon & Schuster.

Zama. Isaac. 1995. Achieving' sustainable forest management in Cameroon. *Review of European Community and Internatimat Environmental Law* 4 (3): 263-70.

索　引

あ　行

アルゼンチン　192
移転価格　90
インド
　　——の銅開発　159-171
インドネシア　61-88
　　——の華人　76,77
　　——の航空機産業　20-21,82
　　——の森林伐採　86-87
　　——の石油産業　62-74
　　——の造林基金　14,81
　　——のトランスミグラシ　81
　　——のナショナリストとテクノクラート　84-85
　　——のパンシャチラ　85,103
　　——のプリブミ　76-77
インフレーション　16
エコシステム・マネジメント　85-86
エチオピア　192
NGO（非政府組織）　218,257
エネルギー
　　——価格　16
　　——集約型工業化　95-96,195
　　安価な——　17,196
エヒード（メキシコ）　123-124,126
エンパワーメント　258
オープン・アクセス　46,117,146
オランダ病　135,174

か　行

ガーナ　208-217
　　——通貨の過大評価　215
　　——のカカオ　208-217
　　——のマーケティングボード　210-215
　　——の密輸　215-216
改革主義　47
会計制度　261

開発経済学　212
開発事業
　　——への資金調達　49-51
科学知識　20
　　——と専門家の役割　266
革命家族（メキシコ）　122
過小開発（under-exploitation）　37
過小評価（under-pricing）　15,41-43
過剰開発（over-exploitation）　37
カメルーン　217-227
　　——の石油　220
川上部門工業化　93-95
川下部門
　　——と資源政策の失敗　92
　　——の工業化　90-91,98
　　——の多角化経営　167-168
　　——への補助金　92
灌漑システム　119-133
　　——と補助金　126-128
管轄権　260
環境破壊　43
環境保全（自然保護）　52,221,247
慣習的使用権（土地の）　190-191
機会費用　37
ケインズ経済学　148
限界（marginalist）の原則　36-37,275
原材料の需要　8-10
公正さ　235
公的債務枠　202
鉱物資源　15
効率（性）　235
　　——の定義　36
　　資源操作の——　241-242
国営
　　——企業　19
　　——企業の制度改革　261-265
　　——資源開発事業　47-49
国際価格　213-214,230,239

国内燃料価格　176-179, 205-207
国有化　147, 173, 217
コスタリカ
　──での牛の牧場経営　143
　──の森林と自然保護　141-143
国家安全保障　160, 169-170, 247, 249
国庫　53
コデルコ（Chilean National Copper Corporation: Codelco）　146-159
コミュニティ　257-258
コモンズ　271
コンディショナリティ　86, 176

さ　行

財源　22, 234
再生可能資源　11, 250
最適純（ネット）費用　41
裁量権　263
サバ（財団）　106-110
サラワク（財団）　100-105
産業振興　98
資金洗浄（浄化）　189, 237
資源
　──枯渇　249
　──操作戦略　49
　──と財源　22-23
　──の支配権　26-28
　──乱用と開発資金の調達　100-110
　──乱用と分配　180-184
　──レント　→レント
資源開発
　──と価格の操作　51-54
　──と経済便益提供　51-53
　──と国庫のための財源確保　53
　──の操作　23-28
　──の操作と効率性　240-242
　──の間違った戦略　28
　効率的な──　39
資源開発問題
　──の類型　12
資源学　271
資源経済学　18

資源政策
　──改善に向けた提言　256-267
　──失敗の動機　21-22, 243-250
　──制度的原因　250-256
　──の改善パターン　238-240
　──の失敗　5, 16-18, 236-238
　──の望ましさ　35-36
市場の失敗　39
持続可能な開発　35, 220
持続可能な収穫量（生産量）　7, 100
支払い意思額（WTP）　169, 262
支払能力　124, 130
資本回避　207
資本不足　201-204
社会的費用　38
収税能力　229
情報
　──の不足　46
　──の無視や隠蔽　52, 55
正味現在価格　82
将来世代　24, 35-36, 138, 196
植林　76, 145
所有権
　──の制度　38
　──の剥奪（没収）　46, 189-191
　──の保障　39
剰余金
　──の獲得と支配　55-57
新古典派経済学　275
森林　114
　──政策　14, 225-227
　──の減少　219
　──破壊　13
　──保全　225
垂直的統合　92
スキャンダル　89
スハルト　61, 63, 65, 82-83
スピル・オーバー効果　40
スミス，アダム　38
政策
　──の失敗　5, 31-32
　──の失敗の類型　41-49
生産分与契約（方式）　66, 185

政治的えこひいき（political patronage） 29
政治的コスト 24
政治文化 252
政治分析 3
政府外アクター 265-267
生物多様性 145, 222
世界銀行 117, 144, 153, 222, 265
石油 14, 118-119, 172-180
　――価格の高騰 196-197
　――の国有化（ナイジェリア） 173
　――の埋蔵量 197-199
　――の密輸 176, 178
　――レント →レント
説明責任
　――の回避（逃れ） 26, 48, 53, 57-59, 234, 246-247
　――の原則 242-243, 261
前方統合 90

た 行

タイ 269, 274
多国籍企業 95, 208
地域開発 97, 99
地域間分配問題 177
地方分権 258
中央での予算編成 27, 242-243
超過利潤 60, 134, 148
チリ 10-11, 146-159
　――とインド 140
　――の銅の利権 146-159
　――の銅利権と軍 158-159
テクノクラート 68, 72
天然資源の重要性 8
銅 146-159
　――の国有化 147-149
動学的効率性 36
動機 21
透明性（政府内の） 251, 261
独占 60
土地利用管轄権 251

な 行

ナイジェリア 172-180
　――軍 175
　――国営石油会社 172-180
二国間援助 30
日本 1-2, 78
農業開発 96-97, 99
農地改革 193
「能力」 256

は 行

伐採
　――事業権（コンセッション） 74-76, 87, 100-110, 224, 246
　――賦課金 74-76, 80, 87-88, 224-225
　安い――料 144
反債務不履行契約（クロスデフォルト）条項 67
比較優位 13
ピグー税 60
非政府組織 →NGO
費用 37
貧困の軽減 247
ヒンドゥスタン銅株式会社 159-171
　――の雇用 160-161
付加価値税 197
ブラジル 112-118
　――のアマゾン開発 112-118, 134-135
　――のアマゾンの森林と牧畜 112-114
プリンシパル・エージェント問題 40, 60, 155
プルタミナ（Pertamina） 62-74
分配（政策） 181-183
ベネズエラ
　――の PDVSA（Petroleos de Venezuela, S. A.） 207-208
ペメックス（Petroleos Mexicanos） 194-207
ペルー 118-119
　――石油 118-119
補助金・補助政策 117, 138-139, 218
ポロノロエステ計画（ブラジル） 115

著者	書名	判型	価格
佐藤　仁著	稀少資源のポリティクス——タイ農村にみる開発と環境のはざま	A5判	4800円

タイの熱帯林と周辺農村での調査から，政治的な争いとしての環境問題の構図を描き出す．アジア経済研究所発展途上国研究奨励賞，国際開発学会学会賞受賞．

著者	書名	判型	価格
石　弘之編	環境学の技法	A5判	3200円
バークレイ他著 篠原／白井監訳	環境経済学入門	四六判	2200円
小倉充夫著	開発と発展の社会学	A5判	3500円
武内和彦他編	里山の環境学	A5判	2800円
金沢夏樹著	変貌するアジアの農業と農民	A5判	5400円
井上　真他編	人と森の環境学	A5判	2000円

ここに表示された価格は本体価格です．御購入の際には消費税が加算されますので御了承下さい．